야구 룰 교과서

Baseball Field Guide:
An In-Depth Illustrated Guide to the Complete Rules of Baseball
by Dan Formosa and Paul Hamburger

Korean Translation Copyright © 2011 BONUS Publishing Co.
Korean edition is published by arrangement with
Dan Formosa and Paul Hamburger c/o Laura Gross Literary Agency
through Corea Literary Agency, Seoul.

이 책의 한국어판 저작권은 Corea 에이전시를 통한 Dan Formosa와 Paul Hamburger와의 독점 계약으로 보누스출판사에 있습니다. 저작권법에 의해 보호를 받는 저작물이므로 무단전재와 무단복제를 금합니다.

An In-Depth Illustrated Guide to the Complete
RULES OF BASEBALL
야구 룰 교과서

도해와 사례로 보는 야구 규칙 완벽 가이드

댄 포모사 · 폴 햄버거 지음 | 문은실 옮김

보누스

Introduction

야구 규칙에 관한 모든 것

《야구 룰 교과서》는 야구의 전체 규칙을 쉽고 빠르게 이해할 수 있도록 해주는 안내서이다. 이 책은 막연하고 도무지 갈피를 잡기 어려우며 어떤 때는 모순되는 것처럼 보이기도 하는 복잡한 야구 규칙을 일목요연하게 정리하여 설명해준다.

   19세기 후반에 미국에서 프로야구가 탄생한 이래, 야구 규칙은 수십 년에 걸쳐 다양한 위원회들이 수정하고 추가하고 기워오면서 마구잡이로 진화해왔다. 공식 규칙이 야구를 둘러싼 모든 측면과 상황을 빠짐없이 다루고는 있지만, 단번에 이해하기가 쉽지 않다. 《야구 룰 교과서》에서는 다른 방식으로 야구 규칙을 풀어낸다. 규칙을 쉬운 말로 설명해놓았을 뿐만 아니라 수많은 사례와 삽화를 더했다. 그 결과, 입문자에서 전문가까지 누구라도 경기 중에 펼쳐지는 모든 플레이를 쉽게 이해하게끔 도움을 주는 안내서가 탄생했다.

   이 책은 야구경기를 보면서 떠오르는 의문을 쉽고 빠르게 해결하도록 안내해준다. 이 책에 담긴 정보는 쉽게 읽고 기억해낼 수 있도록 구성되어 있다. 각각의 규칙은 주제와 대상에 따라 직관적으로 배치되어 있다.

   주요 주제에 따라 장을 나누었으며, 각 장은 그곳에서 다룰 항목들을 소개하는 목차로 시작된다. 중요한 규칙은 책 전체에 걸쳐 반복하여 다룬다. 아주 기본적이면서도 중요한 규칙은 여러 주제와 관련이 있기 때문에, 같은 규칙을 1개 이상의 장에서 설명하기도 한다. 규칙이 반복되는 경우에는 해당 장의 주제와 관련된 측면을 중심으로 이야기한다.

이 책은 첫 쪽부터 마지막 쪽까지 순서대로 읽도록 구성된 것이 아니다. 그러기보다는 한 번에 한두 가지 문제에 대하여 확실한 답을 빨리 찾을 수 있도록 정리해 두었다. 경기를 관전하는 동안 이 책을 가까이 두면, 질문에 답을 하고 논쟁도 해결할 수 있음은 물론이거니와, 어쩌면 인필드 플라이 규칙을 적용하는 상황에 관한 내기에서 이길 수도 있을 것이다.

장기간의 레이스에서 야구라는 아름다운 게임을 즐기는 데 이 책이 도움이 되기를 바란다.

Contents

01 야구의 기본 규칙

야구란 무엇인가 **12** | 야구의 기본 규칙 **15** | 한 이닝의 공격 사례 **27**

02 경기 준비

경기를 시작하기 전에 **30** | 경기 시작 30분 전 **32** | 야구공 준비 **32**
몰수경기 **34** | 경기 시작 5분 전 **35** | 경기 시작 **37**

03 장비

야구공 **41** | 배트 **42** | 글러브와 미트 **44**
유니폼 **50** | 헬멧 **52** | 야구화 **53**

04 경기장

구장 **56** | 타자석 **58** | 투수 마운드 **59**
베이스 **60** | 메이저리그 구장 **62**

05 투구

투구 자세 **70** | 투구 과정 **72** | 보크 **74** | 스트라이크 존 **78**
스트라이크와 볼 **79** | 투수의 폭투와 악송구 **80** | 그 밖의 투구 규칙 **82**
공 조작 **84** | 투수 교체 **87** | 투수 마운드 방문 **88**

06 타격

타자에 대한 기본 상식 92 | 스트라이크와 스트라이크 존 97 | 규정에 어긋나는 배트 103
'타임' 요청 104 | 타자석 106 | 출루 108 | 히트 바이 피치 111 | 아웃 111
타자의 수비방해 112 | 수비팀의 타격방해 115 | 타순 115 | 지명타자 120

07 주루

주자에 대한 기본 상식 124 | 주자가 아웃되는 12가지 방법 125 | 포스 플레이 126
주루 실수 130 | 태그 업 135 | 투 아웃 상황에서의 득점 137
베이스라인을 벗어난 주루 138 | 타구에 맞은 주자나 심판 140 | 수비방해와 주루방해 143
주자의 수비방해 145 | 주루방해 148

08 수비

야수에 대한 기본 상식 152 | 야수의 행위에 따른 안전진루 155
야수가 관중석이나 더그아웃에 들어가는 경우 157 | 야수의 주루방해 157
인필드 플라이 규칙 159 | 야수선택 161 | 아웃 162 | 자동 아웃 162

09 심판

심판에 대한 기본 상식 166 | 심판에 대한 지침 167 | 주심과 루심 169
일시정지경기와 콜드 게임 175 | 볼과 스트라이크 판정 177 | 몰수경기 179
어필과 제소경기 180 | 심판의 독자적인 판단과 재량에 따른 판정 181
심판의 경기 방해 183 | 주루방해 판정 184 | 퇴장 186 | 투수의 반칙행위 188

10 감독과 코치

감독과 코치에 대한 기본 상식 **192** | 감독과 코치의 임무 **193**
경기를 시작하기 전에 **195** | 타임아웃 요청과 선수 교체 **196** | 감독과 투수 **197**
감독과 코치의 반칙행위 **199** | 제소경기 **201**

11 반칙행위

반칙행위 **205** | 스테로이드 등의 약물 **206** | 반칙행위와 수비방해 **207**
더그아웃에서의 반칙행위 **208** | 투수의 반칙행위 **209** | 타자의 반칙행위 **210**
주자의 반칙행위 **213** | 야수의 반칙행위 **213** | 퇴장 **215**

12 관중

관중에 대한 기본 상식 **218** | 관중의 수비방해 **218**
팀원과 관중 **221** | 구장에 들어온 관중 **222**

13 경기의 중단, 재개, 종료

경기 진행과 중단의 권한 **226** | 정식경기 **228** | 일시정지경기와 콜드 게임 **229**
일시정지경기 **230** | 우천교환권 **233** | 어둠 **234**
구장 상태 **234** | 날씨, 타격과 투구 **234**

14 공식기록원

기록원에 대한 기본 상식 238 | 공식기록원의 보고서 239 | 선발선수, 교체선수, 부정위타자 242
박스 스코어 243 | 콜드 게임 244 | 몰수경기 244 | 폭투와 패스트 볼 245
볼넷 245 | 삼진 246 | 자책점 246 | 완봉승 250 | 승리투수와 패전투수 251
구원투수의 세이브 253 | 올스타 게임의 승리투수 253 | 안타 254
타점 258 | 희생타 260 | 도루 261 | 풋아웃과 어시스트 265
수비 실책 268 | 연속 기록 272 | 기록 보고 273
개인 타이틀 275 | 공식통계원 278 | 통계 279

15 메이저리그

메이저리그의 구성 288 | 정규 시즌 289 | 올스타 게임 291
포스트시즌 292 | 마이너리그와 메이저리그 규칙의 차이점 297

용어 모음 299

01
야구의 기본 규칙

이 장에서는 야구의 규칙에 관한 기초적인 지식을 소개한다. 처음에는 기본적인 규칙들을 한눈에 훑어보겠다. 그러고 나서 뒷부분에서는 조금 더 깊이 들여다보긴 하되 썩 자세히 다루지는 않을 것이다. 이 장의 목적은 독자 여러분으로 하여금 야구 규칙을 한 번 맛보게 하려는 것이기 때문이다. 뒤의 장들에서 야구의 각종 규칙을 세세하게 다루겠다.

야구란 무엇인가

야구에 대해 알고 싶은가? 일단 야구라는 스포츠를 한눈에 훑어보자.

page 12

야구의 기본 규칙

야구를 이해하기 위해 조금 더 시간을 내볼 생각이 있는가? 여기서는 약간 더 범위가 넓으나 그래도 아직은 매우 기초적인 수준의 야구 규칙을 소개한다.

page 15

한 이닝의 공격 사례

한 팀은 한 이닝에서 스리 아웃이 될 때까지 공격을 한다. 여기에서는 첫 타자가 등장하고부터 세 번째 아웃이 되기까지 한 이닝의 공격을 진행하는 사례를 직접 보여준다.

page 27

야구란 무엇인가

개요: 여기에서는 야구라는 스포츠가 무엇인지 간단히 설명하고, 경기장, 선수, 장비를 비롯하여 야구라는 경기를 이루는 기본적인 요소들을 소개한다. 이 장 뒷부분에서는 야구경기가 진행되는 방법을 좀 더 자세히 살펴본다.

야구경기의 기본개념

야구는 각각 9명의 선수로 이루어진 두 팀이 겨루는 경기이다. 야구경기의 목적은 상대팀보다 더 많은 득점을 올리는 것이다. 야구장에는 4개의 베이스가 마름모꼴로 배치되어 있다. 반시계방향으로 1루, 2루, 3루, 홈 플레이트가 놓여 있다. 주자가 3개의 베이스를 차례로 모두 밟고 홈 플레이트에 도달하면 득점이 이루어진다.

야구는 9이닝(동점일 경우에 연장전이 펼쳐진다)에 걸쳐 진행된다. 각 이닝마다 양 팀은 공격할 기회를 한 번씩 얻는다.

9명의 야수들이 경기장에서 각자 제 위치를 잡고 서면 이닝이 시작된다. 투수는 상대팀 타자에게 투구를 하고 타자는 투수가 던진 공을 치려고 애쓴다. 타자가 방망이를 휘둘렀는데 공을 치지 못하거나 스트라이크 존으로 들어온 투구에 스윙하지 않고 가만히 서 있으면 스트라이크를 먹게 된다. 스트라이크 3개를 받으면 타자는 아웃된다. 또 투구를 쳤으나 타구가 땅에 닿기 전에 야수에게 잡혀도 아웃이 된다. 하지만 공이 땅에 맞으면 베이스를 돌기 위해 달리기 시작한다. 베이스에 이미 있는 다른 주자들도 뛸 수 있다.

야수들은 타자나 주자들이 진루하려 하는 사이에 아웃시키고자 한다. 하지만 주자가 베이스에 몸이 닿아 있다면 세이프가 되며 아웃시킬 수 없다. 공격팀이 세 번 아웃되고 나면 상대팀이 공격하게 된다.

경기가 끝나고 두 팀 중 더 많은 득점을 올린 팀이 승리팀이 된다.

기본 장비

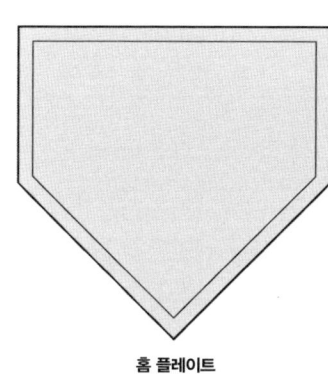
홈 플레이트

공

글러브

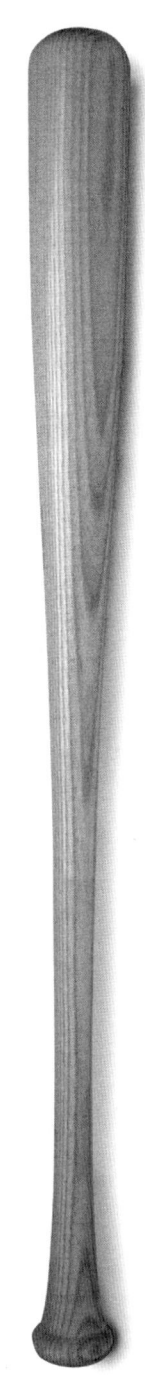
배트

구장과 선수의 배치

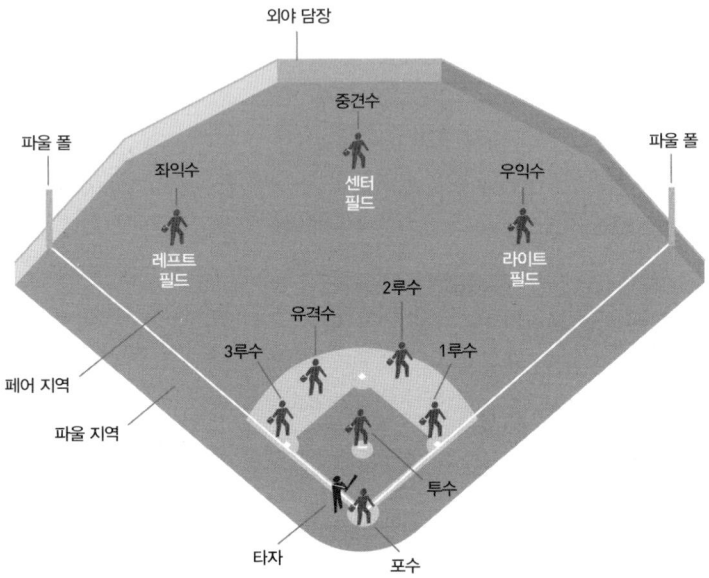

내야

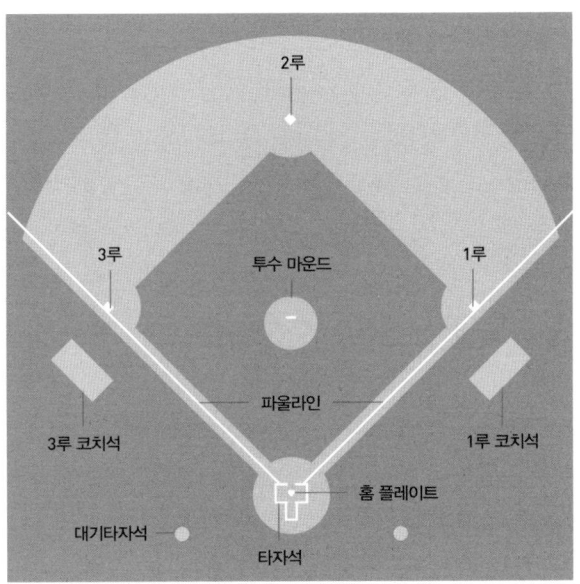

야구의 기본 규칙

개요: 공격에 나선 팀의 목표는 다음 베이스에 도달하는 것이다. 그런 까닭에 이 스포츠의 이름이 '베이스볼baseball'이다. 주자가 1루, 2루, 3루 그리고 홈 플레이트에 무사히 도달하면 득점을 올리게 된다.

득점 방식

타자의 최우선 목표는 아웃되지 않고 베이스에 무사히 나가는 것이다. 베이스에 도달하는 방법에는 여러 가지가 있으나, 가장 흔히 쓰는 방법은 공을 쳐서 야수 중 아무도 붙잡지 못하도록 만드는 것이다. 일단 그 일을 해내면 타자는 야수가 공으로 자기를 태그하기 전에 베이스에 닿기 위해 달려간다. 모든 베이스에 계속해서 진루하여 홈 플레이트(타자가 출발했던 지점)로 돌아오면 득점을 올리게 된다.

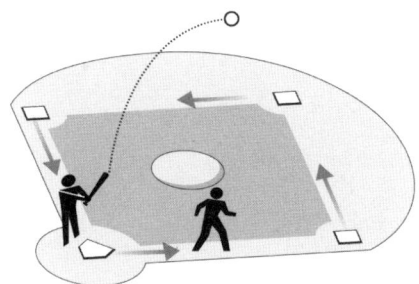

득점 방식

투수의 임무는 타자에게 공을 던져서 아웃시키는 것이다. 투수는 스트라이크 존으로 공을 던지거나, 타자가 공에 헛스윙하기를 바라면서 스트라이크 존 바로 바깥으로 공을 던진다. 투수가 던지는 각각의 공은 다음 중 하나의 결과로 이어진다.

- 스트라이크
- 볼

- 안타
- 안전진루

스트라이크 3개: 타자가 아웃된다.
볼 4개: 타자가 걸어 나간다.

타자가 배트를 휘둘렀는데 공을 건드리지 못하면 스트라이크가 된다.(헛스윙) 공을 쳤는데 파울 지역으로 떨어져도 스트라이크가 된다. 이 타구가 땅에 닿기 전에 야수에게 잡히면 아웃이 된다. 하지만 투 스트라이크가 이미 기록된 상황이라면, 잡히지 않고 파울 지역에 떨어진 타구는 볼 카운트에서 계산하지 않는다.

투수가 볼(스트라이크 존 바깥으로 들어간 투구)을 4개 던졌는데 타자가 방망이를 휘두르지 않았다면 타자는 1루로 무사히 걸어 나간다.

타자가 공을 치게 되면, 공이 어느 지점으로 날아가고, 그곳에서 어떤 일이 일어나느냐에 따라 결과가 달라진다.

스트라이크 존

스트라이크 존은 홈 플레이트 위의 공간에 있는 구역이다. 투구가 스트라이크 존을 통과하면 스트라이크가 된다. 스트라이크 존을 벗어난 투구에 타자가 스윙을 하지 않으면 볼이 된다.

Note 투구가 땅에 바운드되고 나서 스트라이크 존을 통과하면 볼이 된다. 하지만 타자가 그 공을 친 경우에는 공이 바운드된 것이 무시된다. 바운드된 공이 타자의 몸에 맞으면 타자는 자동으로 1루에 출루한다.

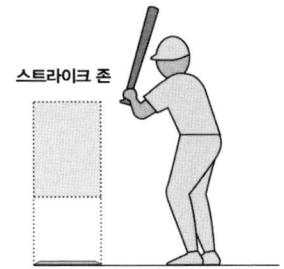

스트라이크 존

야구의 기초 | 타격

타자들은 '타순'에 따라 타격을 하러 나온다. 타순은 경기가 시작되기 전에 감독이 타격에 나설 선수들의 순서를 짠 것이다. 타순('라인업'이라고도 한다)은 팀의 전략에서 아주 중요한 부분을 차지한다. 타자들은 능력에 따라 순서를 부여받는다.

타격에 나선 타자는 투구를 받아쳐서 페어 지역으로 보내려 한다. 타자는 투수가 던진 공이 날아올 때 스윙을 하거나 스윙을 하지 않겠다는 선택을 한다. 배트로 공을 맞힌다면 타자는 주자가 되고, 1루나 그다음 루에서 세이프되려고 달려간다. 그 앞에 주자가 있으면 그 주자 또한 다음 베이스로 진루하려고 달릴 수 있다. 아니 달릴 수밖에 없다. 왜냐하면 타자에게 자기가 있던 베이스를 비워주어야만 하기 때문이다.

> **Example** 타자가 안타를 쳐서 1루에 나가게 된다면, 1루에 있던 주자는 2루로 달리지 않으면 안 된다.(포스 플레이) 포스 플레이에 대해서는 '주루' 장 126쪽을 참조하라.

희생타

타자의 목표는 베이스에 가서 세이프가 되는 것이지만, 때로는 베이스에 이미 나가 있는 팀 동료의 진루를 목표로 삼기도 한다. 설령 그렇게 해서 자신이 아웃되더라도 말이다.

타격 시 발생하는 상황

타자가 공을 때리면 여러 가지 상황이 발생할 수 있다.

- **베이스에서 세이프:** 타자는 1루에 무사히 도달하거나 다음 베이스에 진루할 수 있다.
- **안전진루:** 여러 가지 이유로 해서, 타자뿐 아니라 주자도 한 베이스 이상 안전하게 진루할 수 있다.
- **아웃:** 타자나 주자는 야수들에게 아웃될 수 있다.
- **파울:** 타자가 친 공이 파울 지역으로 떨어질 수도 있다.

세이프

타구가 잡히지 않은 채 페어 지역에 떨어지면 타자는 주자가 된다. 그리고 1루나 다음 베이스에 도달하면, 베이스에 몸을 붙이고 있는 한 세이프가 된다.

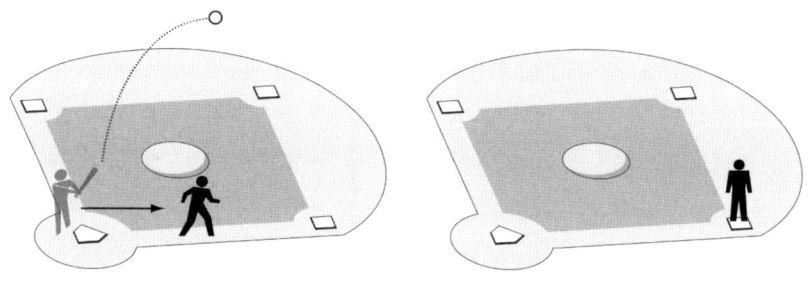

안전진루

타자는 여러 가지 이유로 해서 하나나 둘 또는 세 베이스에 그냥 진루할 수 있다. 예컨대 볼넷을 얻거나(19쪽 참조), 투수가 던진 공에 맞으면 1루로 갈 수 있다. 또는 타자가 친 공이 페어 지역에 바운드되고 나서 경기장 바깥으로 나가버리면 2루까지 갈 수 있다. 그런가 하면 야수가 진루하려는 타자를 방해하는 반칙을 저지르는 경우도 있는데, 그러면 심판이 몇 개의 루를 진루시킬지 결정하게 된다. 안전진루는 '타격' 장에서 다시 살펴보겠다.

홈런

타자가 친 공이 페어 지역의 담장을 넘어가면, 타자는 홈으로 오는 길을 자유롭게 돌아 득점한다. 베이스에 있던 주자들도 모두 득점한다.

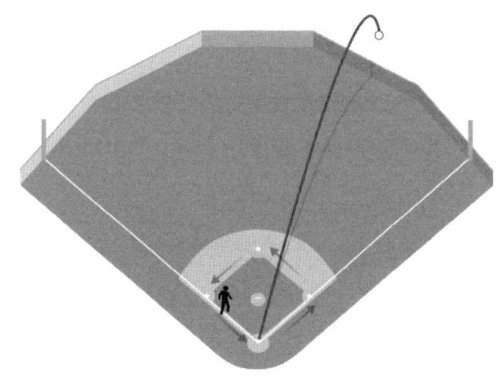

아웃은 어떻게 이루어지는가

타자가 공을 치고 나서 타자나 주자가 아웃될 수 있는 길은 여러 가지가 있다.

1 야수가 페어 지역에서건 파울 지역에서건 '플라이 볼'(아직 땅에 떨어지지 않은 타구)을 잡으면 타자는 아웃된다. 관중석으로 넘어가는 플라이 볼을 야수가 잡아도 타자는 아웃된다.
2 타구가 페어 지역에 떨어진 후에 공을 잡은 야수가 다음과 같은 플레이를 했을 때 타자나 주자는 아웃된다.
- 타자가 베이스에 닿기 전에 공으로 타자를 태그한다.
- 1루를 태그한다.(공을 쥔 상태에서 1루를 밟는다.)
- 루와 루 사이를 달리고 있는 주자를 태그한다.
- 진루하기 위해 뛸 수밖에 없는(포스 플레이 상태에 놓인) 주자가 향하는 베이스를 태그한다.

아니면 처음 공을 잡은 다른 야수에게 공을 던질 수도 있다. 그러면 공을 받은 야수는 위에서 설명한 방식으로 아웃을 잡아낸다.

더블 플레이와 트리플 플레이

더블 플레이 또는 트리플 플레이는 하나의 플레이에서 2명 또는 3명의 주자가 아웃되는 것을 말한다. 예를 들어 타자가 친 공을 잡은 야수가 2루로 달리는 주자를 아웃시키고 이어서 1루로 공을 던져 타자를 아웃시키면 더블 플레이가 된다.

볼넷

스트라이크 3개를 받으면 타자는 아웃된다. 반대로 볼 4개를 받으면 걸어서 나가도 된다. 즉 타자는 1루까지 그냥 진루한다. 1루에 이미 주자가 있다면, 그 주자는 2루로 그냥 진루한다. 1루, 2루, 3루에 주자가 있는 상황에서 타자가 걸어 나가면, 3루주자는 밀어내기로 홈 플레이트에 진루해 득점을 올리게 된다.

페어와 파울

볼 카운트에 스트라이크가 0개나 1개 있는 상황에서 타자가 친 공이 파울 지역에 떨어지면 스트라이크로 카운트된다. 볼 카운트에 스트라이크 2개가 이미 있다면, 파울 지역에 떨어진 타구는 볼로도 스트라이크로도 카운트되지 않고 무시된다. 하지만 파울 지역에서도 공이 땅에 떨어지기 전에 잡히면 아웃이 된다.

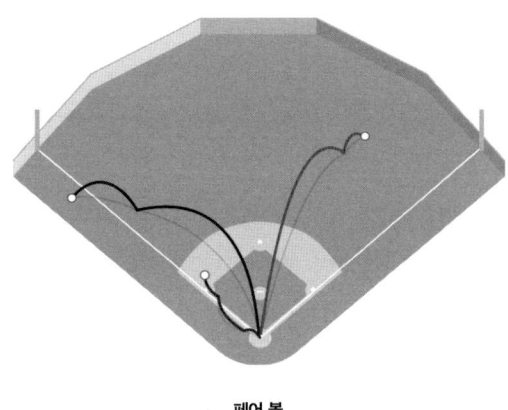

페어 볼

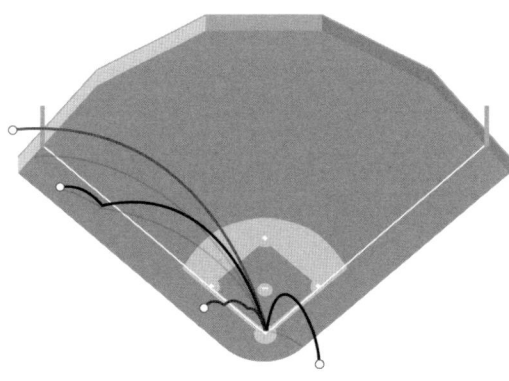

파울 볼

야구의 기초 | 주루

주자의 목표는 아웃되지 않고 계속 진루해서 마침내 홈에 도달하여 득점하는 것이다. 공이 인 플레이 상태일 경우에 베이스에 몸을 대고 있지 않은 주자는 어느 때라도 아웃될 수 있다. 주자는 그 밖의 여러 경우에도 아웃을 당할 수 있다. 주루를 하면서 베이스 하나를 터치하지 않고 지나치는 바람에 아웃이 선언될 수도 있다. 또는 플레이하고 있는 야수를 방해하는 반칙을 저질러 아웃될 수도 있다. 주자가 베이스를 도는 도중 아웃될 수 있는 여러 가지 경우는 '주루' 장에서 자세히 다루겠다.

도루

타자가 안타를 치기를 기다리는 대신, 주자는 투수가 투구를 하는 사이에 달려가 베이스를 '훔칠' 수 있다. 도루는 위험성이 크다. 빨리 달리지 못하면 주자는 아웃될 수 있다. 주자는 또한 '견제'를 당해 아웃될 수도 있다. 주자는 대개 베이스에서 떨어져 리드를 잡는다. 즉 다음 베이스를 향하여 베이스에서 몇 미터 정도 발걸음을 떼놓고 있는 것이다. 투수는 주자를 경계하고 있다가 주자가 되돌아올 틈을 주지 않고 베이스에 공을 던지기도 한다. 하지만 투수가 홈을 향해 투구 동작을 시작한 다음에는 견제구를 던질 수 없다. 투수와 포수는 도루하려는 주자를 잡기 위해 대개 베이스 쪽으로 공을 던진다. 그러므로 투수와 포수는 주자를 늘 감시할 필요가 있다.

도루

- **리드 잡기:** 투수의 신경이 타자에게 쏠려 있는 동안 주자는 자기의 베이스에서 몇 걸음 떨어져 리드를 둔다.

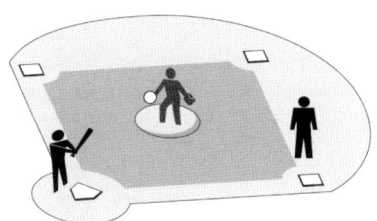

- **베이스 훔치기 :** 주자는 포수의 송구를 야수가 받아 자기를 태그 아웃시키기 전에 훔치려는 베이스에 도달하기 위해 달린다.

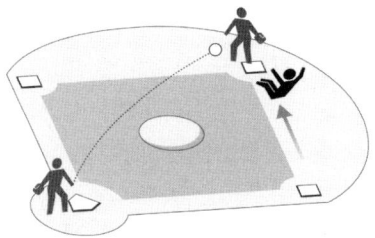

태그 업

페어 볼이나 파울 볼이 플라이 볼로 아웃되는 경우에도 주자는 다음 베이스로 진루할 수 있다. 공이 잡혀 아웃된 후에(정확히 표현하면, 야수가 공을 처음 건드리고 나서) 주자의 몸이 원래의 베이스를 터치하고 있는 상태에서 진루를 노리는 것이다. 주자가 진루를 준비하면서 베이스에서 발을 떼어 리드를 잡고 있었다면, 진루하기 전에 반드시 베이스로 되돌아와 다시 터치하고 출발해야 한다.

1 타자가 친 플라이 볼을 우익수가 잡아서 타자를 아웃시킨다.
2 주자는 야수가 공에 닿는 순간까지 기다렸다가 베이스에서 출발한다.
3 주자는 야수가 공으로 자신을 태그 아웃시키기 전에 다음 베이스에 도달하기를 바라면서 진루를 시도한다.

득점

주자 1명이 홈 플레이트에서 세이프되면 1점을 득점한다. 홈 플레이트는 그 주자가 타격을 하고서 출발한 곳이다. 안타를 치거나 안전진루를 해서 주자가 된 타자는 1루, 2루, 3루까지 아웃되지 않은 채 도달하고 나서 홈으로 가야 한다.

타자가 안타를 치고 2루까지 가서 세이프된다.

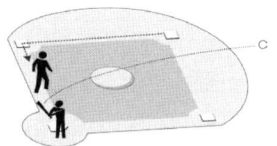

다음 타자가 역시 안타를 치면 처음 타자는 홈 플레이트까지 달려 득점하게 된다.

세 번째 아웃에서 득점이 되는 경우와 안 되는 경우

세 번째 아웃으로 귀결되는 플레이에서는 대개 주자가 홈에 도달한다고 해도 득점이 되지 않는다. 세 번째 아웃으로 그 이닝의 공격이 마감되는 것이다. 다음과 같이 세 번째 아웃이 이루어진 경우에는 주자가 홈을 밟아도 득점이 되지 않는다.

- 타자가 공을 치고 나서 1루에 도달하기 전에 아웃된 경우.
- 플레이 중에 어떤 주자라도 포스 상황(뒤에 주자가 있기 때문에 지금 서 있던 베이스를 비워주어야 하므로 달릴 수밖에 없는 상황)에서 아웃된 경우.
- 득점한 주자 뒤의 주자가 당시의 플레이 도중 포스 상태에서 도착했어야 할 베이스를 터치하지 못하고 지나친 경우.

이 밖의 상황에서는 득점한 주자 뒤의 주자가 세 번째 아웃을 당하더라도, 세 번째 아웃이 이루어지기 전에 홈 플레이트에 닿았다면 득점이 인정된다.

> **Note** 어떤 경기에서 주자가 결승득점을 올릴 적에(마지막 이닝의 말 공격이고 이 득점으로 그 팀이 앞서 나가게 되는 상황). 타자는 그 플레이 상황에서 반드시 1루를 밟아야 한다. 타자는 자기 팀이 이미 이겼다는 생각에 멈춰버리면 안 된다.

야구의 기초 | 수비

야수는 타구가 땅에 떨어지기 전에 잡아 타자를 아웃시킬 수 있다. 공을 쥐고 있는 야수는 1루로 달리는 타자를 비롯한 주자를 공으로 태그하여 아웃시키거나, 타자나 주자가 진루해야만 하는 포스 상황에서는 베이스를 태그하여 아웃시킬 수 있다.

타자는 공을 치면 1루로 달려야 한다. 1루에 이미 주자가 있다면, 그 주자는 2루로 뛰어야 한다. 자기 바로 뒤의 베이스에서 달려올 수밖에 없는 상황의 주자를 둔 다른 주자들도 마찬가지로 자기 베이스를 비우기 위해 달려야 한다.

포구

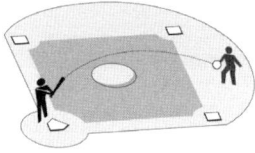

타자가 플라이 볼을 친다. 공이 땅에 떨어지기 전에 야수가 공을 잡으면 타자는 아웃된다.

선수 태그

땅볼을 친 타자는 1루로 달려야 한다. 야수는 타자가 1루에 도달하기 전에 공으로 태그하여 아웃시킬 수 있다.

베이스 태그

타자를 태그하는 대신, 공을 가진 야수는 타자가 도달하기 전에 1루를 밟아 아웃시킬 수 있다.

포스 플레이

1루, 2루에 주자가 있는 상황에서 타자가 3루 쪽으로 땅볼을 친다. 타자와 주자들 모두 다음 루로 달려야 한다.

공을 쥔 3루수가 주자가 도착하기 전에 3루를 터치(태그)하여 주자를 아웃시킨다.

설명: 주자가 달리지 않으면 안 되는 포스 플레이 상황에 놓여 있기 때문에, 야수는 주자를 아웃시키기 위해 그저 베이스만 태그하면 된다.

더블 플레이

1루에 주자가 있는 상황에서 타자가 공을 쳤기 때문에, 1루주자는 2루로 달릴 수밖에 없다.

2루수가 베이스를 태그하여 주자를 포스 아웃시키고 나서 1루수에게 공을 던진다.

1루수가 공을 받아서 타자가 1루에 도달하기 전에 베이스를 태그하여 타자를 아웃시킴으로써 더블 플레이를 이룬다. 그러면 아웃 카운트 2개가 잡힌다.

야구의 기초 | 경기의 길이

▌ 야구경기는 9이닝에 걸쳐 진행된다

경기는 일반적으로 9이닝에 걸쳐 이루어진다. 9회를 마치고 나서 더 많은 점수를 올린 팀이 승리팀이 된다. 좀더 구체적으로 살펴보면, 경기는 9회에 다음과 같은 상황에서 종료된다.

- 홈팀이나 원정팀 중 한 팀이 9회가 끝나고 나서 득점에서 앞서 있으면 끝난다.
- 또는 9회말 공격이 시작될 때 홈팀이 득점에서 앞서 있거나, 아니면 9회말 도중에 득점을 올려 앞서 나간 경우에 경기가 끝난다. 후자의 경우에 결승점이 터지는 순간 경기가 끝난다.

▌ 9회초가 끝난 후 두 팀이 동점이거나 원정팀이 앞서고 있다면

홈팀이 9회말 공격에 나설 당시(홈팀은 언제나 이닝의 말에 공격에 나선다) 동점이거나 원정팀이 앞서고 있다면, 홈팀이 앞서 나가는 순간 경기는 끝난다. 홈 플레이트에서 결승점이 나면 끝나는 것이다. 설령 그 마지막 플레이에서 다른 주자들도 득점할 수 있다고 할지라도, 홈팀이 1점의 리드만 잡는 것으로 승리가 확정되는 상황이라면 경기는 끝난다. 홈팀을 앞서게 해준 득점만

이 기록되는 것이다. 하지만 경기가 결승홈런으로 마무리되면 타자와 당시 베이스에 있던 모든 주자들이 득점하게 되며, 그 경우 홈팀은 2점 차 이상으로 승리를 거둘 수도 있다.

9회 도중 홈팀이 승리했음을 보여주는 스코어보드

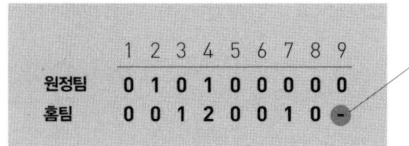

9회초 공격을 마친 상황에서 홈팀이 4 대 2로 앞서고 있기 때문에, 9회말에 다시 공격에 나설 필요가 없다. 경기는 여기서 끝나고 홈팀이 승리한다.

야구의 기초 | 연장전

**| 9이닝이 다 끝난 후에도
| 양 팀이 동점일 경우**   메이저리그 경기는 무승부로 끝날 수가 없다. 9이닝을 마치고도 동점인 경기는 연장전으로 돌입해 계속하게 된다. 경기는 다음의 상황이 될 때까지 계속된다.

- 원정팀이 해당 회의 말이 끝나고 나서도 앞서 있는 경우.(홈팀이 공격을 끝냈을 때 원정팀이 앞서고 있는 경우)
- 홈팀이 점수를 뽑아내어 앞서게 되는 순간.

연장전의 종료는 9회의 상황과 똑같이 다루어진다. 즉 홈팀이 해당 이닝의 말 공격에서 리드를 잡는 순간 끝난다. 단 1점만 앞서도 된다. 경기가 홈런으로 끝나는 상황이면, 타자와 주자들이 모두 득점을 올린다.

그러므로 원정팀이 9회초를 마치고, 또는 연장전의 초 공격을 마치고 앞서 있다고 해도, 홈팀은 상대팀을 따라잡을 공격 기회를 한 번 더 가지는 것이다. 하지만 공격 기회에서 원정팀을 역전시키지 못하면 패하고 경기는 끝난다.

한 이닝의 공격 사례

다음은 한 팀이 세 번째 아웃을 당할 때까지 한 이닝의 공격을 벌이는 과정을 예로 든 것이다.

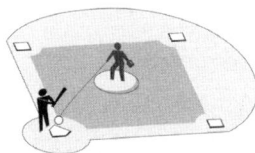

1 첫 타자가 타석에 들어서서 삼진 아웃(스트라이크 3개를 받음)을 당한다. **원 아웃.**

2 다음 타자가 볼넷을 얻어 1루에 나간다.

3 세 번째 타자가 플라이 아웃된다. 주자는 1루에 그대로 머물러 있다. **투 아웃.**

4 네 번째 타자가 안타를 치고 1루로 나가면서 포스 상황이 되어 1루주자는 2루로 간다.

5 다섯 번째 타자가 외야 깊숙한 쪽으로 라인 드라이브를 때려낸다. 공이 땅에 떨어진다.

6 2루에 있던 주자가 득점한다. 1루에 있던 주자는 3루로 가고, 타자는 2루까지 간다. **1득점.**

7 여섯 번째 타자가 유격수 쪽으로 땅볼을 친다.

8 유격수가 베이스를 밟고 있는 1루수에게 공을 던져 타자를 포스 아웃시킨다. **스리 아웃, 공격이 끝난다.**

> ● **정식경기** ●
>
> 한 경기는 적어도 경기의 절반을 플레이했을 때 공식적인 '정식경기'로서 인정받는다. 뒤지고 있는 팀이 5회 이상의 공격을 마치면 이 요건이 성립한다. 정식경기에 대한 자세한 설명은 228쪽 참조.

야구경기는 심판이 '플레이'를 선언해야 공식적으로 시작되긴 하지만, 그 전에 여러 가지 준비가 되어 있어야 한다. 홈팀 감독이 날씨에 따라 경기를 열지 말지 결정하는 일에서, 어떤 선수가 어떤 순서에 따라 타자석에 들어설 것인지 정해놓은 타순표를 교환하는 일 등이 경기 시작 전에 이루어진다.

경기를 시작하기 전에
심판은 홈팀에게서 야구공들을 건네받아 검사하며 구장에 그어진 선을 확인하는 등 경기 전에 여러 가지 일을 처리한다.

page 30

몰수경기
흔한 경우는 아니지만, 경기는 시작하기 전에 끝나버릴 수도 있다. 이 항목에서는 몰수경기로 승패가 갈리게 되는 경우를 알아본다.

page 34

경기 시작 30분 전
양 팀은 심판에게 감독이 누구인지 밝혀야 한다.

page 32

경기 시작 5분 전
심판과 양 팀 감독들은 경기의 인준과 타순표 교환을 위해 홈 플레이트에 모인다. 타순이란 타자석에 들어서는 타자들의 순서를 말한다.

page 35

야구공 준비
심판은 경기에 쓸 수많은 새 야구공의 광택을 제거해야 한다. 광택은 진흙으로 제거한다.

page 32

경기 시작
9명의 야수가 수비 위치를 잡는다. 타자와 1루코치, 3루코치 등 공격팀원 3명도 정해진 구역에 들어선다.

page 37

경기를 시작하기 전에

개요 : 경기를 시작하기 전에 심판은 구장과 경기에 사용할 장비가 규칙에 들어맞는지 확인해야 한다.

경기를 시작하기 전 심판의 임무

경기를 시작하기 전에 심판은 경기에 쓸 장비를 확인해야 한다. 글러브는 일정한 사이즈를 넘으면 안 되고, 배트와 공은 공식적인 기준에 부합하며 유니폼도 일정한 요건에 들어맞아야 한다. 심판은 다음과 같은 사항을 확인할 책임이 있다.

- 배트, 공, 유니폼, 글러브가 세부 요건에 들어맞는가?
- 구장에 표시된 흰 선들이 정확하며 손상되지는 않았는가? 다음과 같은 위치를 선으로 표시해야 한다.
  - 베이스라인
  - 파울라인
  - 타자석
  - 포수석
  - 코치석
- 투수 마운드와 투수판이 제대로 갖추어져 있는가?
- 심판은 홈팀으로부터 야구공들을 받는다. 야구공은 리그 규칙이 명시한 요건을 충족해야 한다.
- 경기에 사용할 야구공이 적어도 12개는 있는가?
- 심판은 다음과 같은 경우에 대비해서 수중에 적어도 2개 이상의 야구공을 지니고 있어야 한다.
  - 타자가 공을 쳐서 관중석이나 경기장 밖으로 보낼 경우
  - 공이 닳거나 더러워지거나 긁히거나 올이 풀려 사용할 수 없게 될 경우
  - 투수가 경기에 새 공을 투입해달라고 요청할 경우

**| 날씨와
| 구장 상태**　　경기 시작 전에는 홈팀 감독이 구장을 관할한다. 즉 감독은 날씨나 구장 상태가 좋지 않으면 경기를 지연할지 또는 다른 날로 연기할지 결정한다. 감독이나 심판이 구장을 관할한다는 것은 곧 구장관리인들도 관할한다는 뜻이다. 구장 상태를 개선해야 한다면, 감독(경기 전)이나 주심(경기 도중)은 보수 작업을 진행할 책임이 있다.

　경기 시작 직전, 그리고 경기가 벌어지는 동안에는 주심이 구장에 대한 권한을 가진다. 주심은 경기 시작 몇 분 전에 홈팀 감독이 타순표를 주심에게 건네는 순간 이 책임을 맡게 된다.

| 더블헤더　　주심은 더블헤더 두 경기 사이의 시간도 관할한다. 더블헤더의 두 번째 경기를 지연해야 하는지, 아예 다른 날로 경기 일정을 다시 잡아야 하는지를 단독으로 판단한다.

| 시즌 막바지에는　　홈팀 감독이 경기를 연기할지 말지 결정하는 경우, 원정팀은 리그 회장에게 이 결정에 대해 어필할 수 있다. 홈팀 감독이 자기 팀에 유리하도록 결정할 수도 있으므로, 경기를 시작할지 말지 결정하는 홈팀 감독의 권한을 무효화해달라고 요구하는 것이다. 또는, 양 리그에서는 시즌이 끝나가는 몇 주 동안 감독들의 이런 권한을 해제할 수 있다. 그러면 경기 때마다 이 권한은 자동으로 리그 회장에게 넘어간다.

경기 시작 30분 전

양 팀은 감독을 밝혀야 한다 양 팀은 적어도 경기 시작 30분 전에는 감독이 누군지 밝혀야 한다. 흔한 경우는 아니지만, 감독은 팀 내의 한 선수일 수도 있다. 감독이라는 직책에는 많은 책임이 따른다. 하지만 감독은 그중 일부를 코칭스태프에게 위임할 수도 있다. 그러려면 감독은 어떤 특정 상황에서 코치가 자신을 대리하여 나설 것임을 경기가 시작되기 전에 심판에게 알려야 한다.

> **● 팀원은 관중이나 상대팀과 어울릴 수 없다 ●**
>
> 유니폼을 입은 선수는 경기 전에 관중석에 들어가면 안 된다. 경기 전이나 도중에 감독, 코치 또는 선수가 관중이나 상대팀원과 접촉하는 것은 금지되어 있다.

야구공 준비

개요: 무대 뒤편에서 심판은 경기에 쓸 많은 야구공을 일일이 점검해야 한다. 심판은 진흙을 갖고 놀기도 한다.

매 경기에서 홈팀은 심판에게 아주 많은 공을 제공한다. 다 합해서 60개 이상이 되기도 한다. 공은 반드시 봉인된 상자에 담은 채로 전달해야 하며, 봉인이 손상되어 있으면 안 된다. 공을 담은 각각의 포장에는 리그 회장의 서명이 씌어 있다. 심판은 공을 하나하나 점검하고 경기에 내보낼 준비를 한다. 이 과정에서 특별한 종류의 진흙으로 문질러 새 공의 광택을 제거하는 일도 한다.

리나 블랙번 러빙 머드

심판은 공의 포장을 하나씩 열면서 공을 점검하고 '광택'을 제거해야 한다. 전통적으로 공 하나하나를 진흙으로 문지르는 방법을 쓴다.

1930년대부터 심판들은 매우 특별한 종류의 진흙을 사용해왔다. 러셀 오브리 '리나' 블랙번은 1910~1920년대에 시카고 화이트삭스에서 뛰었고, 나중에 필라델피아 애슬레틱스의 3루코치로 일했다. 그 전에 심판들은 야구공의 번쩍거림을 없애기 위해 다양한 물질을 사용해온 터였다. 1938년 리나는 어쩌다가 완벽한 물질을 발견했다. 뉴저지 주 어디쯤, 델라웨어 강 유역 어디께 세간에 알려지지 않은 지역에서 질 좋고 초콜릿푸딩 같은 진흙을 발견한 것이다. 이 진흙으로는 공을 문질러도 변색되거나 상처가 나지 않았다. 공을 관리하기에는 안성맞춤이었던 것이다. 몇 년 지나지 않아 아메리칸리그의 모든 팀이 이 진흙을 사용하게 되었으며, 1950년대 말에 이르러서는 내셔널리그 팀들도 모두 사용하게 되었다.

리나 블랙번 러빙 머드Lena Blackburne Rubbing Mud는 여전히 델라웨어 강의 기슭에서 채집하고 있으며, 오늘날 모든 메이저리그 심판들이 사용하고 있다.

Note 규칙에 따르면 심판이 야구공을 준비해야 하지만, 오늘날 이 일은 대개 구단 클럽하우스 직원이 처리한다.

새로운 공

광택을 제거한 공

몰수경기

개요 : 경기가 시작되기도 전에 승패가 결정될 수도 있다. 몰수경기란, 규칙을 심각하게 위반한 팀에 대한 벌칙으로 주심이 그 상대팀에게 승을 주는 것을 말한다. 이때 스코어는 자동으로 9 대 0으로 기록된다.

몰수경기의 요건 다음과 같은 이유로 몰수경기를 선언할 수 있다. 첫 투구가 이루어지기 전에 몰수경기 판정이 날 수도 있다. 몰수경기는 주심이 선언해야 한다. 이 결정은 주심이 단독으로 내린다.

1 불량한 구장 상태
구장 상태가 경기하기에 적합하지 않다고 주심이 판단하면, 원정팀의 손을 들어주며 몰수경기를 선언할 수 있다.

2 홈팀이 구장을 경호할 경찰력을 갖추지 못한 경우
팬이 구장으로 난입하여 선수나 플레이를 방해할 경우, 원정팀은 해당 팬이 구장 바깥으로 쫓겨날 때까지 경기하기를 거부할 수 있다. 홈팀은 15분, 또는 그 이상의 시간 내에 경찰이나 안전요원이 구장을 정리하도록 조치해야 한다. 15분이 지났는데도 정리되지 않으면, 그 후 어느 시점에라도 주심은 몰수경기를 선언하여 원정팀에게 승리를 줄 수 있다.

3 한 팀이 경기장에 입장하지 않거나 경기 시작을 거부하는 경우
주심이 '플레이'를 선언하고 5분 안에 입장하지 않으면 몰수경기를 선언할 수 있다. 어쩔 수 없는 사정으로 지연되는 경우에는 주심이 용인해줄 수 있다.

4 더블헤더의 두 번째 경기에서 한 팀이 구장에 나타나지 않은 경우
두 경기 사이에 보통 20분간 주는 휴식시간이 지나고도 구장에 나오지 않으면 해당 팀은 몰수패를 당할 수 있다. 다만 그날의 중간 휴식시간이 공식적으로 연장된 경우는 예외다.

5 한 팀이 고의로 경기를 지연하려 하는 경우

또는 경기 시간을 고의로 단축하려고 하는 경우도 마찬가지다.

6 한 팀이 9명의 선수를 구장에 세우기를 거부하거나 세울 여력이 없는 경우

경기 시작 5분 전

주심은 경기 시작 5분 전에 구장으로 들어가서 홈 플레이트에서의 절차를 진행한다. 그곳에서는 다음과 같은 일이 이루어진다.

- 홈팀 감독이 홈팀의 타순표 2통을 심판에게 건넨다.
- 원정팀 감독이 원정팀의 타순표 2통을 심판에게 건넨다.
- 심판은 각 팀의 타순표 2통이 서로 일치하는지 확인하고 오류가 없는지 살펴본다.
- 심판에게 타순표가 전달되면 경기 전체의 타순이 확정되며, 선수 교체는 규칙에 따라서만 할 수 있다. 주심에게 건넨 타순표로 해당 경기의 타순이 확정되지만, 예기치 못한 실수나 누락은 정정할 수 있다. 가령 타순표에 9명이 아니라 8명의 이름만 들어 있다거나 동명이인의 선수 중 어떤 선수를 지목했는지 알아볼 수 없는 경우, 그런 실수는 바로잡기만 하면 된다. 심판은 감독이나 주장에게 이런 실수를 알려주어야 하며, 그 팀은 경기 시작 전에 이를 바로잡을 수 있다.
- 타순표 2통이 서로 똑같으며 실수가 없다고 확인한 심판은 양 팀의 타순표를 1통씩 가지며, 나머지 1통씩을 상대팀 감독에게 준다.
- 심판은 경기와 구장에 대한 권한을 넘겨받게 된다. 다시 말해, 이제 주심은 좋지 않은 날씨나 불량한 구장 상태를 이유로 경기를 일시정지시키거나 연기하며, 언제 경기를 재개할지 결정

> **Note** 투수가 나올 타순에 지명타자를 넣을 경우, 그 지명타자를 주심에게 건네는 타순표에 밝혀야 한다. 양 리그 모두 지명타자를 허용하는 규칙을 자유롭게 받아들일 수 있으나, 아메리칸 리그만이 이 규칙을 채택했다.

하는 권한을 가지게 된다.

그라운드 룰

각 야구장에는 그 구장만의 특수한 문제를 다루는 나름의 그라운드 룰이 있다. 그라운드 룰은 해당 경기와 스타디움에만 적용되며, 리그 규칙에서 망라하지 않은 상황을 다룬다. 이런 규칙은 방수포 아래 공이 끼이는 것에서부터 개폐식 지붕의 사용에 이르기까지 여러 가지 상황을 다룬다. 경기 시작 전에 홈팀 감독이 별도의 특별 그라운드 룰을 정하자고 할 수도 있다. 원정팀 감독이 동의하면 이 그라운드 룰의 효력이 발생한다. 또는 심판이 그날 경기와 관련된 특수한 상황을 다루기 위해 직접 그라운드 룰을 정할 수도 있다.

홈팀과 원정팀의 유니폼

야구장에 가서 앉아 있다 보면 어떤 팀이 원정팀인지 헷갈릴 일은 결코 없다. 유니폼의 로고만 읽어도 알 수 있다. TV로 경기를 얼핏 본다고 해도 홈팀과 원정팀은 금세 가려낼 수 있다.

모든 팀은 두 세트의 유니폼을 갖추고 있다. 한 세트는 흰색이고, 다른 것은 회색이나 베이지색 같은 짙은 색이다. 홈팀이 흰색 유니폼을 입고, 원정팀은 짙은 색 유니폼을 입는다. 모든 경기에서 원정팀이 먼저 공격에 나선다.

홈팀

원정팀

경기 시작

선발투수

타순표에 들어 있는 선발투수는 적어도 한 타자를 상대로는 투구해야 한다. 선발투수는 아프거나 부상을 당해서 투구를 할 수 없게 되는 경우를 제외하고, 첫 타자가 출루하든지 아웃되든지 간에 타격을 마칠 때까지 투구해야 한다.

경기를 시작하는 과정

경기를 시작하기 위해서 각 선수들은 위치를 잡는다. 9명의 야수 가운데 투수와 포수에게만 규정된 위치가 있다. 다른 7명의 야수들은 페어 지역 내 어느 곳에라도 수비 위치를 잡을 수 있다. 평소에 그들이 늘 서 있는 위치는 규칙으로 정해진 자리가 아니다. 하지만 이런 위치들은 구장을 적절히 커버하기에 아주 알맞은 자리들이다.

- **홈팀 선수 9명이 구장에 나와 각기 수비 위치를 잡는다.** 투수를 비롯한 8명의 선수들이 페어 지역 안에 자리를 잡는다. 포수는 홈 플레이트 뒤의 포수석에 위치하므로 페어 지역에 자리를 잡지 않는 유일한 야수가 된다.
- **투수가 워밍업 투구를 마친다.** 투수는 1분 이내에 8개까지 워밍업 투구를 할 수 있다. 하지만 경기가 TV로 중계될 때 광고 휴식시간 같은 이유로 경기가 지연되면, 심판은 이 규칙을 완화할 수도 있다.
- **원정팀 타순의 첫 번째 타자가 타자석에 들어선다.** 첫 타자는 투수가 투구를 시작할 때 타자석에서 자세를 잡고 있어야 한다.(타자석에 대한 내용은 '타격' 장 106쪽 참조)
- **1루코치와 3루코치가 제자리에 위치한다.** 첫 타자는 물론 공격팀의 주루코치들 또한 경기가 시작될 때 제자리에 있어야 한다. 코치석은 1루와 3루 옆으로 15피트(4.57m) 떨어진 곳에 있다.('감독과 코치' 장 193쪽 참조)

- **주심이 '플레이'를 선언한다.** 이 선언과 함께 공이 인 플레이 상태가 되며 경기가 공식적으로 시작된다.
- **투수가 첫 투구를 한다.** 첫 투구는 '플레이' 선언 후 12초 내에 이루어져야 한다.

일시정지경기나 제소경기의 재개

비나 다른 이유로 이전에 일시정지된 경기의 남아 있는 부분은 정지된 시점부터 재개된다. 다음 타자, 야수들, 타순은 그때와 같다. 선수 교체는 규칙에 따라서만 할 수 있다.

심판이 경기 결과에 영향을 미칠지도 모를 중대한 결정을 잘못 내렸다고 여기는 구단은 리그 회장에게 '제소protest'할 수 있다. 심판의 판정이 메이저리그의 공식 규칙에 어긋날 수도 있다. 리그 회장이 제소를 받아들이면 경기는 다시 열린다. 제소를 받은 판정이 이루어진 플레이부터 해당 경기를 다시 치르는 것이다.

제소경기protested game에 대한 자세한 내용은 180, 201쪽을 참조하라.

03
장비

야구 장비는 규칙에 따라 엄격히 통제된다. 모든 배트는 하나의 단단하고 속이 꽉 찬 통나무로만 만들어야 하고(코르크를 집어넣어서는 안 된다), 치수도 리그 규정에 들어맞아야 한다. 이 장에서는 장비의 규격과 요건을 알아본다.

야구공
리그에서 쓰는 공은 모두 같은 방식과 규격으로 만든다.
page 41

배트
배트는 속이 꽉 차고 단단한 통나무 한 조각으로 정해진 치수에 따라 만들어야 한다.
page 42

글러브와 미트
포수의 미트, 1루수의 미트, 야수의 글러브, 투수의 글러브는 각각 나름의 요건을 갖추어야 한다.
page 44

유니폼
한 팀의 모든 팀원들은 스타일, 색깔, 장식, 그림이 똑같은 유니폼을 입어야 한다.
page 50

헬멧
타격을 하는 선수는 누구나 착용해야 한다. 헬멧 착용은 선택사항이 아니다.
page 52

야구화
야구화에는 징이 달려 있다. 하지만 뾰족한 스파이크는 달 수 없다.
page 53

장비 | 41

야구공

개요: 공식 규칙에서 야구공의 기본 요건을 다루고 있기는 하지만, 세부 요건에 대해서는 별 내용이 없다. 하지만 리그에서 쓰는 모든 야구공은 한 제조업체가 요건을 정확히 준수하고 일관성을 갖추어 수작업으로 만든다.

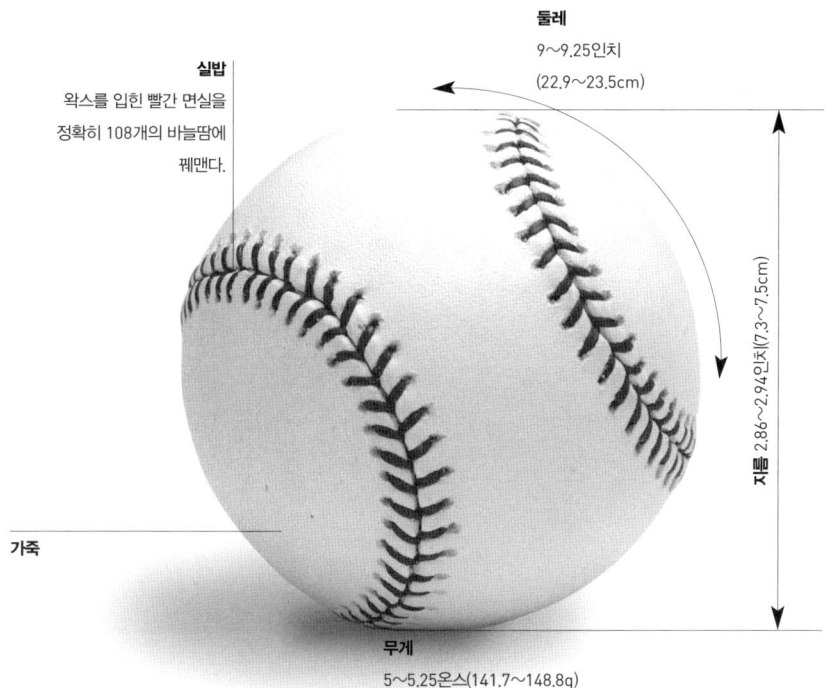

실밥 왁스를 입힌 빨간 면실을 정확히 108개의 바늘땀에 꿰맨다.

둘레 9~9.25인치 (22.9~23.5cm)

지름 2.86~2.94인치(7.3~7.5cm)

가죽

무게 5~5.25온스(141.7~148.8g)

공의 내부구조

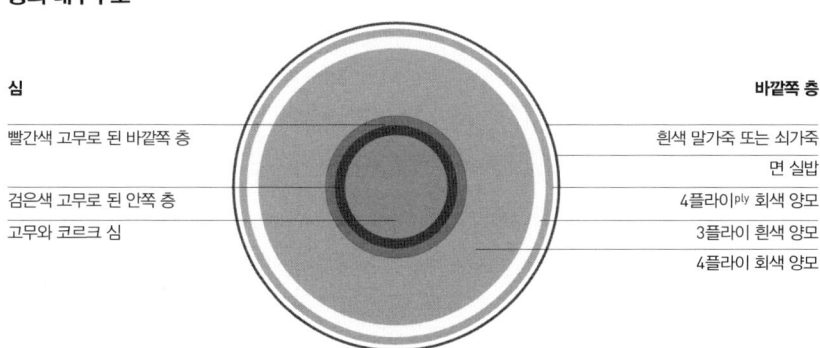

심
- 빨간색 고무로 된 바깥쪽 층
- 검은색 고무로 된 안쪽 층
- 고무와 코르크 심

바깥쪽 층
- 흰색 말가죽 또는 쇠가죽
- 면 실밥
- 4플라이|ply 회색 양모
- 3플라이 흰색 양모
- 4플라이 회색 양모

배트

개요 : 공식 규칙의 배트에 관한 조항은 이렇게 시작된다. "배트는 매끈하고 둥근 방망이여야 한다."

한 조각의 통나무

아마추어 야구에서 금속 배트를 허용하는 반면, 프로 리그에서는 한 조각의 통나무에서 깎아낸 배트만을 허용한다. 규칙위원회에서 승인해주지 않는 이상, 나무판들을 이어 붙이거나 실험적으로 만든 배트는 금한다.

손잡이

배트의 손잡이 부분에는 손으로 잡기 쉽게 해주는 물질을 발라도 된다. 대개는 파인 타르를 헝겊으로 문질러 바른다.

어떤 물질을 바르건 간에, 배트의 맨 밑바닥에서부터 위로 18인치(45.7cm)까지만 발라야 한다. 이를 어긴 배트는 경기에서 뺀다.

하지만 경기에서 이미 사용되고 있던 배트가 18인치 규칙을 어긴 게 드러나더라도, 이를 근거로 타자를 퇴장시키거나 아웃을 선언할 수는 없다.

Note 홈 플레이트의 폭이 17인치(43.2cm)이므로, 심판은 배트 손잡이에 묻은 파인 타르의 길이를 확인할 때 플레이트에 대보면서 잰다.

컵트 배트

배트 머리를 옴폭하게 파도 된다. 이것을 컵트 배트cupped bat 또는 티컵 배트teacup bat라고 한다. 파낸 자리는 1인치(2.5cm) 이하 깊이의 만곡부이고, 직경은 1~2인치(2.5~5.1cm)여야 한다. 거기에는 어떤 이물질도 들어가서는 안 된다.

배트의 규격

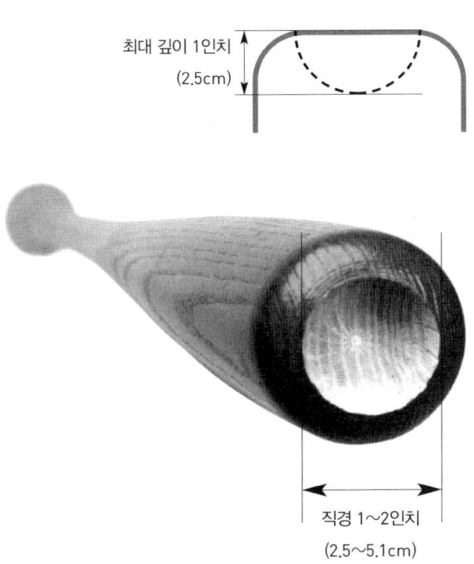

최대 깊이 1인치 (2.5cm)

직경 1~2인치 (2.5~5.1cm)

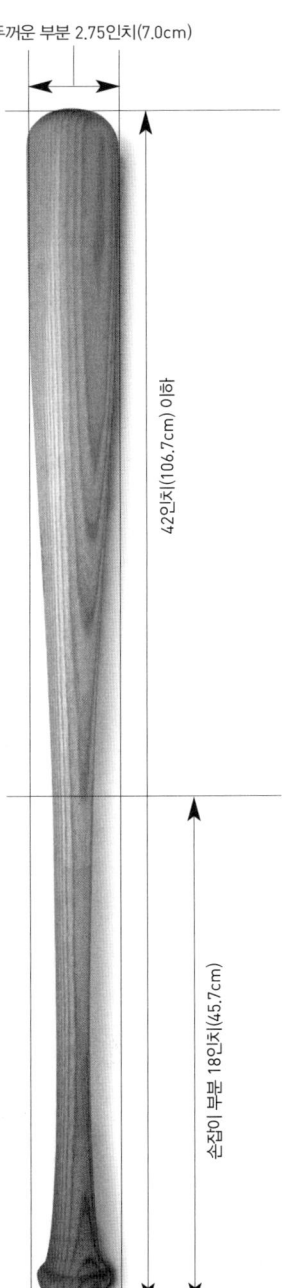

가장 두꺼운 부분 2.75인치(7.0cm)

42인치(106.7cm) 이하

손잡이 부분 18인치(45.7cm)

● 배트의 색깔 ●

배트는 대개 갈색, 검은색, 붉은색, 흰색 등 자연목 색깔을 띤다. 도색을 한 배트도 규칙위원회의 승인을 받아 사용할 수 있다. 어머니날이면 메이저리그 선수들은 유방암에 대한 경각심을 고취하기 위해 분홍색 배트를 쓰기도 한다.

글러브와 미트

개요: 다음 내용은 모든 글러브와 미트에 적용되는 기본적인 요건과 준수사항이다. 뒤쪽에서는 각각의 글러브나 미트의 치수를 살펴본다.

크로치
엄지와 검지 사이의 부분을 일컫는다. 웹이 들어가는 부분이기도 하다.

치수
글러브나 미트의 치수는 줄자를 표면에 직접 갖다 대어 각각의 윤곽을 잼으로써 측정한다.

미트와 글러브

미트는 일반적으로 글러브보다 크고, 모든 손가락을 다 넣는 단 하나의 부분(벙어리장갑처럼)이 있다. 미트는 포수와 1루수만 사용할 수 있다.

글러브는 각각의 손가락을 넣는 부분이 모두 따로 있고, 포수와 1루수를 제외한 모든 야수들이 사용한다. 하지만 투수의 글러브에는 몇 가지 제한사항이 더 있다.

● 어떤 글러브가 맞을까 ●

글러브의 크기는 규칙뿐만 아니라 선수의 선호도와도 관계가 있다. 대부분의 유격수와 2루수들은 작은 글러브를 좋아하는데, 그래야 공을 재빨리 잡고 던질 수 있기 때문이다. 외야수들은 대개 공을 잡기에 좀더 수월한 큰 글러브를 선호한다. 투수들은 타자의 시선으로부터 공을 숨기기 위해 막힌 웹이 있는 큰 글러브를 선호한다.

웹
웹은 꼭대기 부분을 비롯하여 모든 면이 견고하고 완벽하게 조여져 있어야 한다. 끈이 늘어나거나 느슨해지면, 요건에 들어맞도록 수선해야 한다.

손바닥

무게
글러브나 미트의 크기와 재질은 엄격히 제한되지만, 무게 제한은 없다.

하단

여러 가지 웹

웹은 수많은 방법으로 짤 수 있다. 어떤 경우에든 웹은 엄지와 다른 손가락들 사이의 공간을 조절하고 제한해야 한다. 확장하거나 그물 같은 기능을 갖추도록 만든 웹은 허용되지 않는다. 그러니까 웹은, 공을 낚도록 늘어나는 것을 금하면서도 글러브를 유연하게 만드는 것이 목적이다.

● 규칙은 규칙일 뿐이라고? ●

'규칙은 깨지라고 있는 것이다'라는 정신 아래 다음 페이지들은 메이저리그 야구의 룰에 따라 구체화된 글러브 구도를 보여준다. 규칙을 시행하고 안 하고는 다른 문제이다.

포수의 미트

개요 : 포수의 미트는 어떤 종류의 글러브보다 커도 된다. 이 글러브의 디자인은 160km/h짜리 직구에서부터 우스꽝스럽고 예측 불가능한 너클볼까지 모든 공을 다룰 수 있도록 오랜 세월 동안 진화해왔다.

강화된 웹
포수의 미트는 대체로 웹 부분이 강화되어 있으며, 손바닥 부분에는 완충을 위해 패딩이 되어 있다.

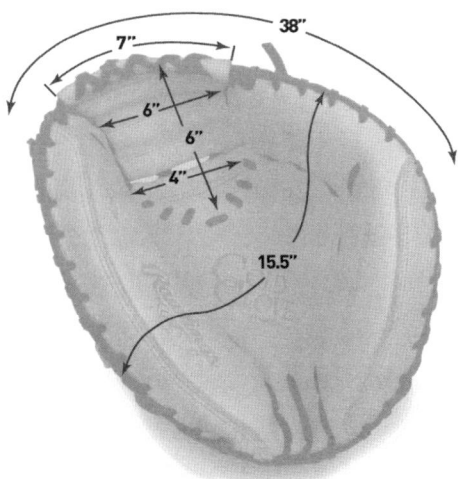

최대 치수
미트는 아래의 치수를 넘어서는 안 된다.

전체 높이·········15.5인치(39.4cm)
둘레················38인치(96.5cm)
웹 꼭대기 둘레······7인치(17.8cm)
웹 높이·············6인치(15.2cm)
웹 윗부분 너비······6인치(15.2cm)
웹 밑부분 너비······4인치(10.2cm)

1루수의 미트

개요: 1루수는 다른 야수의 글러브보다 커다란 웹을 단 미트를 사용한다. 대부분의 경기에서 1루수는 투수와 포수를 제외하고는 공을 가장 많이 잡는 야수이다.

가죽 튜브
이 전형적인 형태의 웹은 가죽 끈으로 가죽 튜브들을 격자형으로 엮어서 짠다.

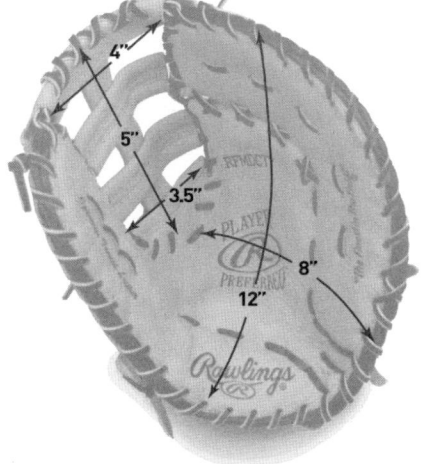

최대 치수
1루수의 미트는 아래의 치수를 넘어서는 안 된다.
전체 높이…………12인치(30.5cm)
손바닥 너비………8인치(20.3cm)
웹 높이……………5인치(12.7cm)
웹 윗부분 너비……4인치(10.2cm)
웹 밑부분 너비……3.5인치(8.9cm)

야수의 글러브

개요 : 포수와 1루수를 제외한 모든 선수들은 다음의 요건에 들어맞는 글러브를 낀다. 최대 치수가 아래에 나와 있기는 하지만, 1루수를 제외한 내야수들은 대개 작고 '빠른' 글러브를 선호한다.

● 글로브의 색깔 ●

공식 규정에 따르면 팬톤 색 시스템을 따른다. 어떤 필드, 포지션이든 상관없이 모든 글로브는 색상에서 기본적으로 '중간'인 팬톤 14 계열과 같거나 더 어두워야 한다.

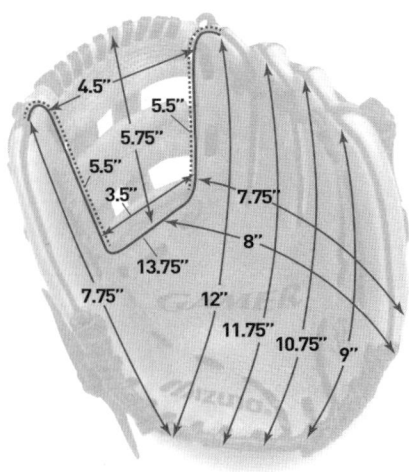

최대 치수

야수 글러브는 아래의 치수를 넘어서는 안 된다.

전체 높이·············12인치(30.5cm)
손바닥 너비··········7.75인치(19.7cm)
웹 높이··················5.75인치(14.6cm)
웹 윗부분 너비········4.5인치(11.4cm)
웹 밑부분 너비········3.5인치(8.9cm)

장비 | 49

투수의 글러브

개요 : 투수의 글러브는 야수의 글러브와 같은 요건을 준수해야 한다. 이에 더하여, 타자의 시선을 흩뜨릴 만한 요소를 최소화해야 하고, 볼을 가려버릴 수도 있는 흰색이나 회색의 글러브를 사용해서는 안 된다.

타자 보호

투수의 글러브는 여러 가지 색깔을 섞어서 만들어도 되지만, 타자의 주의를 흐리거나 공을 안 보이게끔 숨기기 쉬운 글러브는 쓸 수 없다. 박음질, 끈과 웹 부분을 제외하고 흰색이나 회색은 쓸 수 없다. 투수가 글러브와 색깔이 다른 이물질을 글러브에 부착해서는 안 된다. 주심이 (자신의 눈으로 보거나 상대팀 감독의 제보에 따르거나 해서) 글러브가 규칙에 어긋난다고 느끼면, 그 글러브는 경기에서 빠진다.

● 밀폐된 웹 ●

투수들은 밀폐된 웹을 단 큰 글러브를 선호하는데, 그렇게 해서 공을 타자로부터 숨기려는 것이다.

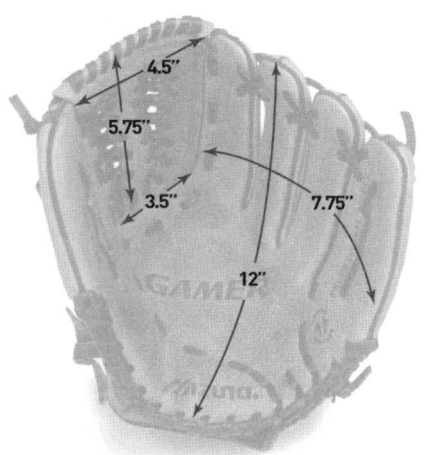

최대 치수

투수 글러브의 치수는 야수의 글러브와 같다.
전체 높이············12인치(30.5cm)
손바닥 너비······7.75인치(19.7cm)
웹 높이············5.75인치(14.6cm)
웹 윗부분 너비······4.5인치(11.4cm)
웹 밑부분 너비······3.5인치(8.9cm)

유니폼

개요: 한 팀의 모든 구성원들은 서로 일치하는 유니폼, 즉 스타일·색깔·장식·그림이 똑같은 유니폼을 입어야 한다.

홈팀과 원정팀 유니폼의 색깔

모든 팀은 두 세트의 유니폼을 갖추어야 한다. 흰색 유니폼은 홈경기에서, 그와 구별되는 짙은 색의 유니폼은 원정경기에서 입는다.

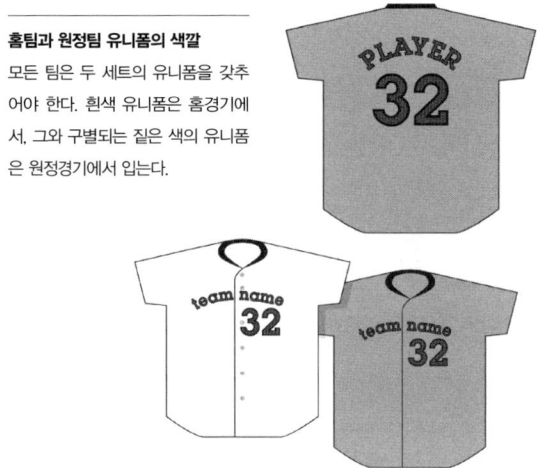

선수 식별

각 선수의 등번호는 최소 6인치(15 cm) 이상의 높이로 등 쪽에 숫자로 새겨야 한다.

양 리그는 유니폼에 선수 이름을 표기할 것인가에 대한 지침을 만들 수 있다. 대개는 등에 성姓을 새겨놓는다. 또한 이름 말고 다른 것(가령 별명)도 리그 회장의 허가에 따라 사용할 수 있다.

상업적 행위

상업적 홍보의 목적으로 회사의 로고나 패치, 라벨 등을 유니폼에 달 수 없다. 다른 장비의 라벨이나 로고는 타당한 범위 이내로 작아야 하며, 과도하게 눈에 띄어서는 안 된다.

주의를 흩뜨리는 요소

선수는 색깔이 다르거나 다른 선수들의 주의를 흩뜨리는 것으로 판명 난 물건을 유니폼에 부착해서는 안 된다. 반짝거리는 단추나 자잘한 물건을 다는 것도 같은 이유로 반칙이다.

공을 묘사하거나 공과 닮은 모양의 그림이나 무늬가 붙은 복장은, "선수가 구장에서 한 시점에 1개 이상의 야구공을 보는 것을 막기 위해서" 입으면 안 된다.

1955년 뉴욕 자이언츠의 윌리 메이스가 입은 유니폼

소매
소매 길이는 선수에 따라 다르게 할 수 있으나, 양 소매의 길이가 서로 동일하고 해지거나 닳거나 찢어지지 않은 상태여야 한다.

모자
모든 선수들은 모자를 쓰며, 전 세계의 팬들 또한 메이저리그 모자를 쓰고 다닌다. 하지만 규칙에 모자에 관한 내용은 없다.

언더셔츠
언더셔츠는 노출될 수도 있고 로고를 달 수도 있으며 소매에 글자나 숫자를 달 수도 있으나, 모든 팀원은 무늬가 없는 동일한 색깔의 언더셔츠를 입어야 한다.

Note 투수의 언더셔츠에는 아무런 무늬나 표시가 없어야 한다. 타자의 주의를 흩뜨릴 수 있기 때문이다.

● **유니폼의 진화** ●
야구경기의 수많은 측면과 마찬가지로, 오랜 세월 동안 유니폼에 대한 규칙은 거의 변하지 않았다. 1908년 레드삭스가 입은 이 유니폼은 오늘날에도 사용할 수 있다.

헬멧

개요: 현대식 헬멧은 안쪽에 푹신한 패딩을 댄 견고한 플라스틱 재질로 되어 있다.

헬멧은 타자와 포수, 배트 보이나 볼 보이가 임무를 수행하는 동안 반드시 착용해야 한다. 타당한 경고를 보낸 후에도 적절한 헤드 기어 착용을 거부한다면, 심판은 그 규칙 위반자를 경기에서 퇴장시킬 수 있다. 그리고 별도의 징계조치가 뒤따를 수 있다.

귀덮개
헬멧에는 한쪽 또는 양쪽 귀덮개가 달려 있다.
메이저리그: 1982년 시즌 중 또는 그 이후에 메이저리그에 입성한 모든 선수는 한쪽 또는 양쪽 귀덮개가 달린 헬멧을 쓰고 경기에 임해야 한다.
마이너리그: 모든 선수는 양쪽 귀덮개가 달린 헬멧을 써야 한다.

포수의 헬멧과 마스크
포수도 수비를 보는 동안 보호 헬멧을 반드시 착용해야 한다. 규칙에서 다루고 있지는 않으나, 포수는 얼굴을 보호하는 마스크도 착용한다. 어떤 포수 헬멧은 아이스하키에서 쓰는 것처럼 마스크가 합쳐진 형태를 띠기도 한다. 전통적인 포수 헬멧은 마스크와 별도로 쓰게 되어 있다

장비 | 53

야구화

개요 : 선수의 안전을 위해 야구화에는 (골프화처럼) 뾰족한 스파이크를 달면 안 된다.

플라스틱 또는 금속 밑창
야구화의 징은 다양한 형태와 재질로 만들 수 있지만,
그 바닥에 뾰족한 것을 달아서는 안 된다.

> ● **타이 콥** ●
>
> 1936년 메이저리그 명예의 전당에 입성한 타이 콥은 그다지 훌륭한 스포츠맨십을 갖추지는 못했던 것 같다. 그는 징을 날카롭게 갈았다고 한다. 그 때문에 그가 베이스로 슬라이딩할 적에는 내야수들이 그를 잡아야 할 때는 잠시 주춤거렸다.

04
경기장

야구는 1cm의 스포츠이다. 내야의 규격이 살짝만 바뀌어도 야구경기는 전혀 다른 양상으로 전개될 것이다.
내야의 규격은 구체적으로 명시되어 있는 반면, 외야와 파울 지역은 구장마다 아주 다양하다. 이 장에서는 베이스와 투수 마운드를 비롯한 내야 각 부분의 요건을 알아본다. 그리고 외야와 파울 지역이 천차만별인 현재 메이저리그 구장들의 크기와 모양도 살펴본다.

구장
내야와 외야의 규격과 배치에 대해 알아본다.

page 56

베이스
베이스와 홈 플레이트의 규격과 배치를 살펴본다.

page 60

타자석
타자석의 규격과 배치를 살펴본다.

page 58

메이저리그 구장
메이저리그 각 구장들의 크기와 모양을 둘러본다.

page 62

투수 마운드
투수 마운드의 규격과 배치에 대해 알아본다.

page 59

구장

개요 : 내야의 구획과 규격은 전세계 모든 야구장이 동일하다. 하지만 외야는 구장마다 다르다.

구장 | 내야

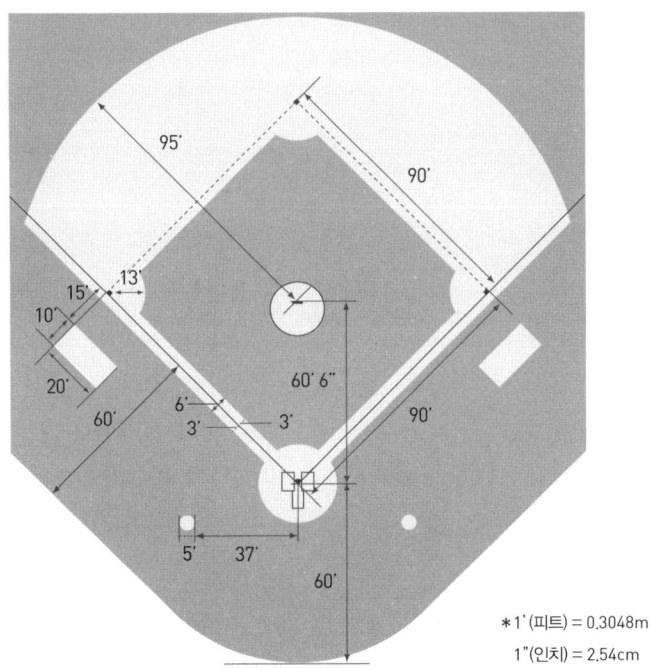

선택적인 규격과 요건

모든 표준 규격이 필수사항은 아니다. 다음의 요건은 바람직한 것이지만, 규칙으로 강제되는 것은 아니다.

- 야구장은 동북동쪽으로 향해 있는 편이 좋다.(타자가 투수를 바라보는 방향을 의미한다.)
- 홈 베이스부터 백스톱(홈 플레이트 뒤쪽의 담장)까지의 거리는 최소 60피트(18.29m)여야 한다.

내야의 파울라인으로부터 주변 담장이나 펜스까지의 거리도 마찬가지다.
- 어떤 지역을 잔디나 흙으로 덮을 것인지에 대한 결정은 홈팀에 달려 있다. 56쪽 그림은 표준적인 구획을 나타내고 있다.

구장 | 외야

외야의 요건

홈 플레이트로부터 왼쪽 및 오른쪽 파울라인과 만나는 펜스, 관중석 또는 담장까지의 거리가 적어도 325피트(99.06m)는 되어야 한다. 센터 필드 담장까지의 최소 거리는 400피트(121.92m)이다.

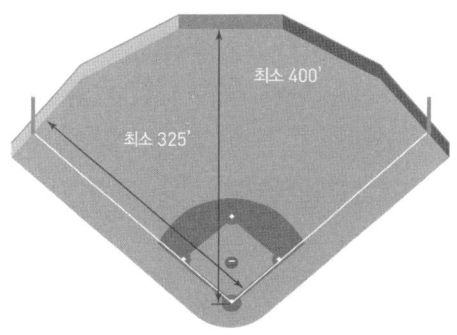

1958년 이전의 구장

오래된 구장들은 규격이 더 다양했고, 제한도 더 느슨했다. 현재의 규정은 1958년 6월 1일 이후에 지은 구장에만 적용된다. 그 이전에 지었으나 아직 남아 있는 구장이라면, 홈 플레이트로부터 가장 가까운 페어 지역의 담장이나 펜스까지의 거리가 250피트(76.20m) 이상이어야 한다.

라이트 필드와 레프트 필드 담장까지의 거리가 320피트(97.54m) 이상, 센터 필드 담장까지의 거리가 400피트(121.92m) 이상인 것이 '이상적'이다.

리모델링 : 현존하는 구장에 어떠한 변화를 가할 경우, 리모델링으로 구장이 최소 거리 미만으로 줄어들어서는 안 된다.

> **● 무한한 외야 ●**
> 구장의 최소 크기에 대한 규칙은 있을지 몰라도, 외야가 홈 플레이트로부터 바깥쪽으로 무한하게 확장되는 것을 금지하는 규칙은 없다.

타자석

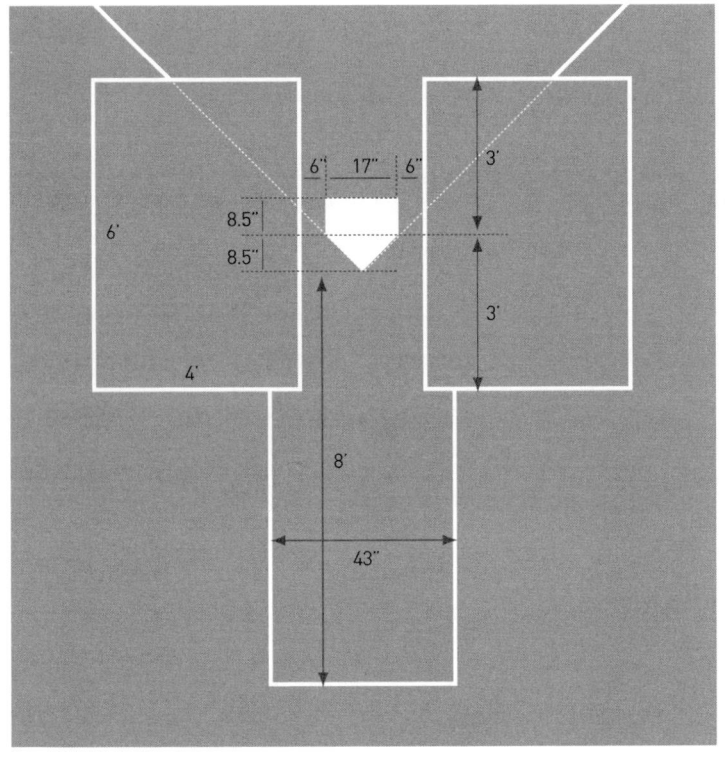

*1'(피트) = 0.3048m
1"(인치) = 2.54cm

홈 플레이트 양쪽에 위치한 타자석의 규격은 각각 세로 6피트(1.829m), 가로 4 피트(1.219m)이다.

포수석은 홈 플레이트 뒤로 8피트(2.438m)까지 걸쳐 있다. 이는 포수와 심판이 타자의 스윙 궤적에서 벗어나 있기에 충분한 공간이다.

투수 마운드

개요: 투수 마운드는 높이 10인치(25.4cm), 지름 18피트(548.64cm)이다. 투수판은 세로 6인치(15.2cm), 가로 24인치(61.0cm)이며, 홈 플레이트 뒤끝(뾰족한 꼭지점)으로부터 60피트 6인치(18.44m) 거리에 있다.

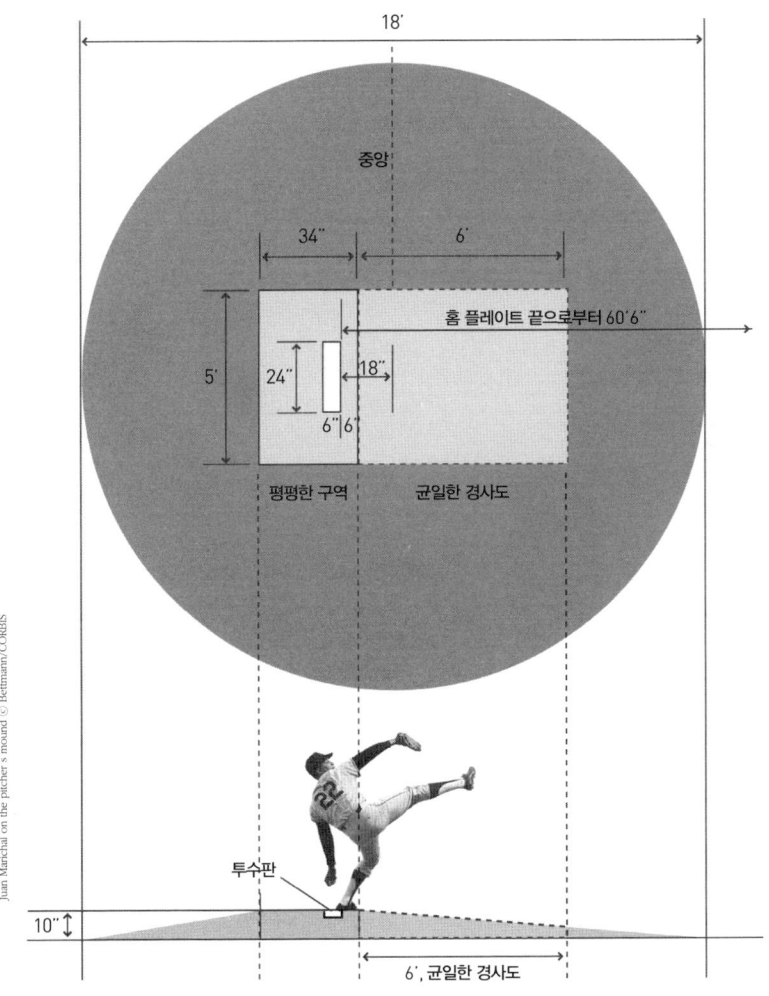

**투수 마운드의
높이는 10인치**   투수판은 마운드 정상의 평평한 구역에 놓인다. 평평한 구역 앞(홈 플레이트를 향한 쪽)의 6피트(1.829m) 구역은 균일한 경사도로 이루어져 있어야 한다. 그러니까 1피트(30.5cm)당 1인치(2.5cm)의 경사도여야 한다. 나머지 마운드 구역의 경사도는 정해진 것이 아니고, 구장의 지면과 점차 높이가 같아지면 된다.

베이스

개요: 1루, 2루, 3루는 똑같은 크기의 정사각형이지만, 오각형인 홈 플레이트만큼은 그렇지 않다. 각 베이스 간의 거리는 90피트(27.43m)이다. 이것들을 합치면 다이아몬드 형태의 내야가 그려진다.

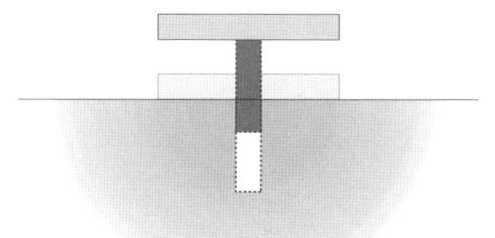

베이스는 바닥에 달린 사각형의 파이프(앵커anchor)를 땅에 심어 지면에 밀착시킨다.

경기장 | 61

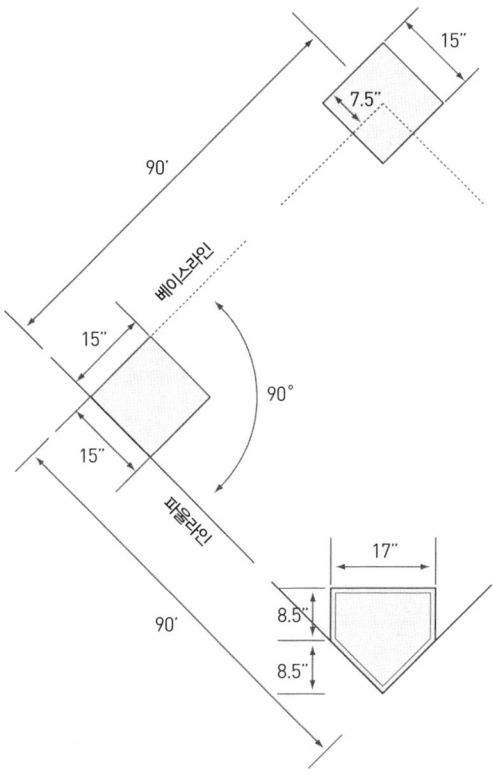

베이스의 위치
1루와 3루는 바깥쪽이 파울라인 및 베이스라인과 맞닿게 배치된다. 2루는 그 중심이 베이스라인이 교차 하는 지점에 놓인다.

홈 플레이트
홈 플레이트는 바닥이 지면과 밀착되게끔 단단히 고정되어 있다. 가장자리는 아래쪽으로 비스듬히 깎여 있다.

* 1'(피트) = 0.3048m
   1"(인치) = 2.54cm

● **베이스를 훔치다, 실제로** ●

1루, 2루, 3루 베이스는 완전히 박혀 고정된 것이 아니며, 쉽게 뽑아서 가져갈 수 있다. 2001년 심판의 판정에 불복하던 파이리츠의 감독 로이드 매클렌던은 이를 몸소 증명해 보였다. 매클렌던은 심판에게 항의하다가 퇴장당하자 1루 베이스를 뽑아서 더그아웃으로 가져가버렸다.

메이저리그 구장

개요: 모든 야구장의 내야 규격은 똑같아야 하지만, 외야와 파울 지역은 천차만별이다. 이 항목에서는 현재 메이저리그 스타디움들의 모양과 크기를 비교해본다.

규격 요건

모든 구장은 내야에 대해서 똑같은 요건을 지켜야 한다. 1958년 이후 지은 구장은 홈 플레이트에서부터 왼쪽과 오른쪽 파울라인 끝에 있는 외야 담장까지의 거리가 325피트(99.06m) 이상이어야 하며, 센터 필드 담장까지는 400피트(121.92m) 이상이어야 한다. 홈 플레이트에서 250피트(76.20m) 이내의 페어 지역 안에는 어떠한 장애물(펜스, 관중석, 담장)도 있어서는 안 된다. 지켜야 할 의무사항은 아니지만, 내야 주변의 파울 지역은 베이스라인으로부터 60피트(18.29m) 이상 펼쳐져 있는 것이 바람직하다. 이런 요건을 제외하면, 모든 구장은 각기 다르게 디자인할 수 있다.

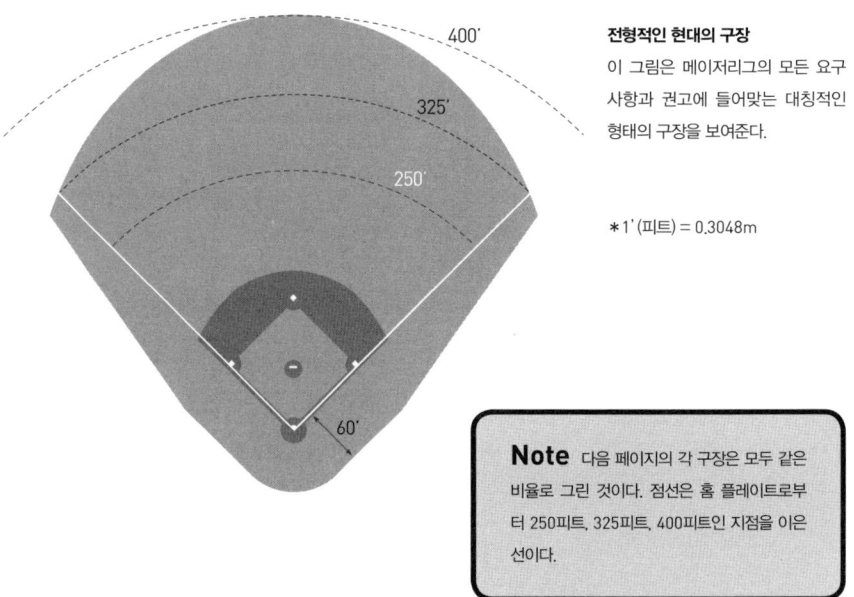

전형적인 현대의 구장
이 그림은 메이저리그의 모든 요구 사항과 권고에 들어맞는 대칭적인 형태의 구장을 보여준다.

*1'(피트) = 0.3048m

Note 다음 페이지의 각 구장은 모두 같은 비율로 그린 것이다. 점선은 홈 플레이트로부터 250피트, 325피트, 400피트인 지점을 이은 선이다.

메이저리그 구장 | 구장 비교

아메리칸리그 동부

볼티모어 오리올스

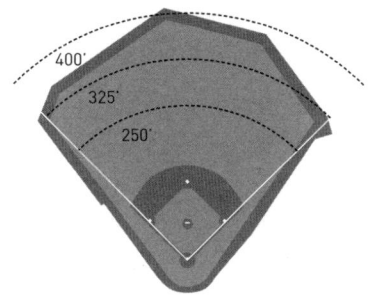

탬파베이 레이스

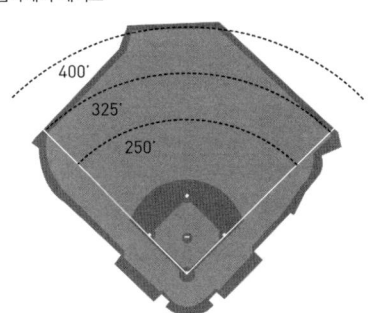

보스턴 레드삭스

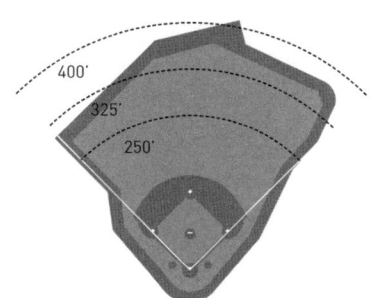

토론토 블루제이스

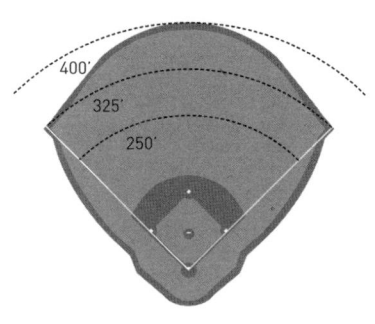

뉴욕 양키스

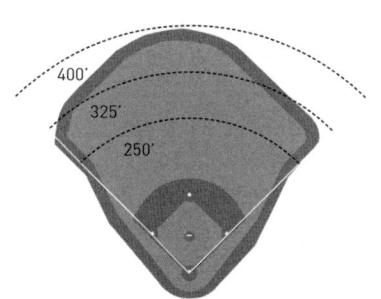

아메리칸리그 중부

시카고 화이트삭스

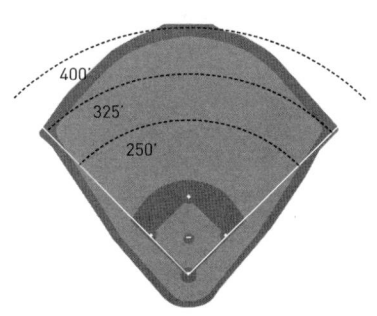

아메리칸리그 중부

클리블랜드 인디언스

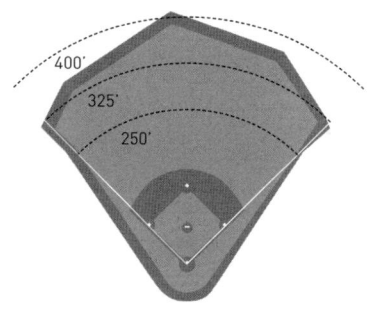

미네소타 트윈스

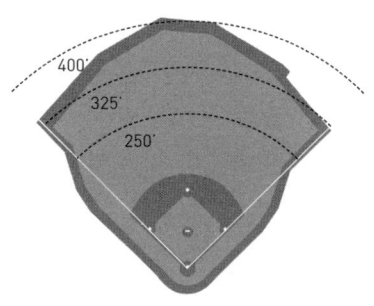

디트로이트 타이거스

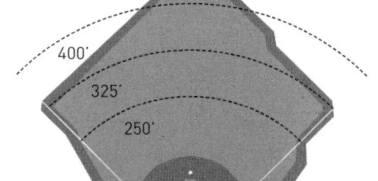

아메리칸리그 서부

로스앤젤레스 에인절스 오브 애너하임

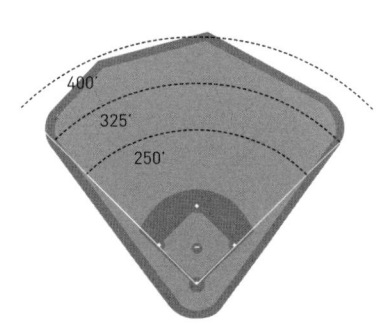

캔자스시티 로열스

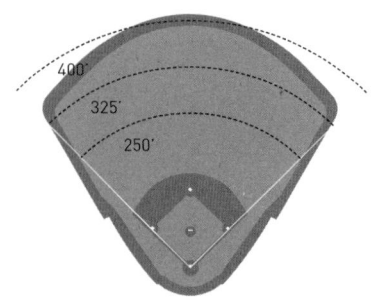

오클랜드 애슬레틱스

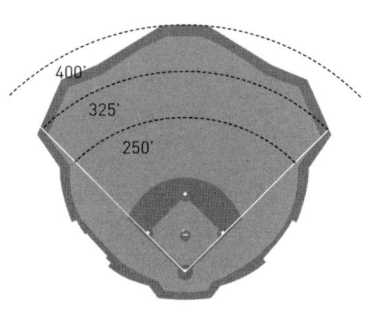

아메리칸리그 서부

시애틀 매리너스

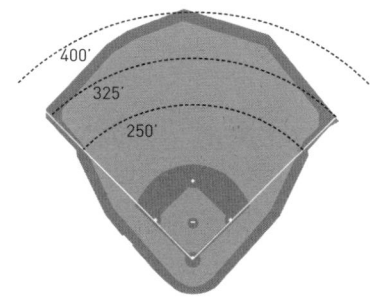

내셔널리그 동부

플로리다 말린스

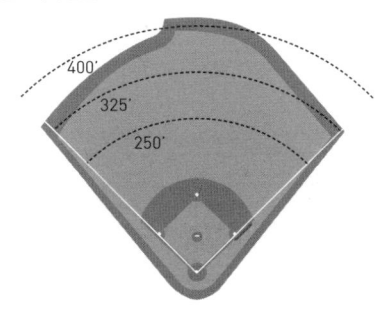

텍사스 레인저스

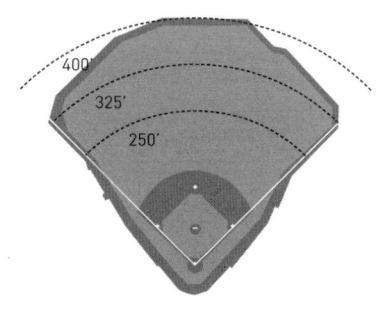

뉴욕 메츠

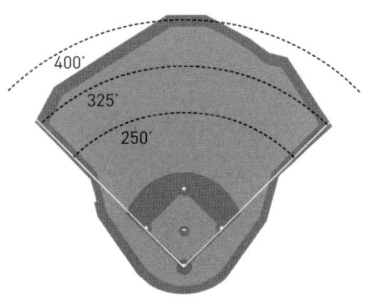

내셔널리그 동부

애틀랜타 브레이브스

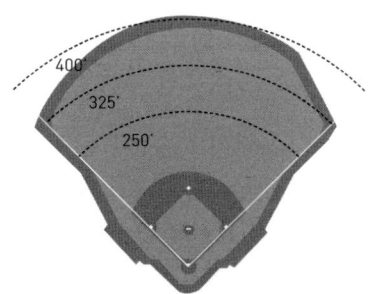

필라델피아 필리스

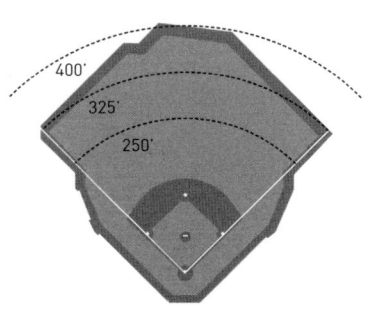

내셔널리그 동부

워싱턴 내셔널스

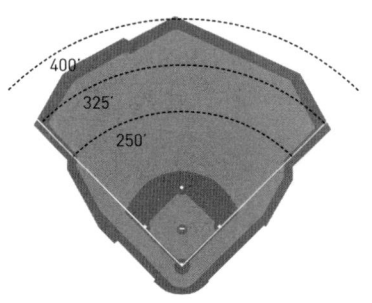

내셔널리그 중부

휴스턴 애스트로스

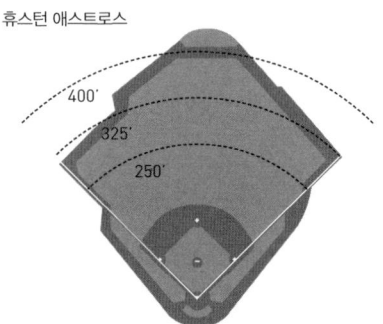

시카고 컵스

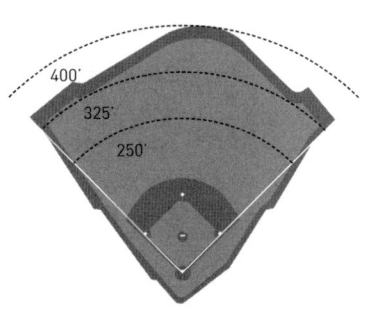

밀워키 브루어스

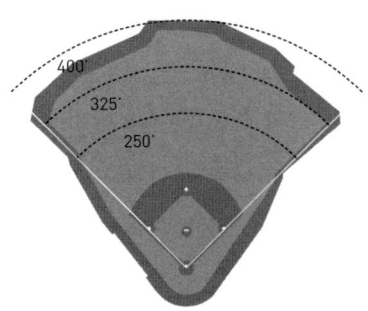

내셔널리그 중부

신시내티 레즈

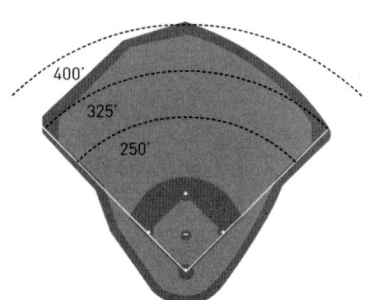

피츠버그 파이리츠

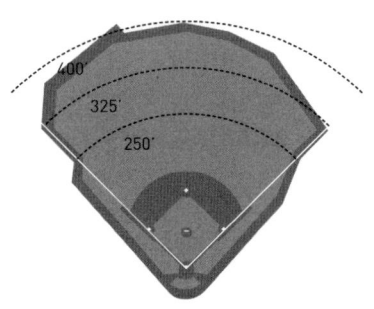

내셔널리그 중부

세인트루이스 카디널스

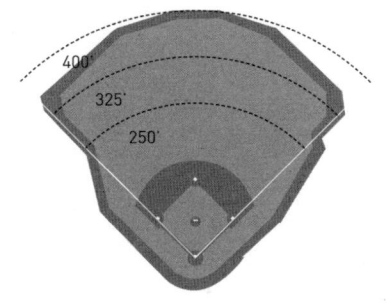

내셔널리그 서부

로스앤젤레스 다저스

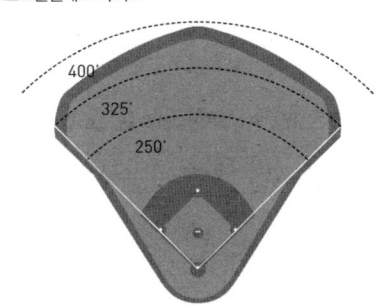

내셔널리그 서부

애리조나 다이아몬드백스

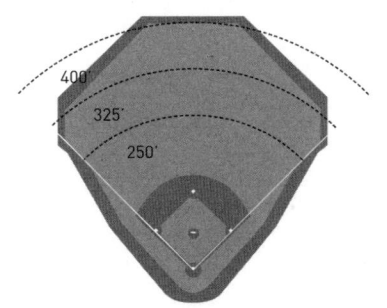

샌디에이고 파드리스

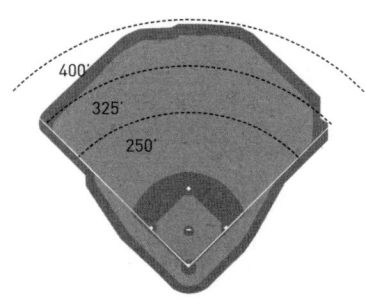

콜로라도 로키스

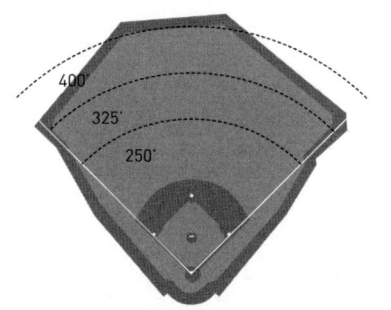

샌프란시스코 자이언츠

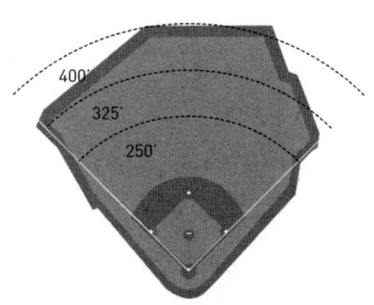

05
투구

투수는 공을 끊임없이 손에 달고 살기에 가장 면밀히 해부되는 야구선수일 것이다.

투수가 마운드에서 공을 던질 때 할 수 있는 동작과 해서는 안 되는 동작은 엄격히 규정되어 있다. 이 장에서는 보크, 불미스러운 공 조작, 코치나 감독의 마운드 방문 등 투구와 관련된 다양한 사안을 다룬다.

투구 자세
투수는 와인드업 포지션과 세트 포지션 등 두 가지 투구 자세를 취할 수 있다. 두 자세의 요건과 차이점을 설명한다.
page 70

투구 과정
와인드업 포지션과 세트 포지션의 과정과 동작을 비교하면서 그 차이점을 살펴본다.
page 72

보크
보크는 주자가 있을 때 투수에게 부과되는 벌칙인데, 주로 투수가 주자를 속이는 반칙을 막기 위해 고안되었다. 여기서는 보크가 선언되는 여러 가지 상황을 알아본다.
page 74

스트라이크 존
이 항목에서는 스트라이크 존을 간단히 그려보고, 스트라이크 존이 어떻게 정해지는지 알아본다.
page 78

스트라이크와 볼
스트라이크 또는 볼이 선언되는 모든 경우를 표로 정리했다.
page 79

투수의 폭투와 악송구
폭투와 악송구의 형태에 따라 어떤 결과가 나오는지 정리해놓았다.
page 80

그 밖의 투구 규칙
이 항목에서는 다음과 관련된 규칙을 다룬다.
- 사인
- 내야수로서의 투수
- 고의로 타자를 투구로 맞혔을 때
- 투수가 퇴장당하는 경우

page 82

공 조작
야구공을 조작하는 것은 물론 반칙이다. 공을 마모시키는 것에서 감초로 변색시키는 것(규칙에 아직 언급되어 있는 낡아빠진 수법)까지 조작과 관련된 규칙을 설명한다.
page 84

투수 교체
선발투수와 교체투수에 대한 규칙을 간략히 살펴본다.
page 87

투수 마운드 방문
코치와 감독, 다른 선수들이 한 이닝 도중 투수 마운드를 찾아갈 수 있는 횟수는 제한되어 있다.
page 88

투구 자세 : 와인드업 포지션과 세트 포지션

개요 : 투구 자세에는 와인드업 포지션과 세트 포지션이 있다. 투수는 두 자세 가운데 하나를 골라서 쓸 수 있다.

와인드업 포지션

와인드업 포지션의 딜리버리는 투수가 최적의 파워를 뽑아내도록 구성되어 있다. 와인드업은 대개 주자가 없을 때 사용한다. 느리고 꼼꼼한 투구 동작이기에 1루나 2루에 있는 주자가 도루할 시간을 듬뿍 주게 되기 때문이다.

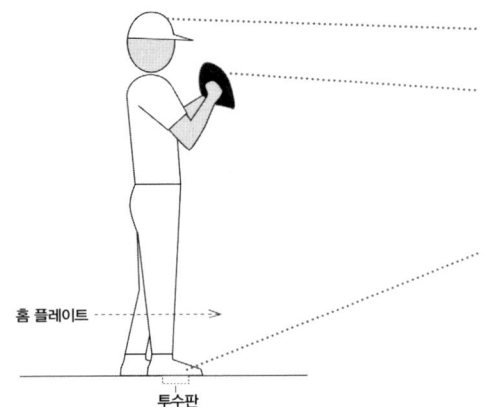

투수의 머리는 타자를 바라보고 있어야 한다.

양손은 맞잡거나 서로 떨어져 있게 된다. 떨어져 있는 경우, 일반적으로 투수는 투구 동작을 취하는 동안 또는 투구 동작에 들어가기 직전에 양손을 맞잡고 공을 원하는 그립으로 쥔다.

중심발(우완투수는 오른발, 좌완투수는 왼발)은 투수판을 딛고, 자유발은 투수판 옆이나 뒤에 있게 된다. 몸은 홈 플레이트를 마주 본다.

홈 플레이트

투수판

와인드업 딜리버리와 발동작

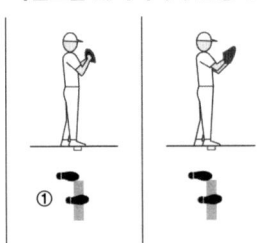

1 처음에는 양발 모두 땅을 딛고 있어야 한다. 중심발은 투수판 위에 있어야 한다. 다른 발은 어느 곳에나 놓아두어도 되는데, 대개는 중심발 바로 뒤편에 둔다. 이 자세에서 사인을 받는다.

2 투구를 시작하면서 자유발을 한 발짝 뒤로 뺀다.

3 그리고 나서 다리를 들어 중심다리 앞쪽으로 돌리고, 중심발을 틀어서 투수판과 평행이 되게 한다.

4 몸을 앞으로 휙 내뻗으며 투구를 한다.

5 공을 뿌리고 난 후에 타구를 수비하는 자세를 취한다.

주자가 있을 때의 투구

베이스에 주자가 나가면 투수의 역할이 더 복잡해진다. 타자를 아웃시켜야 할 뿐 아니라, 주자가 도루하거나 리드를 크게 잡지 못하도록 해야 하기 때문이다. 따라서 베이스에 주자가 있는 상황에서는 투수에게 적용되는 규칙은 제한이 더 많다. 투수는 투구 동작 중 '주자를 속이면' 안 되고, 이를 어기면 보크 판정을 받는다.

세트포지션

투수는 주자를 묶어두기 위해 더 빠른 동작으로 던질 수 있는 세트 포지션을 이용한다. 이러한 딜리버리를 쓰면 파워를 다소 희생하게 된다. 세트 포지션은 베이스에 주자가 있을 때 주로 사용한다.

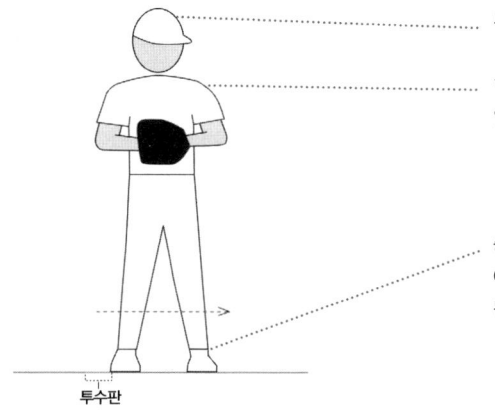

- 투수의 머리는 타자를 바라보고 있어야 한다.
- 한 손을 몸 옆이나 뒤에 놓은 자세에서 양손 다 몸 앞에 두는 자세로 옮겨가야 한다.
- 중심발을 투수판에 댄 채로 자유발은 투수판 앞쪽에 두어야 한다. 이렇게 해서 몸은 옆쪽을 바라보게 된다.

투수판

세트 딜리버리와 발동작

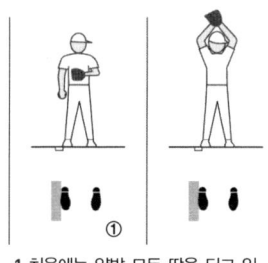
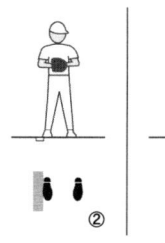
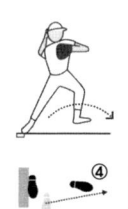
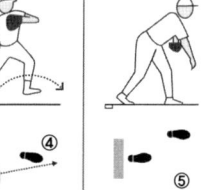

1 처음에는 양발 모두 땅을 딛고 있어야 한다. 중심발은 투수판에 닿아 있어야 하며, 다른 발은 투수판 앞에 놓여 있어야 한다. 이 자세에서 사인을 받는다.

2 세트 포지션으로 옮겨가면서도 발은 같은 자세를 유지해야 한다.

3 투구를 시작하면서 앞에 둔 발을 들어 와인드업을 단축한 형태로 재빨리 뒤로 당긴다.

4 여기서부터는 두 가지 딜리버리 방식이 매우 비슷하다. 몸을 앞으로 휙 내뻗으며 투구를 한다.

5 공을 뿌리고 난 후에 타구를 수비하는 자세를 취한다.

투구 과정: 와인드업 포지션과 세트 포지션

개요: 와인드업 포지션과 세트 포지션을 자유롭게 선택할 수 있기는 하지만, 각 투구 자세의 전체 과정과 딜리버리를 생각해보면 어떤 때 무엇을 사용하는 편이 좋은지 쉽게 알 수 있다.

와인드업 포지션: 아래 그림에서 홈 플레이트는 오른쪽(→)에 있다.

  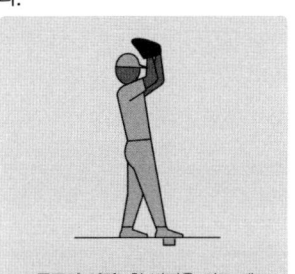

1 사인 받기. 중심발로 투수판을 딛고 다른 발은 투수판 위 또는 살짝 뒤에 올려놓는다. 그러면 홈 플레이트를 마주 보고 서게 된다.

2 와인드업 포지션. 글러브를 몸 앞으로 들어 올려 투구할 준비가 됐음을 알린다. 이 동작 이후의 그 어떤 던지는 동작도 투구를 수행한 것으로 간주 된다. 이 시점부터 투수가 할 수 있는 일은 다음과 같다.
- 투수판에서 발을 뗀다.
- 투구를 실행한다.

3 투구의 시작. 한 발짝을 뒤로 빼고 양손을 머리 위로 올린다. 이 동작을 시작하자마자 투구를 시행한 셈이 되며, 투구를 끝까지 마쳐야 한다.

세트 포지션: 아래 그림에서 홈 플레이트는 오른쪽(→)에 있다.

1 사인 받기. 뒤의 발(중심발)을 투수판에 댄 채로 서고, 한 손은 옆이나 뒤쪽에 둔다. 좌완투수라면 1루를, 우완투수라면 3루를 바라보는 자세가 된다.

2 투구 준비. 재빠르게 투구 동작에 들어간다. 세트 포지션으로 옮겨가면서 양손을 들어 올리는데, 머리 위까지 올리기도 한다.

3 세트 포지션. 양손으로 공을 잡은 채 양손을 몸 앞으로 가져온다. 이 동작에서 완전히 멈추어야 하며, 이 자세로 무한히 있어도 된다. 이 시점부터 투수가 할 수 있는 일은 다음과 같다.
- 투수판에서 발을 뗀다.
- 베이스로 공을 던진다.
- 투구를 실행한다.

와인드업 포지션과 세트 포지션의 딜리버리 비교

와인드업 포지션은 느리지만 강력하다
- 투수는 투구 동작에 들어가자마자 투구한 것으로 간주된다.
- 뒤로 큼지막하게 한 발짝을 떼고 나서 힘차게 몸을 앞으로 내뻗으며 투구한다.

세트 포지션은 빠르고 변형할 수 있다
- 투수는 마지막 순간에 베이스로 견제구를 던질지 홈 플레이트로 투구를 할지 결정할 수 있다.
- 딜리버리를 빠르게 구사한다

4 와인드업 또는 중심발 틀기. 다리를 들고 몸을 돌리면서 온 힘을 다 짜낸다.

5 스트라이드. 홈 플레이트를 향해 몸을 한껏 내뻗으며 공을 뿌린다.

6 폴로스루. 공을 뿌리고 난 후에 투수는 대개 타자를 마주 보게 되며 타구를 수비하는 자세를 취한다.

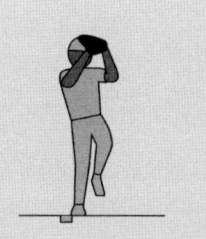

4 투구의 시작. 홈 플레이트 쪽으로 한 발짝 앞으로 나간다.
이 동작을 시작하자마자 투구를 시행한 셈이 되며, 투구를 끝까지 마쳐야 한다.

5 스트라이드. 홈 플레이트를 향해 몸을 한껏 내뻗으며 공을 뿌린다.

6 폴로스루. 공을 뿌리고 난 후에 투수는 대개 타자를 마주 보게 되며 타구를 수비하는 자세를 취한다.

보크

개요 : 보크는 주자가 있을 때 투구 동작을 잘못 취한 투수에게 내리는 벌칙이다. 보크는 투구할 때 또는 베이스에서 발을 뗀 주자를 아웃(견제사)시키기 위해 베이스에 공을 던질 때 일어난다. 이 규칙은 다소 복잡하고 극도로 미묘한 까닭에 심판에게 까다로운 판정이다. 심판은 투수의 '의도'에 따라 보크라는 벌칙을 부여한다. 투수가 타자를 일부러 속이려 들었다고 판단한 심판은 보크를 선언해야 한다.

보크의 목적

보크는 투수가 규칙에 반하여 주자를 속이지 못하게 한다. 이따금 투수는 도루를 하거나 너무 큰 폭의 리드를 잡지 못하게 하기 위해 무방비 상태의 주자를 잡으려고 한다.

벌칙

어떤 경우든지 보크를 저지르면 모든 주자들(타자는 제외)이 한 베이스씩 진루하게 된다. 벌칙은 언제나 투수에게 부과된다.

데드 볼

투수가 베이스에 공을 던지고 있던 도중 또는 투구 행위에 들어가지 않은 동안 보크가 선언되면, 공은 즉시 데드 볼이 된다.

투구하는 상황에서의 보크라면 데드 볼이 지연된다. 다시 말해, 심판이 보크를 선언하기 전에 타자가 공을 치는지 기다린다는 뜻이다. 타자가 안타를 치면 보크는 선언되지 않는다.

- **보크를 저지르는 19가지 방법에 대한 압축 정리**

1. 투구 동작을 중단했다. 보크를 저지르는 가장 흔한 경우일 것이다.
2. 세트 포지션 도중에 완전히 멈추는 동작을 빼먹었다.
3. 앞으로 한 발짝 내딛지 않고 공을 던졌다.
4. 세트 포지션에 들어가고 나서 양손으로 공을 잡지 않았다.
5. 중심발을 투수판에 대지 않고서 투구했다.
6. 머리를 타자에게 마주하지 않고 투구했다.
7. 1루로 공을 던지려는 시늉만 했다. 일단 1루를 겨냥한 송구 동작을 시작했다면 송구를 마쳐야 한다.
8. 주자가 없는 베이스에 공을 던지려는 시늉을 하거나 던졌다.
9. 투구 동작을 취했는데 투구를 완수하지 않았다.
10. 너무 빨리 투구했다. 타자가 준비를 하기 전에 투구해서는 안 된다.
11. 투구하는 시늉만 했다.
12. 투수판에 발을 대고 있는 동안 공을 떨어뜨렸다.
13. 규칙에 어긋난 방식으로 투수판에서 발을 뗐다.
14. 경기를 지연시켰다. 투수가 경기를 고의로 지연시킨다고 심판이 판단할 때 선언한다.
15. 세트 포지션을 두 번 반복했다.
16. 한 가지 투구 자세에서 다른 자세로 바꾸었다. 투수판에서 발을 떼지 않고 이렇게 하면 보크가 선언된다.
17. 조작된 공으로 투구했다. 다만 공격팀이 그 공으로 이루어진 플레이를 받아들이면 보크가 선언되지 않는다.

다른 선수가 저지르는 보크

18. 3루에서 달려와 득점하려는 주자를 포수나 다른 선수가 가로막으려고 했다. 홈 스틸을 하거나 스퀴즈 플레이가 펼쳐지는 동안 이렇게 하면 보크가 선언된다.
19. 고의사구를 주는 도중 포수가 포수석을 벗어났다. 투수가 피치아웃을 시작할 때 포수는 포수석 안에 있어야 한다.

보크를 저지르는 19가지 방법

1 투구 동작을 중단했다. 보크를 저지르는 가장 흔한 경우일 것이다. 세트 포지션에 들어간 후에는 투수의 동작이 움찔거리거나 멈추지 않고 연속적으로 이루어져야 한다.

2 세트 포지션 도중에 완전히 멈추는 동작을 빼먹었다. 이 중요한 멈춤 동작은 투수의 동작 가운데 확연히 눈에 띌 정도가 되어야 한다.(71쪽 참조)

3 앞으로 한 발짝 내딛지 않고 공을 던졌다. 투수는 공을 던지려는 방향으로 분명하고도 의도적으로 한 발을 내디뎌야 한다. 이 규칙은 베이스에 공을 던지든 홈 플레이트에 투구를 하든 모두 적용된다.

이 보크 규칙은 투수가 너무 빨리 경고도 없이 주자의 허를 찔러 잡지 못하도록 한다. 이 규칙이 없다면 투수가 주자를 '견제사'시키는 일(주자가 베이스에서 발을 떼고 있는 동안 잡아 아웃시키는 것)이 매우 쉬워질 것이다.

이런 반칙은 투수가 하나의 연결된 동작 내에서 베이스 쪽으로 몸을 비틀어 돌려 공을 던질 때 종종 일어난다. 그러면 안 되며, 몸을 돌리고 발을 내딛고 나서 던져야 한다.

공을 던지기에 앞서 단 0.1초라도 먼저 송구하는 방향으로 발을 내디뎌야 한다

4 세트 포지션에 들어가고 나서 양손으로 공을 잡지 않았다. 한 손을 공에서 뗐는데 투구를 하지 않으면 심판이 보크를 선언한다.(71쪽 참조)

참고 : 세트 포지션 전의 동작에서는 양손을 다 공에 가져다 댈 필요가 없다.

5 중심발을 투수판에 대지 않고서 투구했다. 투구 동작 중에는 중심발을 투수판에 대고 있어야 한다. 투수판에 발이 닿지 않은 채 투구하면 보크가 된다.

6 머리를 타자에게 마주하지 않고 투구했다. 투수가 머리를 타자에게 향하지 않은 채 투구하면, 현혹하려는(약간 위험할 수도 있는) 행위로 간주된다.

7 1루로 공을 던지려는 시늉만 했다. 1루를 겨냥한 송구 동작을 시작했다면 송구를 마쳐야 한다.

8 주자가 없는 베이스에 공을 던지려는 시늉을 하거나 던졌다. 2루나 3루에 던지는 시늉만 한 경우, 주자가 그 베이스에 있거나, 그 베이스로 달려갈 수도 있는 주자를 수비하려고 한 것이라면 괜찮다.

참고 : 주자가 1명도 없는데 베이스에 공을 던지는 투수는 경기 지연으로 벌칙을 부과받는다.

9 투구 동작을 취했는데 투구를 완수하지 않았다. 세트 포지션이나 와인드업 포지션으로 투구 동작에 들어갔다면 투구를 마쳐야 한다.

참고 : 투수가 자유발을 홈 베이스와의 선상에서 뒤쪽으로 딛는 행위는 투구 동작으로 간주된다. 그리고 나서 투수가 3루로 공을 던지면 보크가 선언된다. 홈 플레이트와의 선상에서 발을 옮김으로써 투구 동작에 들어갔는데 투구를 마치지 않았기 때문이다.

10 **너무 빨리 투구했다.** 타자가 준비하기 전에 투구하는 것은 규칙에 어긋난 속임수로 간주된다. 예를 들어, 투수판에서 발을 뗀 투수가 재빨리 다시 밟고 투구하여 미처 준비를 하지 못한 타자를 잡으면 안 된다.

참고 : 퀵 피치는 설령 주자가 없을 때라도 반칙이 된다. 그때에는 벌칙으로 볼이 선언된다.

11 **투구하는 시늉만 했다.** 이런 식의 보크는 투수가 공을 가지고 있는지 여부나, 투수판을 터치하고 있는지 여부에 상관없이 선언될 수 있다.

참고 : 투수가 공을 지니지 않은 채 투수판에 올라선다면, 주자를 속이려 한 것으로 심판은 해석해야 한다.

12 **투수판에 발을 대고 있는 동안 공을 떨어뜨렸다.** 투구하는 도중 공이 손에서 미끄러져 떨어져서 파울라인을 넘어가지 못한 경우도 여기에 포함된다.

13 **규칙에 어긋난 방식으로 투수판에서 발을 뗐다.**

14 **경기를 지연시켰다.** 투수가 경기를 고의로 지연시킨다고 심판이 판단할 때 선언한다.

15 **세트 포지션을 두 번 반복했다.**

16 **한 가지 투구 자세에서 다른 자세로 바꾸었다.** 투수판에서 발을 떼지 않고 이렇게 하면 보크가 선언된다.

17 **조작된 공으로 투구했다.** 보크가 선언되며 자동으로 볼이 판정된다. 다만 공격팀의 감독이 그 공으로 이루어진 플레이를 받아들이기로 하면 괜찮다. 투수는 이 위반 행위로 퇴장당하고 몇 경기 출장정지를 당한다.

다른 선수가 저지르는 보크

18 **3루에서 달려와 득점하려는 주자를 포수나 다른 선수가 가로막으려고 했다.** 홈 스틸을 하거나 스퀴즈 플레이가 펼쳐지는 동안 이렇게 하면 보크가 선언된다.

19 **고의사구를 주는 도중 포수가 포수석을 벗어났다.** 투수가 고의로 볼을 던질 때 포수가 포수 석에서 벗어나 있으면 보크가 선언된다.

> **Note 1** 투수가 와인드업을 시작한 다음에 타자가 타자석에서 발을 빼면 투수는 투구 동작을 멈춰도 된다.(104쪽 참조)
>
> **Note 2** 상대팀원이 투수의 보크를 유도해서는 안 된다. 가령 배트 보이가 '타임'을 외쳐 투수가 투구를 멈추게 되었다면, 배트보이는 퇴장당하고 보크는 무효가 된다.

스트라이크 존

스트라이크 존은 홈 플레이트 위에 있는 어떤 구역을 가리킨다. 좌우와 앞뒤 폭은 홈 플레이트와 같고, 위아래 폭은 타자의 키와 스탠스에 따라 결정된다. 투구가 스트라이크 존의 어느 지점이라도 통과하면 스트라이크가 선언된다.

타자가 스윙하지 않은 투구가 스트라이크 존의 어떤 지점도 통과하지 못하면 볼이 선언된다.

스트라이크 존은 타자와 홈 플레이트로 규정된다.

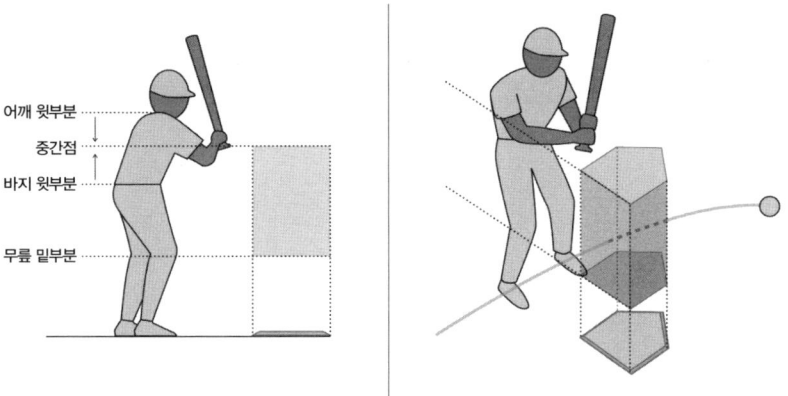

Note 스트라이크 존에 대한 자세한 설명은 '타격' 장 98쪽을 참조하라.

스트라이크와 볼

개요: 투구된 공은 스트라이크, 볼, 파울이나 안타 등의 결과로 이어진다. 여기에서는 타자가 쳐내지 못한 투구가 어떻게 스트라이크나 볼로 선언되는지 알아본다.

스트라이크를 선언하는 경우

1 투구가 스트라이크 존을 통과했다. 그리고…	타자가 스윙을 하지 않았다.
	공이 타자에게 닿았다. (이것은 '히트 바이 피치'로 간주되지 않는다.)
2 투구가 스트라이크 존을 통과하지 않았다. 그리고…	타자가 치려고 하는 와중에 공이 타자에게 닿았다. (이것은 '히트 바이 피치'로 간주되지 않는다.)
3 어떤 투구든(스트라이크 존이든 아니든)…	타자가 헛스윙을 했다.
	타자가 번트를 댔는데 공이 파울 지역으로 갔다.
	투 스트라이크 미만의 볼 카운트에서 친 타구가 파울볼로 판정되었다.(타구가 잡혀서 아웃되지 않은 경우)
	타자가 파울 팁을 쳤다. '파울 팁'이란 타자가 스윙을 했는데 공이 배트를 살짝 스치고 포수의 미트에 곧바로 들어가 잡히는 것이다.

● **반칙행위에 따른 스트라이크** ●

타자석에 들어서기를 거부하는 타자에게 심판은 벌칙으로 스트라이크를 선언한다.

마이너리그 경기에서는 타자가 합당한 이유 없이 타자석을 떠나면 심판이 스트라이크를 선언한다.

볼을 선언하는 경우

1 투구가 스트라이크 존을 통과하지 않았다. 그리고…	타자가 스윙을 하지 않았다.
2 다음과 같은 투수의 반칙에 대한 벌칙으로 볼이 선언된다.	루상에 주자가 아무도 없는 상황에서 투수가 반칙투구(가령 퀵 피치)를 했다.
	주자가 없는 상황에서 타자가 타격 자세를 잡았는데, 투수가 공을 받고 나서 12초 내에 투구하지 않음으로써 경기를 지연시켰다.(주자가 있는 경우 이런 지연은 보크로 이어진다.)
	투수가 마운드에 있는 동안 투구하는 손을 입에 가져다댔다.
	투수(또는 그 팀의 선수이지만 누군지 알 수 없는 경우)가 공을 손상하거나 조작했다.(투수는 퇴장당하고 10경기 출장정지 처분을 받는다.)

투수의 폭투와 악송구

개요: 폭투와 악송구는 공이 너무 높거나 낮거나 옆으로 빠져 날아오는 바람에 포수나 야수가 '평범한 노력'으로 잡을 수 없는 경우를 말한다.

폭투의 결과는 공이 어디까지 가는지, 세 번째 스트라이크 또는 네 번째 볼이 되는 상황인지 등에 따라 다양하게 갈린다. 투수의 악송구란 평범한 노력으로는 잡을 수 없는 공을 투수가 야수에게 던진 경우를 일컫는다. 이때 공이 더그아웃이나 관중석 같은 플레이할 수 없는 지역으로 나가기도 한다.

폭투

	공은…	주자들은…
공이 포수를 빠져나갔지만 페어 지역에 머물렀다.	볼 인 플레이	아웃될 위험을 안고 진루 시도
투구가 볼 데드가 되는 지역, 가령 더그아웃, 관중석 같은 플레이할 수 없는 지역으로 들어갔다.	볼 데드	한 베이스씩 진루
공이 포수에게 맞고 굴절되어 볼 데드가 되는 지역으로 들어갔다.	볼 데드	한 베이스씩 진루
투구가 홈에서 득점하려는 주자에게 맞았다.	볼 데드	한 베이스씩 진루
투구(파울 팁이 아님)가 심판이나 포수의 마스크 등의 장비에 끼었다.	볼 데드	한 베이스씩 진루

투수의 악송구

	공은…	주자들은…
투수판 위의 투수 포지션에서 야수에게 공을 던졌는데 공이 볼 데드가 되는 지역으로 들어갔다.	볼 데드	한 베이스씩 진루
투수판에서 발을 떼고 나서 악송구를 저질렀다면, 내야수로서 플레이한 셈이다. 이런 경우에는 내야수에게 적용하는 악송구 규칙에 따라 처리한다.	볼 데드	두 베이스씩 진루

세 번째 스트라이크 규칙

세 번째 스트라이크로 들어온 투구를 포수가 잡지 못했다. 이때 1루에 주자가 없거나 또는 투 아웃 상황에서 1루에 주자가 있으면 타자는 낫 아웃(not out) 상태가 되어 1루로 달려야 한다.

세 번째 스트라이크가 되는 상태에서 폭투가 나와 앞쪽의 표에서 설명한 어떤 상황이 발생하면, 타자주자는 다른 주자들과 같은 규칙을 적용받는다. 같은 수의 베이스를 진루하게 되는 것이다.

> **Example** 세 번째 스트라이크를 던졌으되 투구가 포수를 지나쳐 심판의 마스크에 박혔다면, 타자는 1루로 출루하며 다른 주자들도 한 루씩 진루한다. 세 번째 스트라이크 규칙에 대한 상세한 내용은 101쪽을 참조하라.

폭투에 몸을 맞은 타자

투구에 맞은 타자는 1루로 걸어 나간다. 공은 데드 볼이 되며, 주자들은 타자가 1루로 나갔기 때문에 진루할 수밖에 없을 때만 다음 루로 옮겨간다.(111쪽 '히트 바이 피치' 항목 참조)

그 밖의 투구 규칙

사인

공식 규칙에 따르면 투수는 "투수판을 디딘 채 포수의 사인을 받아야 한다." 실제로는 이 위치에서 모든 팀원의 사인을 받을 수 있지만 대개는 포수에게서 받는다.

벌칙: 투수판 위에 서지 않은 채 사인을 받으면 심판의 경고를 받는다.(보크는 아니다.) 하지만 반복해서 위반하면 심판은 그 투수를 퇴장시킬 수도 있다.

> **Note** 사인을 받고 나서 투수는 투수판에서 발을 뗄 때도 되고, 투구를 계속해도 된다.

투수판에서 발을 떼는 순간 내야수가 된다

투수는 중심발을 떼면서 투수판에서 벗어나면 내야수가 된다. 그러면 투수는 여느 내야수와 마찬가지로 어떤 베이스에도 공을 던질 수 있다. 이 상황에서 투수가 던진 악송구는 내야수의 악송구와 마찬가지로 처리된다. 그러니까 악송구가 플레이할 수 없는 곳으로 빠져버리면 타자와 주자들이 두 베이스씩 진루하게 된다.(투수 포지션에서 악송구를 저질렀을 때 한 베이스씩 가는 것과는 다르다.)

투구로 타자의 몸을 맞히려 했을 경우

심판이 판단하기에 투수가 고의로 타자를 맞히려 했다면, 투수 또는 감독과 투수 모두 퇴장시킨다. 첫 위반 시에는 경고만 줄 수도 있다. 한편 양 팀은 경기 시작 전에 심판에게서 이 경고를 공식적으로 받을 수도 있다.

고의로 타자를 맞히려고 공을 던지는 것은 위험한 행동이기 때문에, 퇴장에 더하여 리그 회장이 위반자에게 추가 처벌을 내릴 수도 있다.

투수의 유니폼과 글러브

투수의 유니폼은 시각적 혼란을 최소화하기 위해서 특별한 제한을 받는다.

- 언더셔츠 소매에 어떠한 숫자나 글자 또는 표지도 달아서는 안 된다.
- 투수의 글러브에는 흰색이나 회색을 쓸 수 없다. 글러브 안의 공을 식별하기 어렵게 만들 수 있기 때문이다. 박음질, 끈, 웹 등 글러브의 모든 부속은 한 가지 색으로 통일해야 하며, 다른 색의 또 다른 물질이 글러브에 붙어 있어서는 안 된다.

다른 선수들도 마찬가지이긴 하지만, 특히 투수는 유리 단추나 반짝거리는 금속 장식을 달아서는 안 된다.

투수는 다음과 같은 경우 퇴장당한다

- 이물질(또는 개조용 장비)을 지니고 있었다.
- 고의로 타자를 맞히려고 공을 던졌다.
- 투수판에 위치하지 않은 채 사인을 받았다.
- 조작된 공으로 투구했다.
- 규칙에 어긋난 교체선수였다.
- 타자가 자세를 잡았는데 쓸데없이 다른 야수에게 공을 던져 경기를 고의로 지연시켰다.(경고와 보크를 먼저 준다.)
- 건성으로 볼 4개를 주어 고의로 타자를 걸어 나가게 했다.(첫 번째 위반에는 '볼', 두 번째 위반에는 '볼' 판정과 함께 다시 그러지 말라는 경고를 준다. 세 번째 위반에는 '볼' 판정이 나고 투수가 퇴장당한다.)

공 조작: 스핏 볼 등

개요: 공 조작이란 타자가 치기 더 어렵게 만들려고 공을 적시거나 흙이나 다른 이물질로 문지르거나 변색시키거나 마모시키는 것이다. 하지만 투수는 어떤 식으로도 공을 개조해서는 안 된다. 조작이 의심스러우면 심판은 공을 조사하겠다고 요구한다. 심판은 이런 반칙이 일어났는지 단독으로 판단한다.

이 규칙의 목적

이 규칙의 목적. 공을 조작하면 공을 던지는 방식과 공이 날아가는 패턴이 바뀌어 타자가 치기에 더 어려워진다. 그러므로 공 조작은 반칙이다.

조작 | 공 조작의 종류

반칙 행위

투수는 다음과 같은 행위를 하면 안 된다.

1 어떤 '이물질'이라도 공에 바르는 행위.
2 공이나 손 또는 글러브에 침을 묻히는 행위.
3 글러브나 몸 또는 옷으로 공을 문지르는 행위.(맨손으로는 공을 문지를 수 있다.)
4 어떤 방식으로라도 공을 개조하는 행위.

공을 마모시키면 비행 궤적이 몇 센티미터 정도 바뀌게 된다.

5 공을 마모시키는 행위 또는 '에머리 볼emery ball'(사포 공)을 사용하는 행위.

6 손을 입에 대는 행위.(심판이 허락한 경우에는 괜찮다.)

규칙에 어긋나는 물건

리그 공식 규칙에서는 특정한 물건을 경기장에 들여오는 것을 금하고 있다. 이 목록에는 흙, 로진(송진에서 뽑아낸 기름), 파라핀, 사포 등이 있다. 또한 '그 밖의 이물질'까지 금지 물질 목록에 덧붙여 규칙의 미비점을 보완하고 있다.

> ● **불법 사탕** ●
>
> 공식 규칙 가운데는 불법 물질로 감초를 언급한 오래된 내용도 있다. 사탕의 원료 가운데 하나로 사용되기도 하는 감초는 한때 공을 변색하고 표시하는 데 썼다.

> **벌칙**: 공을 조작하거나 규칙에서 금한 물건을 지닌 투수에 대한 벌칙은 다음과 같다.
> - 즉시 퇴장
> - 자동 출장정지
>
> 마이너리그 규칙에서는 10경기 출장정지라고 구체적으로 명시하고 있다. 메이저리그의 출장정지 경기 수는 커미셔너가 결정한다.
>
> **참고 1**: 위반이 선언되고 나서 플레이가 계속되었다면, 공격팀의 감독은 그 플레이를 받아들일지 선택할 수 있다. 감독은 해당 플레이가 끝난 후 즉시 주심에게 자신의 선택을 알려주어야 한다. 플레이를 받아들이지 않으면 다음과 같은 일이 따른다.
> - 주자가 아무도 없다면, 볼 카운트에 볼이 하나 추가된다.
> - 주자가 있다면, 벌칙은 보크가 되며 그 투구는 볼 카운트에 넣지 않는다.
>
> **참고 2**: 타자가 1루에 무사히 출루하고 주자들도 아웃되지 않았으면, 그 플레이는 인정된다. 타자가 안타, 실책, 볼넷, 히트 바이 피치 등 어떤 경로로 출루했든 상관없다. 그러나 플레이가 인정된다고 해도, 투수는 조작에 대한 징계를 받게 된다.
>
> **참고 3**: 투수 말고 다른 선수가 위반자로 드러날 경우, 그 선수는 즉시 퇴장당하고 자동으로 10경기 출장정지 처분을 받는다.
>
> 하지만 투수가 변색되거나 손상된 공으로 투구했는데 심판이 위반자를 알아낼 수 없는 경우에는 투수의 위반으로 간주한다.

스핏 볼

스핏 볼이란 침, 땀, 바셀린 등의 미끌미끌한 물질로 공이나 투수의 손을 적신 후 던진 공을 일컫는다. 공이나 손을 적시면 회전이 거의 또는 전혀 걸리지 않은 공을 던지기가 더 수월해진다. 회전이 걸리지 않은 공은 더 쉽사리 꺾이거나 떨어지므로 타자로서는 치기가 더 어려워진다.

마모된 공

공을 닳게 하거나 긁거나 찢으면 공의 한쪽 면에 작용하는 공기역학적 항력이 다른 쪽 면보다 더 커지기 때문에 비행 궤적이 바뀌게 된다. 공은 마모된 쪽으로 꺾여 나간다. 궤적에 미치는 영향이 미미할 수도 있으나, 아주 작은 변동이라도 타자에게는 큰 차이로 다가온다.

얼룩이 있는 공

공을 변색시키는 것 역시 반칙이다. 타자를 혼란시킬 수 있기 때문이다.

핸드 투 마우스 규칙

투수는 지름 18피트(5.486m)의 투수 마운드 내에 서 있는 동안 투구하는 손을 입이나 입술에 가져다 대서는 안 된다. 이것은 공 조작보다는 덜 심각한 위반이다.

> **예외 1**: 날씨가 추운 경우 경기 시작 전 양 팀 감독이 합의를 보면, 주심은 투수가 손에 입김을 불어 녹일 수 있게 허용한다.
> **예외 2**: 투구가 이미 끝났고 다른 주자들도 아웃되는 일 없이 타자가 1루에 도달했다면, 이 플레이는 위반행위가 일어나지 않았다는 것으로 자동 인정된다.
> **벌칙**: 투수가 입이나 입술을 만진 데 대한 벌칙은 '볼' 선언이다. 투수가 반복하여 위반할 경우 리그 회장이 벌금을 부과한다.

로진 백

투수는 공을 더 잘 쥘 수 있게끔 로진 백을 사용한다. 주심은 누군가 로진 백을 조작하지 않았는지 확인해야 하며, 경기 중 투수들이 사용할 로진 백을 확실히 비치한다. 로진 백은 투수 마운드 뒤편에 놓는다. 하지만 비가 내리면 심판은 투수들에게 로진 백을 유니폼 바지 뒷주머니에 넣어두라고 요청한다. 로진은 맨손에 묻혀야 하며, 공이나 글러브, 유니폼에 직접 묻혀서는 안 된다.

투수 교체

선발투수 경기를 시작하기에 앞서 양 팀 감독은 주심에게 타순표를 건넨다. 이 타순표에 올라 있는 투수는 첫 타자 또는 그 타자의 대타자가 출루하거나 아웃되기 전에 교체할 수 없다. 다만 선발투수가 부상당하거나 아파서 더 이상 경기를 할 수 없다고 심판이 판단하면 교체할 수 있다.

교체투수 현재의 투수가 적어도 한 타자를 상대했다면 경기 중 어느 때라도 투수를 교체할 수 있다. 교체되어 빠진 투수는 그 경기에 다시 뛸 수 없다. 하지만 다른 포지션으로 옮겼다가 나중에 투수 포지션으로 되돌아오는 것은 가능하다.

타격 도중의 투수 교체 한 타자가 타석에 있는 도중 현재의 투수를 다른 투수로 바꿀 경우, 교체투수는 그 타자가 출루하거나 아웃될 때까지, 또는 이닝이 끝날 때까지 그 타자(또는 그 타자의 대타자)에게 투구를 해야 한다. 다만 그 교체투수가 부상당하거나 아파서 더 이상 경기를 할 수 없다고 심판이 판단하면 교체할 수 있다.

잘못된 투수 교체 투수 교체가 잘못 이루어진 경우, 심판은 정규투수에게 투수 마운드로 돌아와 자기 역할을 마무리하라고 요구한다.

설령 실수로 심판이 잘못된 투수 교체를 알린 상황에서조차, 그 실수를 알아차린다면 잘못 들어온 투수가 투구를 시작하기 전에 바로잡아야 한다.

> **● 포지션 변경 ●**
>
> 교체된 투수는 경기에서 빠지지 않고 다른 포지션에서 뛸 수도 있다. 그 투수가 같은 이닝에 투수 포지션으로 되돌아오면, 그 이닝에서는 다시 포지션을 바꿀 수 없다. 만약 감독이 같은 투수에게 다시 방문하면 그 투수는 반드시 경기에서 제외시켜야 한다.

하지만 잘못 출장한 투수가 투구하는 동안 이루어진 모든 플레이는 유효하다. 잘못 출장한 투수가 타자에게 공을 던지자마자 또는 주자가 아웃되자마자 이 투수는 더 이상 자격 없는 투수가 아니게 된다. 그는 정규투수가 되며 마운드에서 자기 역할을 계속한다. 이 시점에서 감독은 그 타자가 타격을 마치거나 이닝이 종료되지 않는 이상 그 투수를 경기에서 뺄 수 없다. 심판은 이러한 판정을 감독에게 알려주어야 한다.

워밍업 투구

매 이닝이 시작할 때 또는 투수가 교체되어 올라왔을 때, 투수는 최대 8개까지 포수에게 워밍업 투구를 할 수 있다. 워밍업 투구가 1분을 넘겨서는 안 된다. 투수가 등판하기 전 불펜에서 워밍업할 시간을 충분히 갖지 못한 '응급' 상황에서는 주심이 이러한 제한을 확장한다.

> **Note** TV로 중계되는 경기에서는 이닝 사이의 시간이 광고 시간에 따라 결정된다. 일반적으로 투수는 이 시간을 이용하여 원하는 만큼 워밍업 투구를 할 수 있다.

투수 마운드 방문

코치나 감독의 마운드 방문

코치나 감독은 한 이닝에 한 번만 투수에게 갈 수 있다. 이 '방문'은 마운드로 가는 길에 파울라인을 건너면서 시작되고 투수판을 둘러싼 지름 18피트의 둥근 마운드를 나오면서 끝난다.

코치나 감독이 같은 이닝에 다른 투수에게 가는 것이라면 마운드를 두 번 이상 방문할 수 있다. 예를 들어, 코치가 투수를 빼러 마운드에 올라가고 같은 이닝에 감독이 새로운 투수에게 간다면, 새 투수에게 한 번 방문한 것으로 간주된다.

한 타자가 타석에 있는 도중 투수가 교체되는 경우, 코치나 감독은 그 타자가 아직 타석에 있으면 두 번째 마운드 방문을 할 수 없다. 설령 새로운 투수에게 가는 것이라고 해도 말이다.

두 번째 방문을 못하게 된 감독이 다른 선수를 이용하여 투수와 소통하면 안 된다. 가령 코치나 감독이 포수를 방문하고 나서 다음 투구나 플레이가 시작되기 전에 포수가 투수를 방문하면, 그것은 감독이 방문한 것으로 간주된다.

예외: 감독이나 코치는 투수가 여덟 번째 워밍업 투구를 마치기 전, 1분의 워밍업 제한 시간이 끝나기 전에는 자유롭게 투수와 얘기할 수 있으며, 이때는 방문으로 치지 않는다. 또한 공격팀이 '타임'을 부르면 감독은 투수와 얘기할 수 있고, 이런 경우 타임 종료와 함께 방문이 끝나며 방문 1회로 간주하지 않는다.

두 번째 마운드 방문

코치나 감독이 같은 이닝에 같은 투수를 두 번째로 방문하면, 그 투수는 반드시 강판시켜야 하며 교체투수를 올려야 한다. 이 규칙에는 예외가 없다. 설령 대타자가 나온 경우에도 마찬가지다.

벌칙: 심판에게 경고를 받았는데도 이 규칙을 어기려고 하는 감독은 곧장 퇴장당한다. 현재 타자의 타석이 끝나고 나면 투수도 마찬가지로 퇴장당한다.
이런 일이 일어나면 심판은 투수가 경기에서 쫓겨날 것임을 감독에게 알려 교체투수가 워밍업을 할 수 있게 한다. 심판의 판단에 따라, 새로운 투수는 등판할 적에 평상시의 8개 워밍업 투구보다 더 던질 수 있다.

● **일시정지경기를 재개할 때의 새로운 투수** ●

일시정지경기를 선언하기 직전에 교체투수가 발표되었다면, 경기를 재개할 때 꼭 그 투수가 등판할 필요는 없다. 이 규칙은 그 투수가 이닝을 마치지 못했거나 그가 상대하던 타자가 타석을 마무리하지 않았을 때(보통의 경우에는 지켜야 할 요건이지만)도 마찬가지로 적용된다. 하지만 재개된 경기에서 첫 투수로 나오지 않은 그 투수는 교체된 것으로 간주되어 이제 그 경기에서는 뛸 수 없다.

06
타격

야구경기의 모든 공격 행위는 타자로부터 시작된다. 이 장에서는 홈 플레이트 옆의 타석에 들어서는 순간부터 아웃되건 주자가 되건 타격이 끝나는 순간까지, 타자와 관련된 규칙을 다룬다. 스트라이크 존과 타자석, 타자가 무사히 출루하거나 아웃될 수 있는 모든 경우 등을 자세히 살펴본다.

타자에 대한 기본 상식

이 항목에서는 구장의 핵심 구역을 살펴보고, 타격에 적용되는 아주 기본적인 규칙과 용어, 이를테면 번트, 페어 볼과 파울 볼, 볼과 볼넷 같은 것을 몇 가지 소개한다.

page 92

스트라이크와 스트라이크 존

스트라이크 존을 세세히 파헤쳐본다. 규칙상의 스트라이크 존과 현실에서 사용하는 스트라이크 존을 비교한다. 세 번째 스트라이크 규칙과 체크 스윙도 다룬다.

page 97

규정에 어긋나는 배트

코르크를 박은 배트, 파인 타르를 너무 많이 바른 배트 등 사용이 금지된 배트를 간략히 살펴본다.

page 103

'타임' 요청

타자가 타임아웃을 부를 수 있는 때, 부르기에 너무 늦은 때는 언제인지 알아본다.

page 104

타자석

타자석, 그리고 타격하는 동안 타자가 서 있어야 할 위치에 관한 규칙을 설명한다.

page 106

출루

이 항목에서는 안타와 안전진루, 그라운드 룰 더블을 비롯하여 타자가 출루할 수 있는 모든 방법을 목록으로 보여준다.

page 108

히트 바이 피치

투구에 맞은 타자가 1루로 출루하려면 세 가지 조건이 충족되어야 한다.

page 111

아웃

타자가 아웃되는 경우의 목록을 보여준다.

page 111

타자의 수비방해

타자가 범하는 여러 가지 수비방해를 설명한다.

page 112

수비팀의 타격방해

포수나 다른 야수가 어떤 식으로 타자를 방해할 수 있는지 알아본다.

page 115

타순

여기에서는 타자가 잘못된 타순에 나오면 어떤 일이 일어나는지 설명한다.

page 115

지명타자

지명타자 제도를 좋아하든 싫어하든, 논란거리인 이 규칙을 알아둘 필요는 있다.

page 120

타자에 대한 기본 상식

개요 : 타격에 관한 수많은 규칙을 이해하려면 구장에 대한 용어와 사실을 좀 알아두면 유용하다. 여기에서는 몇 가지 기본적인 것들을 소개한다.

타격의 기본 | 구장의 핵심 지역

좌측과 우측의 파울 폴 : 외야 담장 위에는 레프트 필드 파울 폴과 라이트 필드 파울 폴이 솟아 있다. 두 파울 폴은 왼쪽 및 오른쪽 파울라인의 연장선으로, 플라이 볼이 페어인지 파울인지 가리는 데 도움을 준다. 파울라인과 마찬가지로 파울 폴 자체는 페어 지역이다.

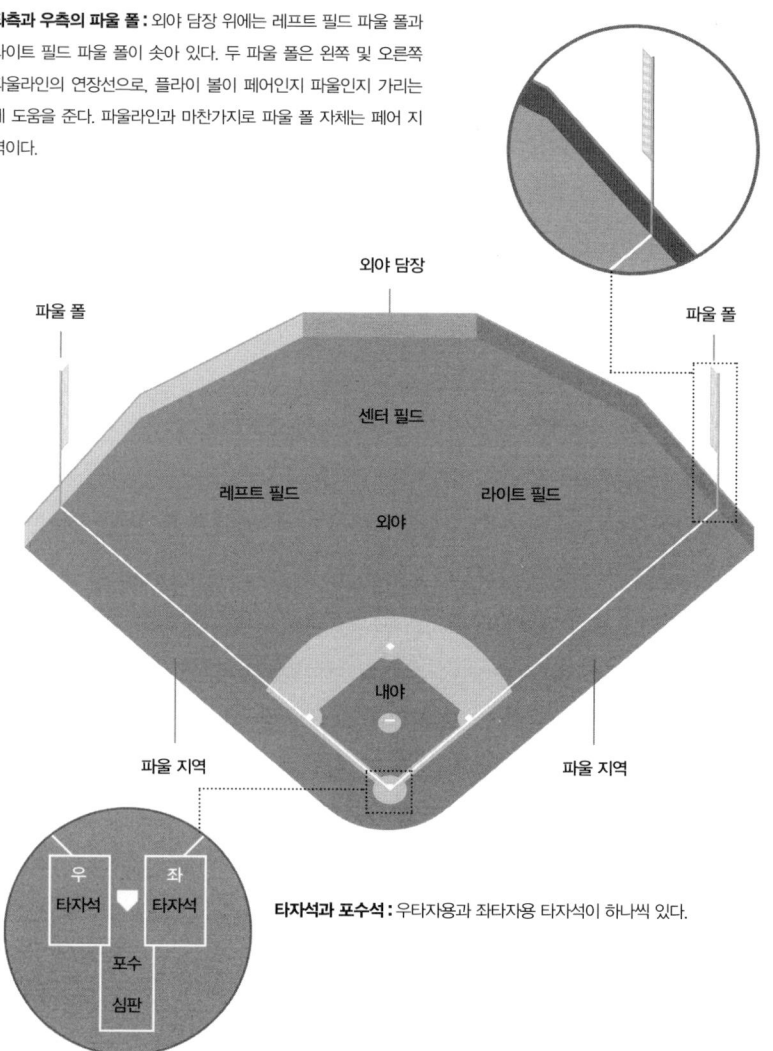

타자석과 포수석 : 우타자용과 좌타자용 타자석이 하나씩 있다.

타격 | 93

타격의 기본 | 타격의 결과

한 선수가 타격을 마치면 다음 두 가지 중 하나의 결과로 이어진다.

1 타자가 출루한다. 타자가 출루하는 방법은 108쪽을 참조하라.
2 타자가 아웃된다. 타자가 아웃되는 방법은 111쪽을 참조하라.

다른 선수가 아웃되어 이닝이 끝나는 경우 타자가 타격을 마치기 전에 루상에 있던 주자가 아웃당해 스리 아웃이 되었다면, 이 타자는 다음 이닝의 공격에서 첫 타자로 나오게 된다. 새 타석에서 볼 카운트는 새로 시작된다.

● **'타수'라는 용어** ●
타자가 타격을 하는 것은 타수라고 할 수 있다. 하지만 공식기록원은 모든 타석을 타수로 간주하지는 않는다.

타자석에서 일어나는 일 반칙이 아닌 투구는 볼, 스트라이크, 파울, 안타 등의 결과로 이어진다. 이에 따라 타자는 아래와 같은 상황에 처하게 된다.

스트라이크 3개를 받으면 타자는 아웃된다. 스트라이크에 대한 설명은 98쪽을 참조하라.
볼 4개를 받으면 타자는 걸어 나간다. 아무런 제약 없이 1루에 나가는 것이다. 볼과 볼넷에 관한 자세한 설명은 96쪽을 참조하라.
파울 볼은 스트라이크이다. 타자가 공을 쳐서 파울이 되면 스트라이크로 카운트된다. 단 투 스트라이크 이후에 치는 파울은 카운트되지 않으며, 타자는 파울을 치기 전과 같은 볼 카운트에서 다음 투구를 맞이한다. 하지만 페어 볼과 마찬가지로 파울 플라이 볼이 야수에게 잡히면 아웃된다. 페어 볼과 파울 볼에 대한 상세한 내용은 95, 96쪽을 참조하라.

타격의 기본 | 번트

번트는 타구의 힘을 약화시켜 내야로 천천히 굴러가게 만드는 타격 방식이다. 안타를 만들어내려고 번트를 대는 선수도 간혹 있기는 하지만, 일반적으로 번트는 타자를 희생하는 대신 주자를 다음 베이스로 진루시키려고 대는 것이다.

번트를 댈 때 타자는 배트를 휘두르지 않는다. 그 대신 배트를 가만히 쥐고 공을 튕겨낸다. 하지만 공식 규칙에 번트의 요건에 대한 지침은 없다.

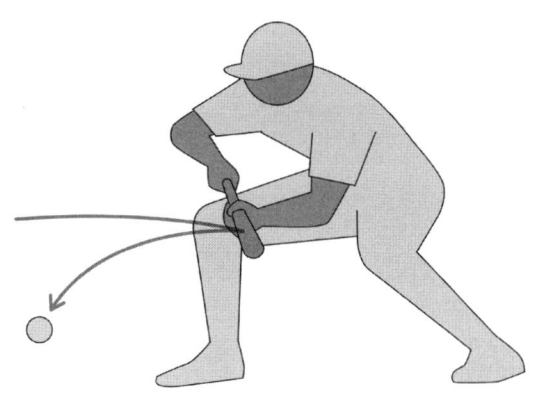

투 스트라이크에서 번트로 나온 파울은 스트라이크이며, 따라서 아웃이 된다.
투 스트라이크가 있는 상태에서 번트 타구가 파울이 되면 스트라이크가 된다. 그러면 스리 스트라이크가 되어 타자는 아웃된다.
이것은 번트의 경우에만 해당된다. 보통은 타자가 투 스트라이크에서 파울을 치면 스트라이크로 카운트되지 않는다. 이 규칙 때문에 일단 투 스트라이크를 받은 타자의 번트 시도는 좀처럼 보기 어렵다.

타격의 기본 | 페어 볼

페어 볼이란 페어 지역으로 간 타구로서, 땅에 닿기 전에 잡히거나, 땅에 떨어지고 나서 파울 지역으로 나가지 않은 채 1루나 3루를 통과한 것을 일컫는다. 공이 1루나 3루를 통과한 다음에는 파울 지역으로 나가더라도 페어 볼이다.

페어 볼이 야수가 잡기 전에 땅에 떨어지면, 타자는 타자주자가 되어 1루로 뛰어야 한다. 다른 주자들은 태그나 송구로 아웃될 위험을 안고 진루할 수 있다.(어떤 경우에는 진루를 할 수밖에 없다.)

페어 볼이 땅에 닿기 전에 잡히면 타자는 아웃된다. 다른 주자들은 공이 야수에게 잡힌 후 현재의 베이스를 태그해야 진루할 수 있다.('주루' 장 135쪽 '태그 업' 참조)

보기 : 페어 볼

1 타구가 1루나 3루에 맞으면, 그 후에 파울 지역으로 튕겨 나가도 페어 볼로 간주한다.
2 타구가 파울라인에 닿아도, 1루나 3루를 통과하기 전에 파울 지역으로 빠지지 않은 이상 페어 볼로 간주한다.
3 플라이 볼이 파울 폴에 맞으면 페어 볼로 선언한다.(그러므로 홈런이다.)
4 타구가 파울 지역에 떨어졌다가 1루나 3루를 통과하기 전에 페어 지역으로 굴러 들어오면 페어 볼이다.

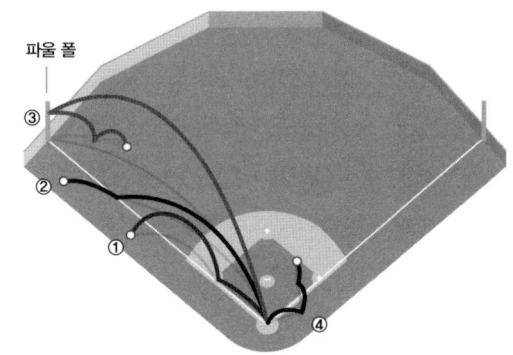

보기 : 홈 플레이트 부근에 떨어지는 페어 볼

1 홈 플레이트는 페어 지역이다. 타구가 홈 플레이트에 맞으면 (일단 그 시점에는) 페어 볼이다.
2 비록 타자석 안에 흰 선을 그어놓지는 않았지만, 파울라인은 타자석 내에까지 확장된 것으로 본다. 타자석 안에 있는 그 가상의 파울라인 안쪽에 떨어진 타구는 페어 볼이다.

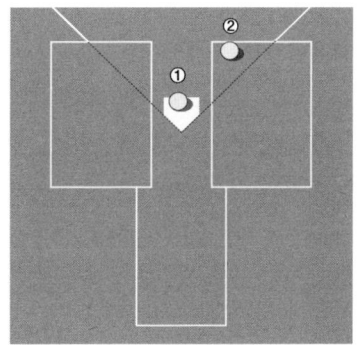

타격의 기본 | 파울 볼

타구가 파울라인 바깥 지역으로 떨어지거나 1루나 3루를 통과하기 전에 파울 지역으로 나간 경우 파울이 된다.

- 타구가 파울이 되면 볼 데드가 된다. 즉 파울 볼이 나올 때 주자는 진루나 도루를 할 수 없다.
- 파울 지역으로 간 타구가 땅에 닿기 전에 야수에게 잡히면 타자는 아웃된다. 하지만 이 경우

에는 공이 여전히 인플레이 상태에 있다. 주자는 태그 업을 해서 진루할 수 있다.

- 파울은 스트라이크로 카운트된다. 하지만 파울이 세 번째 스트라이크가 될 수는 없다. 투 스트라이크일 때는 얼마든지 파울을 쳐도 볼 데드만 될 뿐이다. 카운트는 여전히 투 스트라이크에 머문다.

예외: 이미 투 스트라이크인 상황에서 번트를 댄 공이 파울이 되면 타자는 아웃된다. (94쪽 '번트' 참조)

보기: 파울 볼

1 내야에 떨어진 타구가 파울 지역으로 나가고 나서 1루나 3루를 통과하면 파울이다.
2 플라이 볼이 양쪽 파울라인 바깥의 파울 지역이나 관중석에 떨어지면 파울이다.
3 플라이 볼이 양쪽 파울 폴 바깥쪽의 외야 담장을 넘어가면 파울이다.

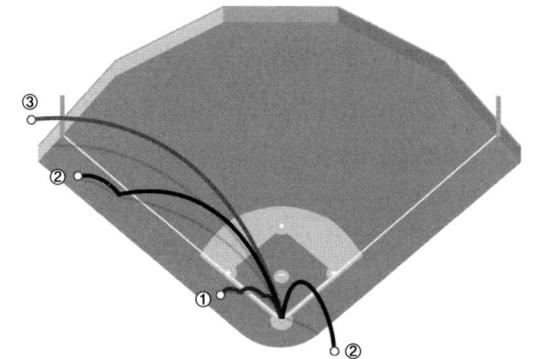

타격의 기본 | 볼과 볼넷(베이스 온 볼스)

'볼'이란 스트라이크 존 바깥으로 빠졌는데 타자가 스윙하지 않은 투구이다. 타자가 4개의 볼을 받으면 1루에 출루한다. 이것을 '볼넷', '베이스 온 볼스'라고 한다.

- 타자가 볼넷을 얻어 1루에 나가면, 포스 상황에 놓이게 된 주자들도 모두 진루하게 된다.
- 투구가 볼 판정을 받으면, 공은 여전히 인 플레이 상황에 있고 주자는 도루를 할 수 있다. 포수가 투구를 빠뜨리면, 주자는 아웃될 위험을 무릅쓰고 진루를 노릴 수 있다.
- 네 번째 볼이 판정되고 난 상황에서 공은 여전히 인 플레이 상황에 있다. 주자는 도루를 할 수 있다. 심지어 걸어 나가는 타자조차 아웃될 위험을 안고 2루로 뛸 수 있다.

> **고의사구**
>
> 투수가 타자에게 고의로 볼넷을 주기로 했다 하더라도 (이때는 스트라이크 존에서 멀찌감치 떨어진 곳으로 투구하는데, 이를 '피치 아웃'이라고 한다). 타자는 타자석 안에 있어야 한다. 타자는 이런 투구에 스윙할 수도 있지만, 타자석 밖으로 발을 빼 공을 치려고 해서는 안 된다.

스트라이크와 스트라이크 존

개요: 야구에 별 관심이 없는 사람이라도 스트라이크 3개면 아웃이라는 것쯤은 안다. 스트라이크와 스트라이크 존이라는 개념은 야구의 가장 근본적인 규칙 중 하나이다. 이 항목에서는 스트라이크와 관련된 복잡한(다소 애매하기도 한) 규칙을 다룬다.

스트라이크 | 스트라이크 존

스트라이크 존은 투구가 볼인지 스트라이크인지를 정해준다. 이곳은 홈 플레이트 위쪽 공간에 있는 구역이다. 스트라이크 존의 크기와 위치는 홈 플레이트의 위치와 너비, 타자의 키와 스탠스로 결정된다. 규칙에 어긋나지 않은 투구가 스트라이크 존의 어느 부분이라도 통과하면 스트라이크 판정을 받는다. 타자가 스윙하지 않은 투구가 스트라이크 존을 통과하지 못하면 볼 판정을 받는다.

참고: 심판에 따라서, 심지어는 투수에 따라서 스트라이크 존이 다양하다는 것은 널리 알려진 얘기다. 가령 삼진 투수로 명성이 높은 투수가 있다면, 똑같은 구역에 공을 꽂아 넣는 신인 투수보다 스트라이크 판정을 받는 데 더 유리할 수도 있다.

스트라이크 | 스트라이크 존의 크기와 위치

각각의 타자에 대해 심판은 자신의 판단력을 이용하여 스트라이크 존 공간의 크기와 위치를 그려보아야 한다. 이때 심판은 스트라이크 존의 경계를 규정하는 시각적인 참고 지점을 사용한다.

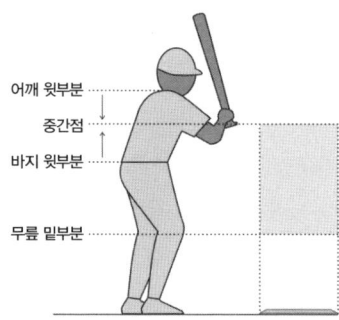
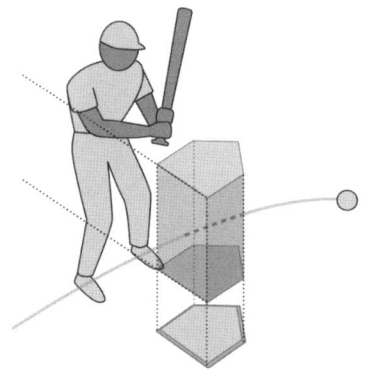

스트라이크 존의 너비는 홈 플레이트의 너비와 같다. 그러므로 모든 타자에게 너비는 똑같다. 하지만 위와 아래의 경계는 타자 몸 부위의 위치에 따라 결정된다. 아래쪽 경계는 타자 무릎 밑부분이다. 위쪽 경계는 허리와 어깨 사이의 중간지점(가슴께 팀명을 새긴 곳쯤)이다.

스트라이크 존은 홈 플레이트의 모양과 똑같은 3차원의 구역이다. 공이 이 3차원 공간의 어느 지점이라도 통과하면 스트라이크 판정을 받는다.

● **바운드된 투구** ●

투구가 땅에 맞고 나서 스트라이크 존을 통과하면 볼이다. 바운드된 공이 타자에게 맞으면 타자는 1루로 걸어 나간다. 타자가 스윙을 해서 그 공을 치면 바운드된 것은 무시되고 스윙을 한 행위만 유효해진다.

스트라이크 | 스트라이크 존과 타자의 스탠스

스트라이크 존의 높이는 타자가 자신의 정상적인 스윙 자세에 있는 동안의 스탠스로 결정된다. 타자가 몸을 움츠리면 스트라이크 존은 짧아지고, 몸을 더 세우면 길어진다.

참고: 투구를 기다리는 동안 몸을 얼마나 웅크리고 있는지는 상관없다. 스트라이크 존은 타자의 정상적인 스윙 도중에 결정된다.

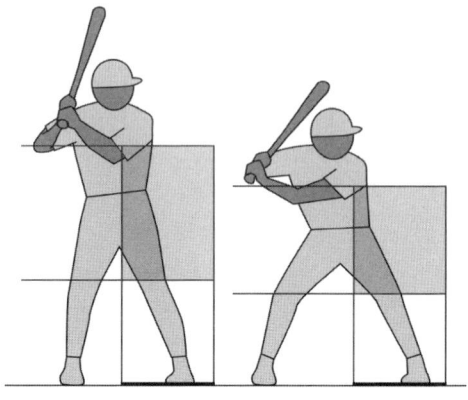

스트라이크 | 스트라이크 존과 타자의 키

1951년 8월 19일 세인트루이스 브라운스의 구단주 빌 벡은 에디 개델이라는 난쟁이 선수를 라인업에 집어넣었다. 그의 키는 겨우 109cm였다. 에디 개델은 스트라이크 존이 타자의 키와 어떤 관계가 있는지 보여주는 훌륭한 사례이다.

Eddie Gaedel ⓒ Bettmann/CORBIS

에디 개델의 스트라이크 존 높이는 약 30cm여서 어떤 투수에게든 공략하기 어려운 타깃이었다. 개델은 자신의 첫 번째이자 유일한 타석에서 볼넷으로 걸어 나갔다.

오른쪽 그림은 에디 개델과 같은 비율로 그린 새미 소사의 스트라이크 존이다.

Sammy Sosa Icon ⓒ SMI/CORBIS

스트라이크 | 규칙과 현실

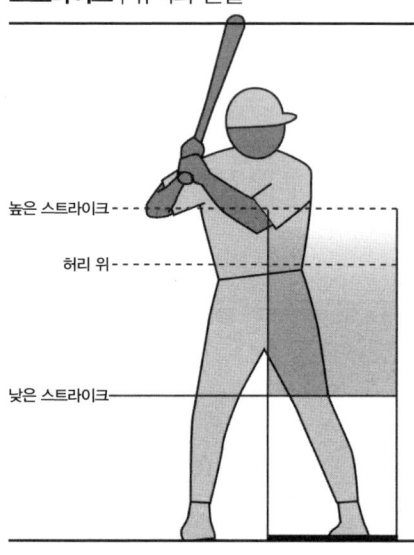

높은 스트라이크
허리 위
낮은 스트라이크

공식적인 스트라이크 존

규칙에 따르면, 스트라이크 존의 범위는 타자의 무릎에서부터 어깨와 허리 사이의 중간지점까지이다.

실제로 사용하는 스트라이크 존

심판에 따라 스트라이크 존은 조금씩 달라지나, 메이저리그 심판들은 '높은 스트라이크'에는 손을 들어주지 않는 경향이 있다.(규칙을 엄격하게 해석하지는 않는다는 뜻이다.) 이는 구단에서, 치기 쉬운 높은 공을 던지라고 투수에게 권장하고 싶어 하지 않기 때문이다. 사실 높은 공에 스트라이크를 부르게끔 최근에 규칙이 바뀔 때까지, 심판들은 바지벨트 윗부분을 스트라이크 존의 상한선으로 사용하는 것이 일반적이었다.

두 가지 스트라이크 존

한때는 아메리칸리그와 내셔널리그의 스트라이크 존이 달랐던 적이 있다. 당시 서로 다른 가슴 프로텍터를 썼기 때문에 생긴 일이다. 아메리칸리그 심판들은 스펀지 고무로 된 큼직한 '외장형'가슴 프로텍터('풍선 프로텍터'라고도 불렀다.)를 착용했는데, 그것을 입고서는 아주 낮게 쭈그릴 수가 없었다. 내셔널리그에서는 심판들이 그보다 가벼운 '내장형'가슴 프로텍터를 입어서 더 낮게 몸을 웅크릴 수 있었고, 스트라이크 존 아래쪽에 걸치는 공을 좀더 정확히 판정할 수 있었다. 결과적으로 아메리칸리그는 내셔널리그보다 스트라이크 존이 더 높았다.

1970년대에 아메리칸리그에서도 내장형 프로텍터를 받아들였다. 나중에는 양 리그의 심판들 모두 통일된 장비를 갖추게 되었다. 오늘날에는 모든 심판들이 '슬롯slot'이라는 위치에서 투구를 판정한다. 아래 그림에서처럼 몸을 낮게 웅크리고 포수와 타자 사이로 투구를 본다.

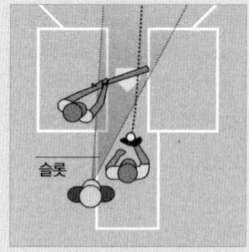

슬롯

Emmett Ashford © Bettmann/CORBIS

왼쪽 인물은 풍선 프로텍터를 착용한 심판 에밋 애슈퍼드이다. 그는 1954년에 프로야구에서 일하기 시작한 최초의 흑인 심판이다.

스트라이크 | 세 번째 스트라이크 규칙

누구나 알다시피, 세 번째 스트라이크를 받은 타자는 아웃된다. 하지만 여기에는 허점이 하나 있다. 어떤 경우에는, 타자가 스윙을 했건 말았건 간에 포수가 세 번째 스트라이크로 들어온 공을 놓치면 타자는 낫 아웃 상태가 되어 1루로 달려야 한다. 이 규칙이 적용되는 때는 다음과 같다.

1 1루에 주자가 없다.
2 또는 1루에 주자가 있고 투 아웃이다.

참고 : 투 아웃 미만의 상황에서 1루에 주자가 있을 경우 이 세 번째 스트라이크 규칙이 적용되지 않는다는 것은 얼핏 보기에 타자에게 불이익인 것 같지만, 사실은 공격팀에게 더 유리한 것이다. 수비팀이 손쉽게 더블 플레이를 하지 못하도록 막는 것이다. 대부분의 경우 놓치거나 떨어뜨린 세 번째 스트라이크 공은 포수가 재빨리 집어 올린다. 포수는 1루에 공을 던져 타자를 손쉽게 아웃시키거나 타자가 타자석에서 미처 멀리 가지 못했다면 타자를 공으로 태그할 수도 있다. 만약 세 번째 스트라이크를 놓치거나 떨어뜨리는 바람에 1루주자가 2루로 달려야 하는 포스 플레이 상황이 되면, 거의 틀림없이 더블 플레이로 끝나게 될 것이다. 포수가 2루로 공을 던져 첫 번째 아웃을 잡아내고 2루수나 유격수가 1루에 공을 던져 두 번째 아웃을 잡아낼 것이다. 그러므로 위와 같은 규칙이 없다면, 포수는 공을 일부러 놓쳐 더블 플레이를 잡아내려고 할 수도 있다.

| 놓친 공이
플레이할 수 없는
지역으로 나가는 경우   타자가 헛스윙을 해서 세 번째 스트라이크를 먹었는데, 포수가 그 공을 놓쳐서 공이 플레이할 수 없는 구장 바깥으로 나가버리면(심판에게 맞고 튀어나가더라도), 타자는 1루로 걸어 나간다. 당시 베이스에 있던 주자들도 모두 한 베이스씩 진루한다. 공은 데드 볼이 된다.

스트라이크 | 체크 스윙은 어떻게 판정하는가

배트가 너무 많이 돌아가기 전에 타자가 스윙 동작을 멈추면 스윙으로 카운트되지 않는다. 이것을 '체크 스윙'(또는 '하프 스윙')이라고 부르고, 투구는 꽂힌 위치에 따라 스트라이크나 볼 판정을 받는다. 이것은 심판의 재량에 달린 판정이기도 하다. 실제로 규칙에서는 체크 스윙을 규정하고 있지 않다.

타자가 스윙을 너무 많이 했는지 가리는 데 쓰는 지표는 배트 머리가 파울라인이나 홈 플레이트 앞부분을 지나쳤는지 여부이다. 이것 말고 또 다른 지표는 타자가 손목을 꺾었는지 여부인데, 손목을 꺾었다면 배트가 이미 돌아갔다는 뜻이 된다.('심판' 장 177쪽 참조)

판정에 대한 어필 타자의 스윙이 얼마나 돌아갔는지에 대한 구심의 판단에 수비팀이 불복할 수도 있다. 타자가 헛스윙으로 스트라이크 하나를 받아야 한다고 생각하는 수비팀은 구심에게 어필을 한다. 타자가 오른손잡이면 구심은 1루심의 의견을, 왼손잡이면 3루심의 의견을 묻는다. 이 심판들은 가장 좋은 위치에서 볼 수 있기 때문에 배트 머리가 파울라인을 지나쳤는지에 대한 최종 판정을 내린다. 타자가 스윙한 후 포수가 1루심이나 3루심을 손으로 가리키는 것으로 어필할 수도 있다.

보기 : 체크 스윙을 판단하는 방법

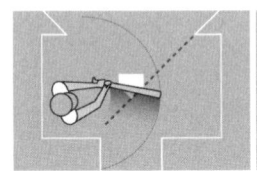 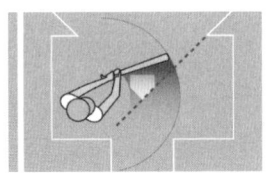

체크 스윙 : 배트의 머리 부분이 파울라인을 넘어가기 전에 타자가 스윙을 멈추었으면, 풀 스윙으로 간주하지 않는다.

풀 스윙 : 배트 머리가 파울라인을 넘어가면, 풀 스윙으로 간주한다.

규정에 어긋나는 배트

개요: 조작된 배트가 발각되면, 타자는 아웃 선언을 받고 퇴장당한다. 공을 이미 친 경우에는 어떤 주자도 진루할 수 없다. 하지만 그 플레이에서 이루어진 아웃은 유효하다.

단단한 통나무 한 조각
배트는 이물질을 첨가하지 않은, 속이 꽉 차고 단단한 통나무 한 조각을 깎아내서 만들어야 한다.

손잡이
손잡이 부분에는 그립을 좋게 하기 위한 물질이나 재료를 발라도 괜찮다. 하지만 맨 밑바닥에서부터 18인치(45.7cm)를 넘어서는 안 된다. 대개는 헝겊을 이용해 파인 타르를 배트에 묻힌다.

파인 타르가 너무 많은 경우
18인치 위로 파인 타르가 묻어 있는 것을 발견하면, 배트는 경기에서 빼지만 타자에게 벌칙은 부과하지 않는다. 그 배트를 이미 경기에서 사용했더라도, 이를 근거로 타자를 퇴장시키거나 심지어는 아웃시킬 수도 없다. 완벽한 배트의 요건은 43쪽을 참조하라.

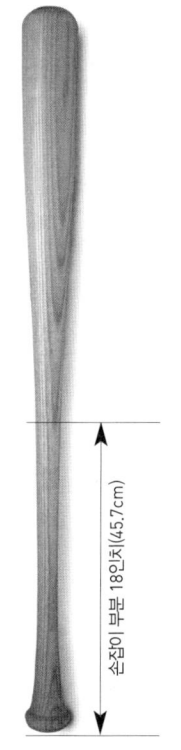

손잡이 부분 18인치(45.7cm)

배트 조작
타자는 배트를 자신에게 유리하도록 개조하기도 한다. 가장 잘 알려진 수법은 코르크를 넣는 것이다. 그 밖에 이물질을 끼우거나, 표면을 평평하게 하거나, 못을 박거나, 속을 비우거나, 홈을 파거나, 왁스를 바르기도 하는데, 모두 반칙이다.

배트에 코르크를 끼우는 법
꽤 간단한 방법이어서 어떤 선수라도 마음만 먹으면 할 수 있다. 배트에 직경 1인치가량(2.5cm)의 구멍을 드릴로 뚫고 코르크나 고무 같은 가벼운 물질을 채워 넣는다. 구멍 입구는 나무 충전재로 막아서 배트가 부러지지 않는 한 아무도 못 알아채게 한다.

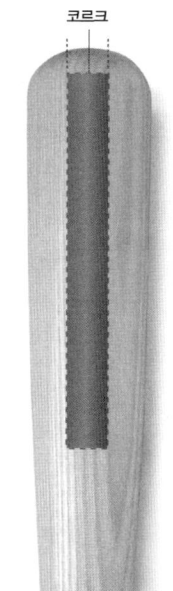

코르크

● 요란했던 코르크 방망이 소동 ●

1994년에 앨버트 벨의 코르크 방망이를 심판이 압수했다. 그런데 경기 중에 벨의 동료 제이슨 그림즐리가 천장을 통해 심판 라커룸으로 잠입해 코르크 배트를 보통 배트와 바꾸어놓았다. 벨의 모든 배트가 코르크를 넣은 것이었으므로 그림즐리는 다른 동료의 배트를 두었다. 아쉽게도 이 바꿔치기는 바로 탄로 났는데, 그 이유 가운데 하나는 바꿔놓은 배트에 주인의 이름이 찍혀 있었기 때문이다.

'타임' 요청

개요 : 타자는 자기 마음대로 타자석에서 벗어나면 안 된다. 투수가 투구 자세에 들어가면, 타자는 타격 자세를 잡거나 구심에게 타임아웃을 요청해야 한다.

> **Note** 심판은 타자가 타임을 너무 많이 불러 경기를 지체시키지 못하게 하고자 한다. 날씨가 험악하거나 투수가 너무 많은 시간을 잡아먹는 경우 같은 특별한 상황에서는 종종 예외를 둔다.

▌타임이 허용되지 않는 경우 투수가 투구 과정 가운데 이미 몇 단계를 지났을 때이다. 일단 투수가 세트나 와인드업 단계에 들어가면, 타자는 어떤 이유로도 타임을 부를 권리가 없다. 눈에 뭐가 들어갔다거나 사인을 놓쳤다는 등 어떤 구실을 가져다 대도 안 된다. 사인을 받고 나서 세트 포지션이나 와인드업 포지션에 들어가기까지 투수의 동작은 빨리 이루어진다.(투구 동작에 대한 자세한 내용은 '투구' 장 70쪽 참조) 어떤 경우에는 투수가 세트 포지션이나 와인드업 포지션에 들어가는 순간에 타자가 요청한 타임을 심판이 허용하기도 한다.

▌타임아웃이 아닌데 타자가 발을 빼는 경우 타임아웃 승인을 받지 않은 채 타자가 타자석을 벗어나면, 투수는 투구를 할 수 있고 심판은 그에 따라 스트라이크 또는 볼 판정을 내린다.

▌타임아웃 중에 투구를 하는 경우 타임아웃이 인정된 다음에 투수가 공을 던지면, 볼 데드가 되어 그 투구는 카운트하지 않는다.

타자가 타자석에 들어서기를 거부하는 경우

타자가 타자석의 자기 자리에 들어서기를 거부하면, 심판은 스트라이크를 판정하고 볼 데드가 된다. 그리고 나서 타자는 타자석에 돌아올 수 있지만, 계속 거부하면 아웃이 된다.

> **Note** 주자가 있는 상황에서 투수가 와인드업을 시작한 후에 타자가 타자석에서 벗어나면, 투수는 공을 던지지 않고 투구 동작을 멈춰도 된다. 보크는 선언되지 않는다. 74쪽 '보크'를 참조하라.

타자가 타임아웃을 부르기에 너무 늦은 때는?

타임아웃을 부르기에 너무 늦은 상태

투수가 사인을 받는 동안, 그리고 투수가 투구를 수행하려고 하는 시점까지는 타자가 타임아웃을 부를 수 있다.

투수가 세트 포지션이나 와인드업 포지션으로 들어간 후에는 타자가 타임아웃 허가를 받을 수 없다.

타자석

개요: 타자석은 홈 플레이트 옆에 흰 초크 선으로 표시한 구역이다. 타자는 그 박스 안에 서서 타격해야 한다. 타자의 발이 정확히 어디에 있어야 하는지는 타자가 투구를 기다리는 중인지, 배트를 휘두르는 중인지, 또는 공을 치고 나서 달리는 중인지에 따라 다르다.

타자석

홈 플레이트 양 옆의 똑같이 생긴 2개의 박스가 타자석이다. 각각 우타자용과 좌타자용이다.

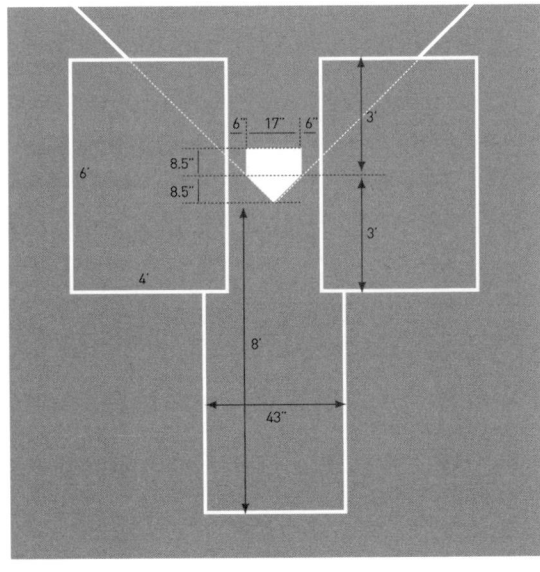

규격

4×6피트 넓이의 타자석은 타자가 풀 스윙 동작을 하기에 충분한 공간이다. 뒤쪽의 포수와 심판에게 배정된 구역은 타자가 스윙하는 동안 포수를 배트로 맞히지 않을 만큼 떨어져 있다.

참고: 타자석은 실제로 초크 선 바깥쪽 가장자리까지로 규정된다. 어떤 야구장에서는 홈 플레이트 쪽 변을 그리지 않는다.

* 1'(피트) = 0.3048m
1"(인치) = 2.54cm

타자석 | 기다리고, 스윙하고, 달리기

타격은 세 가지 기본 단계로 이루어진다. 투구를 기다리고, 공에 배트를 휘두르고, 공을 쳤다면 달리는 것이다. 각 단계마다 타자의 발의 위치를 알아보자.

투구를 기다릴 때

투수가 투구를 던지기 전에 타자는 완전히 타석 안에 서 있어야 한다. 발이 흰 초크 선에 닿아도 되지만 가장자리 밖으로 넘어가서는 안 된다.

벌칙: 타자에게 정상적인 위치로 바꾸라고 경고한다. 타자가 잘못된 위치에 있는 동안 공을 건드리면 아웃된다.

정상: 발이 선을 밟고 있지만 바깥으로 나가지는 않았다.

반칙: 발이 선 가장자리를 넘어간 상태다.

공에 스윙할 때

스윙하면서 공을 치는 동안 타자의 발이 선 바깥으로 일부 넘어가도 되지만 선을 밟고는 있어야 한다. 발을 완전히 선 바깥으로 내놓으면 안 된다.

벌칙: 한 발이 타자석 밖으로 완전히 나간 상태에서 공에 배트를 대면 타자는 아웃되고 볼 데드가 된다.

정상: 발의 일부분이라도 타자석 안에 있거나 선을 밟고 있어야 한다.

반칙: 한 발이 완전히 선 바깥으로, 즉 타자석 밖으로 나가 있다.

달리다가 타구에 맞은 경우

타자가 타자석을 떠나는 참에 타구가 타자에게 맞은 경우, 심판은 공이 타자에게 맞았을 당시 양발의 위치에 따라 판정을 내린다.

파울: 적어도 한 발은 타자석 안을 딛고 있을 때 타자가 자신의 타구에 맞았다면, 파울이 선언되고 볼 데드가 된다.

아웃: 두 발이 타자석을 벗어나거나, 한 발은 공중에, 다른 발은 타자석 밖에 있을 때 타자가 자신의 타구에 맞으면, 타자는 아웃되고 볼 데드가 된다.

출루

개요 : 타자는 (아웃될 위험을 안고) 주자가 되거나, 안전진루권을 얻어서 출루한다. 타자가 주루를 하게 되는 방법은 두 가지이며, 안전진루권을 얻어 걸어서 나가게 되는 방법은 18가지이다.

출루 | 타자가 주자가 되는 방법

1 타자가 공을 쳐서 페어 지역으로 보냈다. 타구가 야수에게 잡히기 전에 페어 지역에 떨어지면, 타자는 주자가 되어 1루로 달려야 한다.

2 포수가 세 번째 스트라이크를 떨어뜨리거나 놓쳤다. 특정 상황에서, 세 번째 스트라이크로 들어온 투구를 타자가 전혀 건드리지 않았는데 이 공을 포수가 놓치면, 타자는 주자가 되어 1루로 달려야 한다.(101쪽 참조)

출루 | 타자가 1루까지 안전진루를 하는 방법

1 투수가 볼 4개를 던졌다. 투수가 볼을 4개 던지면, 타자는 볼넷('베이스 온 볼스'라고도 한다.)을 얻어 아웃될 염려 없이 1루로 출루한다.

2 타자가 투구에 맞았다. 투구를 몸에 맞은 타자는 1루에 출루한다. 공은 데드 볼이 되고, 설령 공이 타자 몸에 맞고 튀어나가 포수가 잡을 수 없게 되더라도 다른 주자들은 포스 상태가 아니면 진루할 수 없다.

주의 : 이 경우에 안전진루권을 얻으려면 세 가지 조건이 맞아야 한다.
a. 투구가 스트라이크 존에서 벗어났어야 한다.
b. 타자가 공에 스윙하지 않았어야 한다.
c. 타자가 공을 피하려고 했어야 한다.
'히트 바이 피치'에 관한 자세한 내용은 111쪽을 참조하라.

3 포수가 타자를 방해했다. 타자가 투구를 치려고 했는데 포수가 타자를 방해했다면, 타자는 자동으로 1루에 나간다.

4 세 번째 스트라이크 투구가 플레이 할 수 없는 곳으로 들어가버렸다. 세 번째 스트라이크 공이 포수에게 잡히지 않고 포수나 심판의 마스크에 박히거나 더그아웃으로 들어가거나 구장 바깥으로 나가버리면, 타자는 1루에 출루하게 된다.

5 심판이나 주자가 타구에 맞았다. 페어 타구가 야수에게 닿기 전에 심판에게 닿았다면 타자는 1루로 출루한다. 야수에게 닿기 전에 주자에게 닿았어도 같은 규칙이 적용되지만 이때는 타자가 1루로 출루하는 반면 주자는 아웃된다. 설령 주자가 공에 맞았을 때 베이스를 터치하고 있었어도 이 판정은 변함없다.

참고 : 공이 야수에게 닿은 후에 심판이나 주자를 건드렸다면, 그냥 인 플레이 상태가 된다.

6 야수가 타자주자를 방해했다. 공을 지니지 않은 야수는 타자주자(또는 다른 주자)의 진로를 막거나 베이스 터치를 빼먹게 만들어서는 안 된다. 이런 일이 일어나면 해당 야수는 주루방해 판정을 받으며, 타자주자(또는 영향을 받은 주자)는 진루한 것으로 간주한다.

7 야수가 투구를 모자로 건드렸다. 야수가 모자, 마스크, 유니폼이나 장비로 투구를 고의로 건드리면, 타자와 모든 주자가 한 베이스씩 진루한다. 공은 계속 인 플레이 상황에 있게 된다.

출루 | 타자가 2루까지 안전진루를 하는 방법

8 야수가 송구된 공을 멈추려고 글러브를 던졌다. 야수가 글러브나 모자, 장비를 던져서 송구된 공을 고의로 맞히면, 타자와 모든 주자가 두 베이스씩 진루한다. 공은 계속 인플레이 상황에 있게 된다.

9 야수가 송구된 공을 잡으려고 모자를 사용했다. 야수가 송구된 공을 잡으려고 손이나 글러브가 아닌 것, 즉 모자나 유니폼 같은 것으로 공을 건드렸다면, 모든 주자들이 두 베이스씩 진루한다. 공은 계속 인플레이 상황에 있게 된다.

출루 | '그라운드 룰 더블'에 따른 2루 안전진루

페어 볼이 플레이할 수 없는 곳으로 나가면, 심판은 볼 데드를 선언하고 모든 주자(타자 포함)에게 두 베이스씩 진루하라고 판정한다. 이 규칙은 수비팀에게 더 유리하다. 주자가 더 나아갈 수 있는데도 진루하는 베이스의 수를 제한하기 때문이다.

보기 : 그라운드 룰 더블

10 페어 볼이 바운드되고 나서 외야 담장을 넘어갔다.

11 페어 볼이 플레이할 수 없는 곳으로 빠져버렸다. 관중석이나 더그아웃 같은 플레이할 수 없는 곳으로 나갔다.

12 페어 볼이 어디엔가 박혔다. 또는 담장을 뚫고 나가거나 담장 밑으로 빠져나가거나 펜스나 덩굴에 박혔다.

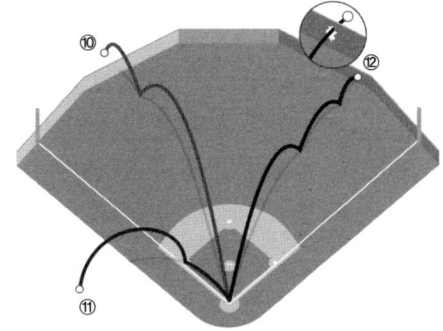

13 페어 볼을 굴절시켜 나가게 했다. 땅에 맞고 난 공을 야수가 건드렸는데, 공이 외야 담장을 넘어가거나 플레이할 수 없는 구역으로 벗어났다.

14 페어 볼을 차거나 방향을 바꾸어 관중석이나 더그아웃으로 들어가버리게 했다. 파울 지역으로 벗어났으면, 공이 땅에 먼저 닿았건 말았건 그라운드 룰 더블이 된다.

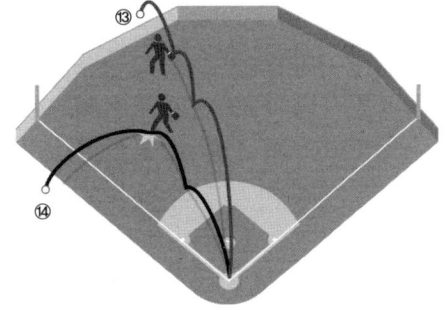

> **Note** 페어 지역의 외야 담장이 홈 플레이트에서 250피트 (76.20m) 이내에 있는 야구장이라면, 그 담장을 넘어간 타구는 플라이 볼이든 바운드된 공이든 야수가 건드리고 난 공이든 모두 홈런이 아니라 그라운드 룰 더블이 된다.

출루 | 타자가 3루까지 안전진루를 하는 방법

15 야수가 타구를 멈추려고 글러브를 던졌다. 야수가 글러브, 모자 등의 장비를 던져서 타구를 맞혔다면, 모든 주자(타자주자 포함)가 세 베이스씩 진루한다. 공은 계속 인 플레이 상황에 있게 된다.

16 야수가 모자로 타구를 잡으려고 했다. 야수가 손이나 글러브가 아닌 것, 즉 모자나 셔츠 같은 것으로 타구를 잡으려고 했다면, 이 플레이가 끝나고 나서 타자와 모든 주자가 세 베이스씩 진루한다.

참고: 비록 이 두 가지는 야수의 불미스러운 행동이지만, 공을 실제로 건드리지만 않으면 안전진루를 비롯한 어떤 보상이나 벌칙도 나오지 않는다.

출루 | 타자가 홈까지 안전진루를 하는 방법

17 타자가 홈런을 쳤다. 타구가 왼쪽과 오른쪽 파울 폴 사이에 있는 외야 담장을 넘어가면 홈런이 된다. 파울 폴에 맞은 타구는 페어로 간주되어 역시 홈런이 된다.

18 야수를 맞고 나간 홈런. 땅에 닿지 않은 페어 볼이 야수에게 맞고 튀어 올라 페어 지역의 외야 펜스를 넘어가면 홈런이 된다.

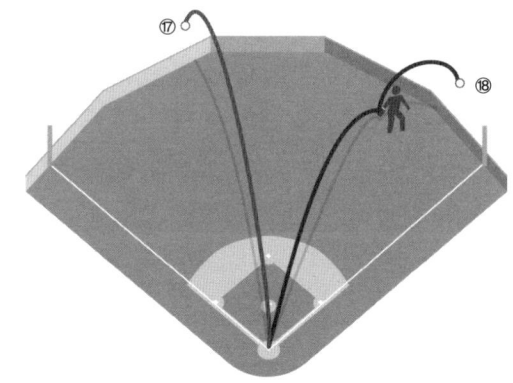

히트 바이 피치

투구를 몸에 맞은 타자는 1루에 출루한다. 공은 데드 볼이 되고, 설령 공이 타자 몸에 맞고 튀어나가 포수가 잡을 수 없게 되더라도 다른 주자들은 포스 상태가 아니면 진루할 수 없다.

주의 : 이 경우에 안전진루권을 얻으려면 세 가지 조건이 맞아야 한다.

a. 투구가 스트라이크 존에서 벗어났어야 한다. 투구가 스트라이크 존 안에 들어오면 타자는 공의 궤도에서 비켜나야 한다. 스트라이크를 몸에 맞은 타자는 출루할 수 없으며, 이 투구는 스트라이크로 판정된다.

b. 타자가 공에 스윙하지 않았어야 한다. 타자가 투구에 스윙하는 동안 맞았다면 출루할 수 없다. 이 투구는 타자가 공을 맞히지 못하고 헛스윙했을 때와 마찬가지로 스트라이크로 판정된다.

c. 타자가 공을 피하려고 했어야 한다. 심판이 판단하기에 타자가 날아오는 투구를 피하려고 하지 않았다면 출루할 수 없다. 투구는 평상시대로 스트라이크 또는 볼로 판정된다.

아웃

개요 : 타격을 마친 타자의 운명은 두 가지로 나뉜다. 베이스에서 세이프되거나 아웃된다.

아웃 | 타자가 아웃되는 방법

1 플라이 볼이 잡혔다. 페어 지역에서든 파울 지역에서든 공이 땅에 닿기 전에 잡히면 아웃된다.

2 스트라이크 3개를 받았다. 세 번째 스트라이크를 받는 즉시 타자는 아웃된다.(포수가 공을 떨어뜨리지 않는 이상—101쪽 참조)

3 야수가 1루를 태그했다. 공을 친 타자는 1루로 달려야 한다. 타자가 1루에 도달하기 전에 공을 가진 야수가 1루를 태그하면 타자는 아웃된다.

4 야수가 타자를 태그했다. 공을 치고 난 타자주자가 베이스에 도달하기 전에 공을 쥔 야수가 타자주자의 몸을 태그하면 아웃된다.

5 투 스트라이크에서 댄 번트가 파울이 되었다. 투 스트라이크가 이미 있는 상태에서 댄 번트 타구가 파울이 되면 세 번째 스트라이크로 카운트되어 타자는 아웃된다.(94쪽)

6 인필드 플라이가 선언되었다. 공이 아직 공중에 있는 상태에서 타자가 자동으로 아웃된다.(손쉬운 더블 플레이를 막는 규칙—160쪽)

7 야수가 고의로 플라이 볼을 떨어뜨렸다. 야수가 더블 플레이를 쉽게 잡으려고 고의로 공을 건드렸다가 떨어뜨렸다고 심판이 판단하면, 타자는 아웃되고 공은 데드 볼이 된다. (160쪽)

8 타구가 타자에게 닿았다. 페어 볼이 야수에게 닿기 전에 타자에게 맞았다면, 타자는 아웃 판정을 받는다.

9 타자가 타구의 경로를 바꾸어놓았다. 타자가 가령 헬멧을 던진다든가 하여 타구의 경로를 고의로 바꾸면 아웃된다.

10 배트로 공을 두 번 때렸다. 타자가 공을 두 번 치면(가령 공을 치고 나서 배트를 놓다가 페어 지역에 있는 공을 다시 치면) 아웃된다.

예외: 두 번째로 친 상황이 타자로서는 어쩔 수 없는 것이었다면 파울이 선언된다.

11 타자가 주로를 벗어나 달렸다. 1루까지 가는 길의 반을 지나고 야수들이 1루에서 수비를 펼치려고 할 때, 타자는 파울라인의 왼쪽을 밟아서는 안 되며 파울라인 오른쪽으로 3피트(91.4cm) 이상 벗어나서는 안 된다. 야수나 플레이를 방해하지 않으려고 타자가 주로를 벗어난 경우는 예외로 친다. (114, 138쪽)

12 세 번째 스트라이크를 포수가 떨어뜨렸는데 타자가 배팅 구역을 떠났다. '세 번째 스트라이크 규칙' 상황이 되었음을 깨닫지 못하여 1루로 달려가지 않고 나가버리면 아웃된다.

13 타자가 타자석 바깥을 디뎠다. 타자가 한 발이나 두 발을 타자석 바깥으로 내놓고 공을 치면 아웃된다. (107쪽)

14 타자가 오른쪽과 왼쪽 타자석을 바꾸었다. 투수가 투구 자세에 있는 동안 타자가 홈 플레이트 양쪽 자리를 바꿔서 건너가면 아웃된다. (210쪽)

15 타자가 포수를 방해했다. 타자가 타자석에서 벗어나 포수를 고의로 방해하면 아웃이 선언된다. (112쪽)

16 조작한 배트가 발각되었다. 타자가 반칙 배트를 사용한다고 심판이 판단하면 아웃을 선언한다. (103쪽)

17 타자가 타자석에 들어서기를 거부했다. 투 스트라이크 상황이라면 세 번째 스트라이크가 자동으로 선언 되어 아웃된다.

팀 동료의 행위에 따른 아웃
18 주자가 야수를 방해했다. 주자가 더블 플레이를 시도하려는 야수를 고 의로 방해했다면, 타자는 설령 이 수 비방해에 연루되지 않았더라도 아웃된다. (145쪽)

타자의 수비방해

개요: 수비방해란 타자나 주자가 수비하는 야수에게 훼방을 놓는 행위를 말한다. 대다수의 경우, 심판이 이 판정을 내리려면 고의적인 행위였다고 판단해야 한다.

수비방해 | 타자의 수비방해 종류

포수에 대한 방해 공을 받거나 던지려는 포수를 타자석에서 벗어나 고의로 방해한 타자에게는 수비방해로 아웃이 선언된다. 타자석 안에 있는 동안에는 방해를 해도 괜찮다는 말이 아니다. 하지만 타자와 포수 사이는 어느 정도 떨어져 있으므로, 타자가 타자석 안에 있으면서도 포수를 방해할 수 있었다면 이는 포수가 홈 플레이트에 너무 가까이 있었기 때문일 것이다.

> **Example** 도루하는 주자를 아웃시키기 위해 포수가 베이스로 공을 던지려 할 때 타자가 가로막으면 수비방해가 선언된다.
>
> **벌칙**: 수비방해가 선언되면 타자는 아웃되고 공은 데드 볼이 된다. 그러므로 어떤 주자도 진루할 수 없다.

● **파울 플라이 볼** ●

파울 플라이 볼을 잡으려고 하던 포수를 방해한 타자는 아웃된다.

스윙 중에 포수를 친 경우

타자가 스윙 중에 의도치 않게 포수를 치거나 행동에 지장을 준 경우 수비방해로 간주하지 않는다. 타자가 타자석 안에 머물러 있는 한, 투구는 (설령 배트가 완전히 돌아가고 백스윙 중에 공을 맞혔다고 해도) 그저 스트라이크로 판정된다.

포수가 배트에 맞고서도 플레이를 완수했다면 그 플레이는 유효하다. 그러지 못했다면 '타임'이 선언되고 주자들은 원래 있던 베이스로 돌아간다.

이것은 타자가 주자를 도우려고 포수를 방해하는 행위를 방지한다. 타임이 선언되었으므로, 그 플레이 도중 도루하려던 주자는 타자의 행위로 이득을 볼 수 없는 것이다. 주자는 원래 베이스로 돌아와야 한다.

배트나 장비를 던진 경우

스윙하던 중 손에서 빠져 페어 지역으로 날아간 온전한(부러지지 않은) 배트가 야수를 맞히거나 방해하면, 타자에게 수비방해를 선언한다.

또한 타자가 헬멧이나 다른 장비를 타구나 송구의 경로에 던지거나(공에 맞든 말든), 또는 수비를 방해하려는 의도로 야수에게 던지는 것도 수비방해가 된다.

부러진 배트의 조각이 공이나 야수에게 맞는 경우에는 타자에게 수비방해 판정을 내리지 않는다. 이 일은 의도치 않게 일어난 것이기 때문이다. 공은 그대로 인플레이 상황에 있게 된다.

주로에서 벗어나 달린 경우

타자가 공을 때린 후에 1루에서 수비가 펼쳐지고 있는 경우, 홈에서 1루 사이의 거리를 반 이상 달린 타자는 파울라인의 왼쪽을 밟거나 파울라인 오른쪽 3피트(91.4cm)를 넘어가서는 안 된다. 파울라인을 밟는 것은 괜찮다.

심판이 판단하기에 타자가 이 경계를 벗어났으며 그럼으로써 야수의 수비를 방해했다면, 수비방해로 타자에게 아웃을 선언한다.

예외: 타자주자가 야수의 수비를 방해하지 않으려고 이 경계선 바깥을 밟은 경우에는 괜찮다.

포수나 야수가 수비에 성공한 경우

포수나 다른 야수의 수비를 타자가 방해했지만 타자의 행위에도 불구하고 다른 주자가 그 플레이에서 아웃되었다면, 수비방해는 무시되고 타자는 아웃되지 않는다.

> **Example** 주자가 2루 도루를 감행했다. 그 주자를 아웃시키려고 공을 던지던 포수를 타자가 방해했다. 그럼에도 포수가 송구를 해서 주자를 아웃시켰다면, 포수에 대한 타자의 방해는 무효가 된다.

● 주자의 수비방해 때문에 타자와 주자 모두 아웃되기도 한다 ●

타격 후에 타자나 송구를 처리하려던 야수를 이미 베이스에 나가 있던 주자가 고의로 방해했다면, 타자와 그 주자 모두에게 아웃이 선언된다.

이 투 아웃 벌칙은 주자가 더블 플레이를 방해하지 못하도록 정해놓은 것이다.

보기 1: 타자가 번트를 댔는데 1루주자가 야수의 수비를 고의로 방해했다. 공은 데드 볼이 되고, 타자주자와 홈에 가장 가까이 있던 주자가 아웃된다.

참고: 투 아웃 상황에서 3루주자가 득점을 하려던 중에 타자가 수비방해를 하면, 타자(주자가 아니라)에게 아웃이 선언된다.

보기 2: 더블 플레이가 가능한 상황에서, 1루주자가 2루수를 향해 슬라이딩하며 2루수가 1루에 제때 송구하여 타자주자를 아웃시키지 못하도록 막았다.

주자는 이런 동작을 빈번하게 하고 심판도 꽤 많이 봐준다. 하지만 이 행위가 너무 노골적이면 타자와 주자 둘 다에게 아웃이 선언된다.

수비팀의 타격방해

타자에 대한 포수의 타격방해 포수(또는 다른 야수)가 스윙하는 타자를 어떤 식으로든 방해했다고 심판이 판단하면, 해당 포수나 야수에게 타격방해를 선언한다.

타격방해에도 불구하고 타자가 공을 쳤다면 그 팀의 감독은 결과가 나올 때까지 기다린다.

> **참고 1**: 공격팀 감독은 오히려 타격방해 판정을 거부함으로써 자기 팀에 유리하도록 할 수도 있다. 안전진루권을 얻어 출루할 것인지, 완료된 플레이의 결과를 받아들일지는 감독의 선택에 달려 있다.
>
> **벌칙**: 타격방해가 선언되면 타자는 1루로 출루한다. 공은 데드 볼이 되며, 진루할 수밖에 없게 된 주자나 도루하고 있던 주자도 진루한다.
>
> **보기**: 3루에 주자가 있고 원 아웃인 상황에서 타자가 공을 쳤지만, 스윙할 때 포수가 타자를 방해했다. 타자는 1루 송구로 아웃되었지만 3루주자가 홈으로 들어와 득점했다. 이때 감독이 타격방해 판정을 받아들이면, 타자는 1루로 출루하지만 주자는 3루로 돌아가게 된다. 타격방해 판정을 거부하면 타자는 아웃되지만 3루주자는 득점을 올리게 된다.
>
> **참고 2**: 타격방해가 일어났지만 타자가 무사히 1루에 나가고 다른 주자들도 모두 한 베이스 이상 진루했다면, 방해는 자동으로 무시된다. 왜냐하면 그런 판정이 아무 효과도 없기 때문이다.

타순

개요: 양 팀 감독은 9명의 선수가 타석에 나올 순서를 결정한다. 이를 '타순'('라인업'이라고도 한다)이라고 한다. 이 항목에서는 타순, 그리고 타순에 어긋난 타자가 타석에 들어서면 어떤 일이 일어나는지 알아본다.

타순 | 타순표 제출

감독은 경기가 시작되기 전에 반드시 심판에게 타순표를 제출해야 한다.

타순은 경기 시작 전에 결정한다

선수들은 타순표의 순서대로 타석에 들어서야 한다. 경기시작 5분 전에 홈팀 감독은 똑같은 내용의 타순표 2통을 주심에게 건넨다. 그런 다음 원정팀 감독도 타순표 2통을 건넨다. 주심은 각 팀의 타순표 한 쌍이 정말 똑같은지 확인한다. 그러고는 양 감독에게 상대팀의 타순표 1통씩을 전해주고, 자기도 양 팀의 타순표를 1통씩 가진다. 이 시점에서 타순은 공식적인 것이 되어 순서를 바꿀 수 없다.

경기 시작

원정팀이 먼저 공격에 나서며, 원정팀 타순의 첫 선수가 타석에 들어선다. 그러면서 심판이 '플레이'를 선언하여 경기를 개시한다. 마찬가지로 홈팀에서도 타순의 첫 선수가 첫 타자가 된다.

각 이닝이 시작될 때 첫 번째로 나오는 타자는 전 이닝에서 마지막으로 타석을 마친 선수 다음에 이름이 올라 있는 선수가 된다.

교체

경기 중 교체선수가 어떤 선수를 대신하게 되면, 교체선수는 그 타자의 타순에서 타석에 들어서야 한다.

타순표의 오류는 즉시 바로잡아야 한다

심판에게 건넨 타순표에 부주의로 인한 명백한 오류가 있는 경우에는 그 팀에게 책임을 묻지 않는다. 타순표에 9명 미만의 선수가 들어 있거나 똑같은 이름이 2개 올랐는데 누구인지 구별할 수 없으면, 그런 실수는 심판이 '플레이'를 선언하기 전에 바로잡기만 하면 된다. 이런 문제를 경기가 시작된 다음 발견했다면 그때 바로잡아야 한다. (타순표 제출에 대한 자세한 내용은 35쪽 참조)

타순 | 타순에 어긋난 부정위타자

타순에 맞지 않게 타석에 들어선 타자는 '부정위타자'로 간주한다. 하지만 심판은 타순에 어긋난 타자가 나왔음을 알아채더라도 스스로 나서서 위반을 선언하면 안 된다. 심판은 양 팀의 선수나 감독이 어떤 조치를 취할 때까지 기다려야 한다.

어떤 처분을 내릴지는, 이 위반을 공격팀에서 바로잡는지 또는 수비팀이 어필하여 심판에게 일러주는지에 달려 있다.

타순 | 부정위타자를 처리하는 세 가지 방법

부정위타자 문제는 공격팀이 밝힐 수도 있고, 수비팀이 어필을 통해 알릴 수도 있다. 이 문제를 언제 심판에게 알렸는지에 따라 취할 조치가 달라진다.

1 부정위타자가 타석을 마치기 전.
2 부정위타자가 타석을 마친 후.
3 그다음 타자에게 첫 투구를 던진 후 또는 다른 플레이가 이루어진 후.

각 상황의 결과는 다음과 같다

1 부정위타자가 타석을 마치기 전.
부정위타자가 아직 타석에 있는 동안 수비팀이 어필하거나 공격팀이 실수를 바로잡으면 벌칙은 없다. 타순상 제대로 된 타자가 부정위타자와 바꾸어 타석에 들어서기만 하면 된다. 플레이는 남아 있는 상태 그대로 재개되며, 부정위타자가 남겨놓고 간 스트라이크와 볼은 정위타자의 볼 카운트에 반영된다.

2 부정위타자가 타석을 마친 후.
수비팀은 부정위타자가 타석을 마치고 난 후에도 어필을 할 수 있다. 하지만 또 다른 플레이가 펼쳐지거나 다음 타자에게 첫 투구가 이루어지기 전에 해야 한다. 이 어필에 따라, 자기 타순을 놓친 타자(부정위타자가 아니라)에게 타순을 위반한 이유로 아웃이 선언된다. 부정위타자의 행위에 따라 이루어진 플레이나 진루는 무효가 된다. 그때 이루어진 아웃은 카운트되지 않으며, 부정위타자가 타격을 하지 않았다면 진루하지 못했을 주자들도 원래 자리로 되돌아온다. 그리고 그다음 정위타자가 타석에 들어선다.(그러므로 방금 전 들어섰던 부정위타자가 나오는 경우도 생길 수 있다.)
부정위타자의 타격 행위와 관계없는 진루나 플레이, 가령 도루, 보크나 폭투에 따른 주자의 진루는 유효하다. 다음에서 이러한 사례를 몇 가지 살펴볼 것이다.

3 그다음 타자에게 첫 투구를 던진 후 또는 다른 플레이가 이루어진 후. 다음 타자에게 첫 투구나 어떤 플레이가 이루어지고 나서 수비팀이 심판에게 타순 위반에 대해 어필하면, 그때는 이미 늦어서 어떤 조치도 취할 수 없다. 플레이가 한 번 이루어지고 나면, '부정위타자'는 '정위타자'가 되며, 경기는 마치 아무런 실수도 일어나지 않았다는 듯 계속된다. 부정위타자가 타석에 들어선 결과 일어난 어떤 일(안타, 아웃, 득점 등)도 이제는 정상적인 플레이로 간주한다. 부정위타자의 타석이 이제 인정되었기 때문에, 타순은 라인업상에서 부정위타자 다음에 있는 타자로 넘어간다. 다시 말해, 다음 정위타자는 타순을 위반한 타자 다음에 이름이 올라 있는 선수이다. 타석을 생략하고 넘어간 타자는 그저 자기 타석을 한 번 놓친 셈이다.

타순 | 부정위타자의 사례

보기 1 : 부정위타자

타순표상으로는 타자 1이 들어설 차례인데, 그 자리에 그다음 타순인 타자 2가 나와서 2루타를 친다.

타자 3이 타석에 들어서서 첫 투구를 기다린다.

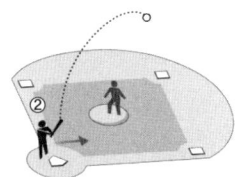 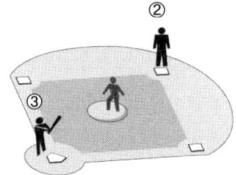

어필을 하면…

1 다음 투구 또는 플레이 전
- 타자 1은 자기 타석을 놓친 타자이므로 아웃이 선언된다.
- 타자 2는 부정위타자이기 때문에 그가 친 안타는 무효가 된다.
- 타자 2는 타순상 원래 타자 1 다음에 나올 선수이므로 이번에는 정위타자로 타석에 들어선다.

2 타자 3에게 다음 투구가 이루어진 후 또는 플레이가 일어난 후
- 타자 3에게 투구가 이루어지는 순간 부정위타자로 안타를 쳤던 타자 2는 이제 정위타자가 된다. 이에 따라 타자 3도 정위타자이다. 타자 1은 자기 차례를 빼먹은 셈이다.
- 타자 2는 2루에 머문다.

보기 2 : 부정위타자

타자 1이 3루에, 타자 3이 1루에 있으며, 타자 4가 나올 차례에 그다음 타순인 타자 5가 나온다.

타자 5가 타석에 있는데 폭투가 나와 3루에 있던 타자 1이 득점하고 타자 3이 2루로 진루한다.

타자 5가 땅볼 아웃을 당하며 타자 3을 3루로 보낸다.

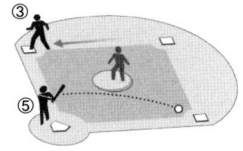

어필을 하면…

1 다음 투구 또는 플레이 전
- 타자 1의 득점과 타자 3의 2루 진루는 유효하다. 부정위타자의 플레이가 아니라 수비 실책(폭투)에 따른 결과이기 때문이다.
- 하지만 타자 5가 땅볼을 쳤을 때 3루로 간 타자 3은 2루로 되돌아와야 한다. 부정위타자의 타격에 따른 진루이기 때문이다.
- 타자 4는 자기 타석을 빼먹었으므로 아웃이 선언된다. 타자 5의 땅볼 아웃은 무효가 된다.
- 타자 5는 이제 정위타자가 되며, 새로이 타격을 하기 위해 타석에 다시 들어선다.

2 타자 6에게 다음 투구가 이루어진 후 또는 플레이가 일어난 후
- 타자 1의 득점은 인정된다.
- 타자 3은 3루에 그대로 머문다.
- 타자 5의 타석은 정위로 인정된다.(땅볼 아웃이 되었다.)
- 타자 6은 정위타자이다.

● 정위타자가 이미 출루해 있는 경우 ●

여러 명의 부정위타자가 잇달아 나온다면, 어필을 할 당시 다음 정위타자가 루상에 이미 나가 있는 경우에 맞닥뜨릴 수도 있다. 이런 경우에는 타석에 설 수 있는 다음 타자에게 타순이 넘어간다.

지명타자

개요 : 지명타자 제도를 이용하면 수비를 하지 않는 선수가 투수 대신 타석에 들어서게 된다. 이 제도는 아메리칸리그에서 채택하고 있으나, 내셔널리그에서는 받아들이지 않는다.

역사

최초의 지명타자(designated hitter, DH)는 1973년 뉴욕 양키스에서 기용했다. 이 규칙은 야구경기를 더욱 활기차게 만들고자 도입한 것으로, 초창기부터 논란이 되어왔다.

반대하는 이들은 지명타자 제도 때문에 복잡다단한 전략이 사라져버린 야구경기는 흥미진진하지 않다고 생각한다. 그리고 나이 든 장타자들이 몇 점 더 뽑아내는 장면을 즐기고 싶다면 차라리 다른 스포츠, 가령 조그만 실내 구장에서 벌어지는 실내미식축구나 보는 것이 어떻겠느냐고 비꼰다.

하지만 아메리칸리그의 감독이 꼭 지명타자를 써야 하는 것은 아니다. 그럼에도 보통은 팀의 공격력 강화를 위해 지명타자를 기용한다. 지명타자를 기용하려는 감독은 경기가 시작될 때 그 타자의 이름을 타순표에 넣어야 한다.

규칙

지명타자는 경기 내내 선발투수와 모든 교체투수를 대신하여 타석에 들어선다. 수비에는 참여하지 않는다. 타순표에 이름이 오른 지명타자는 상대팀이 투수를 바꾸지 않는 이상 경기에서 적어도 한 번은 타석에 들어서야 한다.

경기 도중 감독은 지명타자를 대타자로 교체할 수 있으나, 지명타자는 적어도 한 번은 타석에 나서야 한다. 대타자로 바뀌고 난 지명타자는 이 경기에서 어떤 포지션에서도 뛸 수 없다. 마찬가지로 지

> **지명타자도 수비를 볼 수 있는가**
>
> 지명타자도 경기 도중 다른 야수를 대신하여 수비 포지션에 들어갈 수 있다. 하지만 그러면 교체되어 빠진 야수의 타석에 투수가 들어서서 타격해야 한다.

명타자가 대주자로 교체되면, 그 새로운 주자가 지명타자가 된다.

지명타자로 지목된 선수는 타순에서 항상 같은 순서에 나와야 한다. 다중 교체로도 타순에서 지명타자의 순서를 바꿀 수는 없다.

> **● 대타자 ●**
>
> 지명타자가 투수 대신 타격을 하기는 하지만, 대타자와 혼동해서는 안 된다. 지명타자는 경기 시작 때부터 라인업에 속한다. 대타자는 다른 선수의 타순에 대신 들어서는 교체선수이다. 그가 대신한 선수는 교체된 것으로 간주되어 경기에서 빠진다.

07
주루

주자의 목표는 베이스를 돌아 진루하다가 마침내 홈 플레이트에 도착하여 득점을 올리는 것이다. 무척 간단해 보이지만, 주자가 베이스를 도는 길에서는 갖가지 일이 일어난다. 이 장에서는 포스 플레이, 주루방해, 베이스를 놓치고 지나가는 경우 등을 비롯하여 주루와 관련된 규칙을 살펴본다.

주자에 대한 기본 상식
주자가 가는 주로를 둘러본다.
page 124

주자가 아웃되는 12가지 방법
주자의 임무는 이 모든 경우를 피하는 것이다.
page 125

포스 플레이
어떤 경우에는 주자가 어쩔 수 없이 다음 베이스로 진루해야 한다. 이 항목에서는 포스 상황이 언제 발생하는지 살펴본다.
page 126

주루 실수
이 항목에서는 다음과 같은 주자의 실수를 알아본다.
- 베이스를 놓치고 지나는 경우.
- 태그 업을 하지 못하는 경우.
- 베이스를 포기하는 경우.
- 1루를 오버런하는 경우.
- 다른 주자를 앞지르거나 같은 베이스를 공유하는 경우.

page 130

태그 업
플라이 볼이 잡혀 아웃되더라도 주자는 뛸 수 있다. 다만 타구가 야수의 글러브에 닿을 때까지 기다려야 한다.
page 135

투 아웃 상황에서의 득점
세 번째 아웃이 이루어진 플레이 도중 올린 득점은 상황에 따라 인정되지 않을 수도 있다.
page 137

베이스라인을 벗어난 주루
베이스라인 바깥을 달리는 것이 규칙에 어긋나지는 않는다. 하지만 태그를 피하거나 수비를 방해하려고 그랬다면 이야기가 달라진다.
page 138

타구에 맞은 주자나 심판
타구가 주자나 심판에게 닿은 경우에 대한 규칙을 설명한다.
page 140

수비방해와 주루방해
수비방해는 대개 주자가 야수의 길에 거치적거리는 경우를 일컫는다. 주루방해는 야수가 주자의 길에 거치적거리는 것이다. 이 항목에서는 둘 사이의 차이를 알아보고 어떤 선수가 우선권을 가지는지 설명한다.
page 143

주자의 수비방해
수비방해가 선언되면 주자는 아웃된다. 어떤 경우에는 타자까지 아웃된다.
page 145

주루방해
주자가 방해를 받으면, 심판은 그 방해가 어떤 영향을 미쳤는지 가늠하여 그에 따라 안전진루권을 준다.
page 148

주자에 대한 기본 상식

개요: 주자의 목표는 한 베이스에서 다음 베이스까지 아웃되지 않고 가는 것이다. 베이스 주로의 규격을 아래에 그려놓았다.

주로의 너비는 6피트(1.829m)이며, 베이스와 베이스 사이의 거리는 90피트(27.43m)이다. 1루와 3루 바로 바깥에는 주루코치석이 있다. 주루코치는 플레이를 방해하지 않는 선에서 주자와 타자에게 사인을 보낼 수 있다.

베이스 주로의 규격

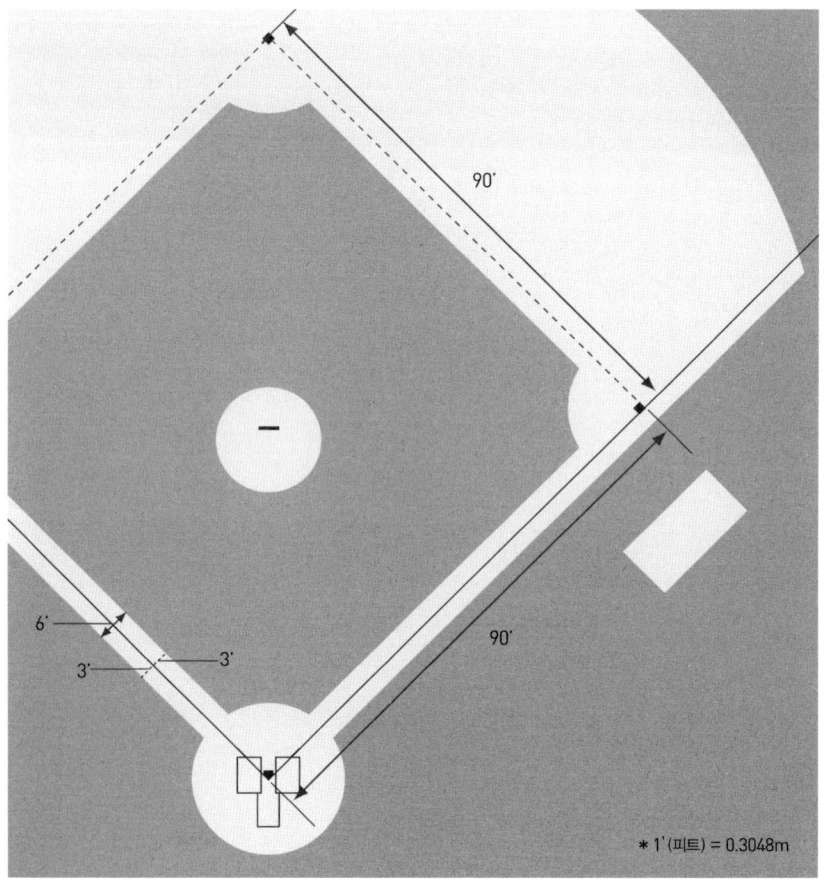

주자가 아웃되는 12가지 방법

개요: 일단 무사히 출루한 타자는 주자가 된다. 주자가 아웃되는 12가지 경우를 알아본다.

1 야수에게 태그 아웃되었다. 인 플레이 상황에서 베이스를 터치하고 있지 않는 주자를 야수가 공으로 태그하면 아웃이 된다.

2 포스 플레이에서 야수가 베이스를 태그했다. 반드시 진루해야 하는 포스 상태에 있는 주자는 몸에 태그를 당하지 않고도 아웃될 수 있다. 이때 공을 가진 야수는 주자가 향하는 베이스를 태그하기만 하면 된다. 126쪽 '포스 플레이'를 참조하라.

3 베이스를 빼먹었다. 주자가 어떤 베이스를 터치하지 않고 다음 베이스로 계속 나아가면, 수비팀은 주자가 지나친 베이스나 주자를 태그하면 된다. 또한 그 플레이가 끝나고 나서 어필을 해도 된다.

4 플라이 볼이 잡히고 나서 '태그 업' 하지 않은 채 진루했다. 주자는 (페어 또는 파울) 타구가 잡혀서 아웃될 때에도 진루할 수 있다. 하지만 공이 잡힌 다음에 자기 베이스를 터치하고 나서 진루를 노려야 한다. 주자가 그러지 않았다고 판단했을 경우, 수비팀은 해당 플레이가 끝나고 나서 어필할 수 있다. 이 어필은 다음 플레이가 시작되기 전에 해야 한다. 135쪽을 참조하라.

5 베이스라인을 벗어나 달렸다. 태그를 당하지 않으려고 주자가 베이스 라인에서 3피트 이상 떨어져 달리면 (수비하는 야수를 방해하지 않으려고 그런 것이 아닌 한) 아웃된다. '베이스 라인'의 정의는 138쪽을 참조하라.

6 다른 주자를 앞질렀다. 자기 앞에 있던 주자를 추월한 주자는 아웃된다.

7 타구에 맞았다. 페어 지역으로 간 타구가 야수를 지나쳐가거나 야수에게 닿기 전에 주자에게 맞으면, 그 주자는 아웃된다. 이런 일이 일어난 뒤의 조치는 다음과 같다.
- 타자는 1루로 출루한다.
- 공은 데드 볼이 된다.
- 포스 상태에 놓여 진루해야만 하지 않는 한, 주자는 득점하거나 진루할 수 없다.

140쪽을 참조하라.
예외: 인필드 플라이가 나온 경우에는 다른 규칙이 적용된다. 160쪽을 참조하라.

8 1루로 즉시 돌아오지 않았다. 주자는 달리거나 슬라이딩을 하다가 1루를 넘어가도 되지만, 다시 1루로 곧장 돌아와야 한다. 그러지 않으면 아웃될 수도 있다. 133쪽 '1루를 오버런하는 경우'를 참조하라.

9 베이스를 포기했다. 주자가 다음 베이스에 도달하려는 시도를 포기한 채 자기 베이스를 떠나면, 심판은 그 주자에게 아웃을 선언한다. 이것은 어필 플레이가 아니다. 이 상황은 실수로 발생하기도 한다. 예를 들어, 자기가 아웃되거나 팀 공격이 끝났다고 잘못 생각한 주자가 베이스에서 걸어 나와 더그아웃으로 향할 수도 있다. 133쪽 '베이스를 포기하는 경우'를 참조하라.

10 송구된 공 또는 야수를 방해했다. 주자는 송구된 공 또는 공으로 플레이하는 야수를 고의로 방해해서는 안 된다. 145쪽 '주자의 수비방해'를 참조하라.

11 타자가 수비방해를 했다. 주자가 득점을 올리려고 하는 도중 홈 플레이트에 있던 타자가 수비를 방해하면, 주자에게 아웃이 선언된다. 147쪽을 참조하라.

12 주루를 역방향으로 했다. 어떤 베이스에 무사히 도달하고 나서 거꾸로 주루하는 주자에게는 아웃이 선언된다. 이 퍽이나 희한한 규칙의 목적은 주자가 야수를 고의로 속이거나 혼란시키는 행위를 방지하는 것이다. 이때 이 행위는 고의적이었어야 하며, 공이 잡혔다고 잘못 생각해서 또는 야수에게 속아서 이전 베이스로 달려간 주자에게는 적용되지 않는다.

포스 플레이: 주자가 진루할 수밖에 없는 경우

개요: 타자가 주자가 되어 1루에 가려고 한다면, 바로 앞의 주자들 또한 진루해야 한다.

포스 플레이 규칙: 보통의 상황이라면 주자는 몸에 태그를 당해야 아웃된다. 하지만 주자가 진루할 수밖에 없는 상황이라면, 주자를 아웃시키려는 야수는 주자가 향하는 베이스를 태그하기만 하면 된다.

포스 플레이가 발생하는 이유   자기 바로 뒤의 타자주자나 주자에게 베이스를 비워주어야 하는 주자는 어쩔 수 없이 달려야 한다.

   포스 상태는 1루에 도달하려는 타자로부터 시작된다. 공을 친 타자는 1루로 진루하는 수밖에 다른 선택권이 없다. 그는 반드시 달려야 한다. 포스 상태에 있는 타자주자를 아웃시키려는 야수는 그저 1루를 태그하기만 해도 된다.

   타자가 공을 쳤을 때 1루에 이미 주자가 있다면, 그 주자 또한 포스 상태의 타자에게 자리를 마련해주기 위해 반드시 진루해야 한다. 마치 도미노와 같이, 포스 상태에 놓인 주자의 바로 앞 베이스를 점한 모든 주자 또한 진루해야 한다.

포스 상태는 주자에게 진루 말고 다른 선택권이 없을 때만 성립한다   가령 2루로 도루하려는 주자는 자기 앞의 주자를 포스 상태로 몰아넣는 것이 아니다. 주자가 도루를 시도하는 것일 뿐 반드시 도루해야 하는 것은 아니기 때문에, 앞에 있는 주자를 포스 상태에 넣을 수 없는 것이다.

보기: 기본적인 포스 플레이 — 포스 더블 플레이

1 1루에 주자가 있다. 타자가 2루로 날카로운 타구를 친다. 타자와 주자 모두 진루해야 한다.

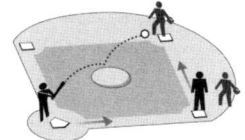

포스 플레이 상황이 된다. 두 주자 모두 반드시 달려야 하고, 둘 중 누구라도 베이스에 도달하기 전에 야수가 그 베이스를 태그하면 아웃된다.

2 2루수가 2루를 태그한다. 그러면 선행주자를 잡을 수 있다.

선행주자가 아웃된다. 타자주자 때문에 달릴 수밖에 없게 된 주자가 베이스에 도달하기 전에 야수가 먼저 그 베이스를 태그하면 그 주자는 아웃된다.

3 2루수가 1루수에게 공을 던진다. 1루수는 타자가 도달하기 전에 1루를 태그한다.

타자가 아웃된다. 포스 상태에 있는 타자는 1루수가 1루를 태그하면 아웃된다. 우리가 흔히 볼 수 있는 이 플레이를 '포스 더블 플레이'라고 한다.

포스 플레이 | 포스 상태가 해제되는 경우

후행주자가 아웃되면 포스 상태는 풀린다 2명 이상의 주자가 포스 상태에 놓이는 경우는 선행주자가 뒤에 오는 주자에게 자리를 마련해주어야 하기 때문에 일어난다. 포스 상태에 있는 주자 바로 뒤의 주자가 아웃되면 포스 상태도 풀린다. 자리를 마련해주어야 할 후행주자가 아웃되어 사라졌으므로, 이제 그 주자는 진루할 필요가 없게 된다.

베이스에 도달하면 포스 상태는 종료된다 2주자가 반드시 가야 했던 베이스에 도달하자마자 포스 상태는 종료된다. 예를 들어, 1루에 무사히 도착한 타자가 2루로 계속 나아간다면, 1루를 통과한 순간 포스 플레이는 끝난다. 타자주자에게는 1루에 남아 있을 선택권이 있으며, 그러므로 2루로 반드시 진루해야 하는 것은 아니기 때문이다.

하지만 같은 주자가 (어떤 이유로든) 1루로 돌아가서 홈 플레이트를 향해 달린다면, 1루 베이스를 가로지르자마자 다시 포스 상태에 놓이게 된다.

보기 : 후행주자가 아웃되면 포스 상태는 사라진다

1 1루에 주자가 있다. 타자가 투수 쪽으로 공을 친다. 타자와 주자 모두 달려야 한다.

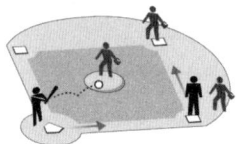

포스 플레이 상황이 된다. 타자와 주자는 반드시 달려야 하고, 둘 중 누구라도 베이스에 도달하기 전에 야수가 그 베이스를 태그하면 아웃된다.

2 투수가 1루수에게 공을 던진다. 1루를 밟고 있는 1루수가 공을 받아 타자주자를 아웃시킨다.

2루의 포스 상태가 사라진다. 포스 상태에 있던 타자주자가 아웃되자마자, 선행주자는 이제 2루에 꼭 진루하지 않아도 된다.

3 1루수가 2루수에게 공을 던진다. 2루수는 2루를 태그하고 있다. 주자는 몸에 태그를 당하지 않도록 2루에 슬라이딩해 들어간다.

몸에 태그하지 못하면 주자가 세이프된다. 포스 상태에서 이미 풀린 선행주자를 아웃시키려면 몸을 직접 태그해야 한다.

● 리버스 포스 더블 플레이 ●

위의 상황은 리버스 포스 더블 플레이라고 부르는데, 타자주자가 아웃되자마자 선행주자가 포스 상태에서 풀리기 때문이다. 하지만 위의 사례에서는 선행주자의 몸에 태그하지 못했기 때문에 리버스 포스 더블 플레이를 완성하지 못했다.

보기 : 주자가 베이스를 통과하는 순간 포스 상태는 사라진다

1 1루에 주자가 있다. 타자가 레프트 필드 쪽으로 깊숙한 안타를 때려낸다. 타자와 주자 모두 진루해야 한다.

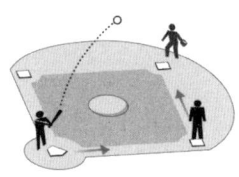

포스 플레이 상황이 된다. 타자와 주자는 반드시 달려야 하고, 둘 중 누구라도 베이스에 도달하기 전에 야수가 그 베이스를 태그하면 아웃된다.

2 **타자가 1루에서 세이프된다.** 그리고 계속해서 2루로 달린다. 선행주자는 2루를 무사히 통과하여 3루로 계속 간다.

포스 상태가 사라진다. 주자들이 반드시 가야 하는 베이스들을 통과하자마자 포스 상태는 소멸된다.

3 **주자들이 마음을 바꾸어 허둥지둥 돌아온다.** 서둘러 2루로 돌아오던 주자가 베이스를 오버런하여 1루와 2루 사이에 끼고 만다. 바로 그때 2루수가 공을 잡아서 2루를 태그한다.

포스 플레이 상황이 다시 살아나고 선행주자가 아웃된다. 주자가 처음의 포스 상태에서 가야 했던 베이스를 되돌아서 가로지르자마자, 포스 상태가 또다시 살아난다. 이 시점에서 2루수는 선행주자를 아웃시키기 위해 2루를 태그하기만 하면 된다.

포스 플레이 | 안전진루에 따른 포스 상태

볼넷 등의 안전진루에 따른 포스 상태   안전진루권을 얻은 타자나 주자 바로 앞에 있는 주자들도 아웃될 위험 없이 진루한다. 안전진루권을 얻은 주자나 타자 때문에 사실상 진루할 수밖에 없게 되는 것이다. 이때 주자가 진루하도록 허가받은 베이스를 넘어 더 나아간다면, 공이 아직 인 플레이 상태에 있는 경우 아웃될 수도 있다. 예컨대 타자가 볼넷을 얻으면 1루주자가 2루로 진루할 수밖에 없게 된다. 선행주자가 무심코 2루를 지나 3루로 걸어간다. 이를 알아차린 투수가 2루수에게 공을 던지고, 2루수가 주자를 태그해 아웃시킨다. 허용된 베이스를 지나쳐 움직인 주자는 안전진루권의 보호를 더 이상 받지 못한다.

주루 실수

개요: 이 항목에서는 주자가 실수를 저질렀을 때 공격팀이 어떤 대가를 치르는지 설명한다. 다른 주자를 앞지르거나, 베이스를 터치하지 않고 지나가거나, 태그 업을 하지 못하는 등의 불상사를 짚어본다.

주루 실수 | 베이스를 놓치고 지나는 경우

베이스는 순서대로 터치해야 한다 주루를 하는 주자는 모든 베이스를 순서대로 터치해야 한다. 베이스 중 하나를 터치하지 못했다면, 수비팀은 주자를 태그하거나 주자가 놓친 베이스를 태그하여 주자를 아웃시킬 수 있다. 플레이가 종료된 후 어필을 통해 주자에게 아웃이 선언될 수도 있다. 어필은 그 주자를 태그하거나 주자가 그냥 지나쳐버린 베이스를 태그하는 것으로 이루어진다.

빠뜨린 베이스의 리터치 다음과 같은 상황에서는 주자가 빠뜨리고 지나친 베이스로 돌아와 리터치할 수 있다.

- **아직 플레이 중인 경우.** 주자는 돌아와서 지나친 베이스를 리터치할 수 있다. 하지만 돌아오면서 역순으로 모든 베이스를 터치해야 한다.
- **볼 데드가 된 경우.** 주자가 아직 다음 베이스에 도달하지 않은 경우에만 빠뜨린 베이스로 돌아올 수 있다. 예를 들어 홈런이 나와서 주자가 베이스를 천천히 돌던 중에 2루를 그냥 지나쳤는데 3루를 이미 밟아버렸다면, 이제 2루에 돌아와 리터치할 수 없게 된다.

> **Note** 주자는 후행주자가 득점을 해버렸거나 놓쳐버린 베이스로 돌아갈 수 없다. 가령 홈 플레이트 밟는 것을 놓친 주자가 다시 밟기 전에 그 뒤의 주자가 홈 플레이트를 밟았다면, 첫 번째 주자는 이제 홈 플레이트로 되돌아와 밟을 수 없게 된다. 그는 어필로 아웃이 선언된다.

보기 : 베이스를 놓치고 지나는 경우

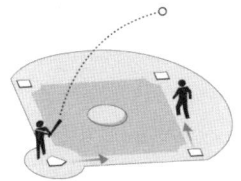

1루에 주자가 있는 상황에서 타자가 외야 깊숙이 날아가는 플라이 볼을 친다. 공이 잡히지 않으리라고 생각한 주자는 2루를 지나 3루로 향한다.

좌익수가 공을 잡아 타자를 아웃시킨다. 주자는 태그를 당하기 전에 1루로 돌아와야 한다.

주자는 1루까지 돌아오는 데 성공했지만, 돌아오는 길에 2루 밟는 것을 깜빡했다.
수비팀은 그 주자를 태그하거나 2루(주자가 빠뜨린 베이스)를 태그하여 주자를 아웃시킬 수 있다.

Note 홈 플레이트를 놓친 주자는 야수에게 태그당하기 전에 되돌아오면 된다. 하지만 주자가 홈에서 더그아웃으로 걸어가기 시작하면(홈 플레이트를 터치했다고 믿든 그랬다고 놓치든 간에), 공을 가진 야수는 심지어 포스 플레이 상황이 아니더라도 홈 플레이트를 태그하여 그 주자를 아웃시킬 수 있다.

주루 실수 | 안전진루권으로 얻은 베이스를 놓치거나 더 가는 경우

▌안전진루권으로 얻은 베이스를 놓치는 경우 안전진루권을 얻은 주자는 설사 공이 데드 볼이 되었어도 베이스를 순서대로 터치해야 한다.

보기 : 3루로의 안전진루권을 얻은 주자가 3루로 가는 길에 2루를 빠뜨리면 어필로 아웃될 수 있다.

▌안전진루권으로 얻은 베이스에서 더 가는 경우 안전진루권을 얻은 주자는 아웃될 위험 없이 진루할 수 있다. 하지만 공이 인 플레이 상태에 있는 동안 주자가 부여받은 베이스를 오버런하면 아웃될 수도 있다. 해당 베이스를 지나쳐버리자마자 보호막이 사라지는 것이다.

보기: 1루에 주자가 있는 상황에서 타자가 볼넷을 얻는다. 1루주자는 2루로 갈 권리를 얻는다. 2루에 도달한 주자가 3루를 향해 발걸음을 뗀다. 이를 알아챈 2루수가 공으로 그 주자를 태그한다. 아웃될 위험 없이 2루까지 갈 수 있었던 주자는 그 베이스를 지나치자마자 태그로 아웃될 수 있다.

주루 실수 | 진루하기 전에 태그 업을 하지 못하는 경우

페어 볼이나 파울 볼이 잡혀 타자가 아웃된 다음에 주자는 원래 있던 베이스를 터치하고 나서 다음 베이스로 진루할 수 있다. 그러므로 주자는 야수가 공을 잡을 때까지 베이스에서 기다려도 되고, 공이 잡힌 다음에 원래의 베이스를 리터치해도 된다. 이것을 '태그 업'이라고 한다.

이따금 주자는 베이스에서 너무 일찍 떠나거나 야수가 포구한 다음에 베이스를 리터치하지 못하기도 한다. 주자가 태그 업을 하지 못하면, 공을 쥔 야수가 그 주자의 몸을 태그하거나 그가 있던 원래의 베이스를 태그함으로써 아웃시킬 수 있다. '태그 업'에 대한 상세한 설명은 135쪽을 참조하라.

주루 실수 | 어필 플레이와 '네 번째 아웃'

어필 플레이로 '네 번째 아웃'이 나올 수도 있다. 세 번째 아웃이 이루어졌는데, 동시에 다른 주자가 반칙을 저질러 이에 대한 어필이 이루어지면, 이 어필로 또 다른 아웃이 선언될 수 있다. 이를테면 '네 번째 아웃'인 셈인데 이닝을 종료시키는 데는 단 하나의 아웃이면 충분하므로, 수비팀은 자신들에게 유리한 아웃을 선택할 수 있다.

보기: 투 아웃 상황에서 타자가 공을 쳤다. 2명의 주자가 홈으로 진루하여, 첫 번째 주자가 베이스를 놓쳤으나 두 번째 주자는 홈을 밟았다. 그 직후에 타자주자가 2루에서 송구로 아웃되어

스리 아웃이 되었다. 이 시점에서는 득점이 둘 다 인정된다. 하지만 플레이 후에 어필로 첫 번째 주자에게 아웃이 선언되면, 그 주자의 득점은 인정되지 않는다. 첫 번째 주자의 아웃으로 이닝이 종료되었으므로 두 번째 득점 역시 인정되지 않는다. 137쪽 '투 아웃 상황에서의 득점'을 참조하라.

주루 실수 | 베이스를 포기하는 경우

팀에서 주자에게 바라는 행동은 다음 베이스에서 세이프되려고 노력하는 것이다. 아닌 게 아니라 이런 시도를 포기하고 물러나버리는 것은 규칙에 위배된다. 주자가 이닝이 종료되거나 아웃이 선언되기 전에 베이스를 떠나면, 심판은 '다음 베이스로 가려는 노력을 포기한' 그 주자에게 아웃을 선언한다.

대개 이런 반칙은 자신이 아웃되었거나 이닝이 끝났다고 착각한 주자가 자기 베이스를 떠나 더그아웃으로 돌아가는 바람에 발생한다. 이것은 심판의 독자적인 판단에 따른 판정이며, 수비팀의 어필은 필요하지 않다. 이 판정을 내리기 전에, 진루하려는 노력을 포기했다고 심판이 판단하려면 주자가 베이스에서 상당히 멀리까지 가야 한다.

주루 실수 | 1루를 오버런하는 경우

1루까지 달려온 타자주자는 대개 달리던 여세 때문에 베이스를 몇 발짝 지나치게 된다. 이것을 1루 오버런이라고 하는데, 이 경우 아웃될 위험은 없다. 단, 다음의 상황에서는 얘기가 달라진다.

타자주자가 1루로 즉각 돌아오지 못했다 타자주자는 1루를 오버런하고 나서 곧장 되돌아와야 한다. 심판이 판단하기에 빨리 1루를 리터치하지 않았다면 (그리고 타임아웃을 부르지 않았다면), 야수는 타자주자를 태그 아웃시킬 수 있다.

타자주자가 2루 쪽으로 움직였다

규정에 맞는 '오버런'은 베이스로 달리던 방향대로 나아간 것이라야 한다. 타자주자가 1루를 돌아 2루로 향하면 '오버런'이나 '오버슬라이딩'으로 간주되지 않는다. 타자주자가 고의로 2루를 향해 움직였다고 심판이 판단하면 태그 아웃될 수 있다.

주루 실수 | 다른 주자를 앞지르거나 같은 베이스를 공유하는 경우

다른 주자를 앞지르는 경우

이 규칙은 매우 간단하다. 자기 앞의 주자를 추월하는 주자는 아웃된다. 선행주자는 진루를 계속해도 된다.

두 주자가 같은 베이스를 점하는 경우

두 주자가 같은 베이스에 있게 되는 경우 선행주자에게 우선권이 있다. 뒤따라온 주자에게는 아웃이 선언된다. 그 이유는, 선행주자가 아웃되거나 다음 베이스에 무사히 도달할 때까지는 그 주자가 해당 베이스에 대한 권리를 포기한 것으로 간주되지 않기 때문이다.

> ● 결승홈런이 나왔는데 다른 주자를 앞지른 경우 ●
> 결승홈런이 나온 상황에서 한 주자가 홈 플레이트를 밟기 전에 자기 앞의 주자를 앞질러버리면, 그 주자는 아웃된다. 득점은 인정되지 않는다.

태그 업: 타구가 잡힌 상황에서의 진루

개요: 타구가 잡혀 아웃된 상황에서도 주자는 진루할 수 있다. 주자는 야수가 공을 건드린 다음에 원래의 베이스를 리터치하고 나서 진루해야 한다.

주자는 타구가 잡혀 아웃된 다음에 태그 아웃될 위험을 무릅쓰고 진루해볼 수 있다. 이 원칙은 타자가 외야로 플라이 볼을 칠 때 나오는 '희생플라이'의 바탕이 된다. 공이 잡히면 타자는 아웃되지만, 주자는 태그 업을 해서 다음 베이스로 진루할 수 있다.

규칙. 주자는 야수가 공을 건드린 다음에 원래의 베이스를 터치해야 한다. 이 경우에, 주자는 자기 베이스에서 기다리다가 야수가 공을 건드리고 나서 달리기 시작할 수도 있고, 야수가 공을 건드린 후 베이스를 리터치하여 다음 베이스로 진루할 수도 있다.

보기: 태그 업

1 타자가 공을 친다. 주자는 자기 베이스에 머물면서 다음 베이스로 뛸 준비를 한다.

2 공이 잡힌다. 주자는 야수가 타구를 처음으로 건드린 후에 원래의 베이스를 터치해야 한다.

3 주자는 이제 진루해도 된다. 주자는 야수가 공을 건드리자마자 최대한 빨리 베이스를 떠나려 한다.

참고: 높은 플라이 볼이 나오면, 출발 총소리를 기다리던 단거리 육상 선수처럼 주자는 야수가 공을 건드리는 순간 달리기 시작한다.

태그 업 | 태그 업을 하지 못한 경우

때때로 타구가 잡히지 않을 것으로 생각한 주자는 미리 달리기 시작한다. 페어 볼이 잡혀서 아웃되면, 주자는 원래의 베이스를 리터치하고 나서 진루해야 한다. 주자가 태그 업을 하지 못하면, 다음과 같은 식으로 아웃될 수 있다.

주자 태그

원래의 베이스를 리터치하지 못한 주자는 현재의 플레이 도중 어느 때나 태그 아웃될 수 있다.

원래의 베이스 태그

주자가 원래의 베이스를 리터치해야 하는 상황은 포스 플레이처럼 간주되므로, 주자에게는 그 베이스에 가는 것 말고 다른 도리가 없다. 포스 플레이에서와 마찬가지로, 야수가 문제의 베이스를 태그하면 주자는 아웃된다.

어필

플라이 볼이 잡히기 전에 주자가 자기 베이스를 떠났다고 생각한 수비팀은 그 플레이가 끝나고 나서 원래의 베이스로 송구하거나 주자를 태그하여 어필을 한다.

보기 : 태그 업을 하지 못한 경우

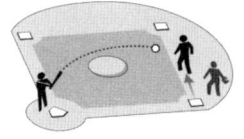 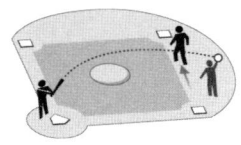 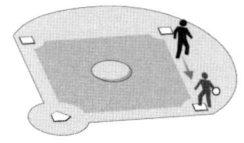

타자가 라인 드라이브를 친다. 타구가 1루수 머리를 넘어가 안타가 되리라 생각한 1루주자는 공이 배트에 맞자마자 달리기 시작한다.

주자가 2루에 다가가는 동안 풀쩍 뛰어오른 1루수가 타구를 잡는다.

이 시점에서 주자는 1루로 돌아와야 한다. 주자는 공이 잡힌 후에 1루를 터치하지 않았으므로 2루로 나아갈 수 없다. 1루수가 1루를 태그하여 주자를 아웃시킨다.

공을 건드리기만 해도 된다

규칙서에 따르면 야수가 실제로 공을 포구할 때까지 주자는 진루하지 못하게 될 텐데, 포구란 공을 수중에 넣어 제어할 수 있게 된 상태로 정의된다. 하지만 태그 업 상황에서 주자는 야수가 공을 건드리자마자, 심지어 공을 확실히 제어하기 전에 더듬거나 펌블을 하더라도 진루할 수 있다. 야수가 주자들을 베이스에 묶어두기 위해 고의로 공을 더듬으면서 내야 쪽으로 걸어가는 행위를 막기 위한 것이다.

투 아웃 상황에서의 득점

개요 : 세 번째 아웃이 이루어진 플레이에서 얻은 득점은 상황에 따라 인정되지 않을 수도 있다.

득점이 인정되지 않는 경우

다음 중 하나의 상황에서는, 세 번째 아웃이 이루어진 플레이에서 주자가 홈 플레이트를 통과했더라도 득점이 인정되지 않는다.

- 타자주자가 1루에 도달하기 전에 아웃되었다.
- 주자가 포스 아웃되었다.
- 득점 주자 앞의 주자가 베이스를 하나 빠뜨리고 지나쳤다.
- 득점 주자가 홈 플레이트에 닿기 전에 세 번째 아웃이 이루어졌다.

결승점

만루 상황에서 타자가 안전진루권을 얻어(가령 볼넷이나 히트 바이 피치를 얻어) 결승점을 올리게 되는 경우, 다음 일이 일어날 때까지 경기는 끝나지 않는다.

- 타자가 1루에 닿는다.
- 3루주자가 홈 플레이트에 닿는다.

둘 중 1명 또는 두 주자 모두 베이스에 닿는 데 너무 오래 걸리면(아마도 승리의 기쁨을 만끽하느라 너무 바빠서), 심판은 주범을 아웃시키고 경기를 지속시킨다.

예외: 팬들이 구장에 난입하여 주자들의 진로를 방해하면, 심판은 규칙 위반을 무시한다. 득점은 인정된다.

베이스라인을 벗어난 주루

개요: 평상시에 주자가 베이스라인을 벗어나는 것은 규칙에 어긋나지 않는다. 태그를 피하거나 수비를 방해하려고 고의로 그러는 경우에만 벌칙을 받는다.

태그를 피하려는 경우

2007년에 개정한 공식 규칙에 따르면, 베이스라인은 구장 위의 고정된 선이 아니며 주자의 위치에 따라 결정된다. 심판은 주자와 주자가 도달하려고 하는 베이스 사이의 직선을 베이스라인으로 간주한다. 이 선은 야수가 처음 태그를 시도하는 순간 설정된다. 태그를 피하려는 주자는 이 선 양쪽으로 각 3피트 이상 벗어나서는 안 된다.

벌칙: 규칙을 어겼을 경우 주자에게 아웃이 선언된다.

예외: 타구를 수비하는 야수를 방해하지 않으려고 베이스라인을 벗어나 달리는 것은 괜찮다.(심지어는 필요하기까지 하다.)

> **주자가 자신의 베이스라인을 결정한다**
> 베이스라인은 태그가 처음 시도되던 순간의 주자 위치와 베이스 사이의 직선으로 정의한다.

루에서의 수비방해

대개 주자는 너비 6피트에 이르는 베이스라인 전부를 사용해도 된다. 하지만 1루로 향하는 타자주자에게는 제약이 약간 더 따른다. 1루에서 수비가 펼쳐지는 동안, 1루로 가는 거리의 절반 이상을 지난 타자주자는 파울라인 오른쪽 3피트 이내 구역에서 달려야 하며, 파울라인 왼쪽은 침범하면 안 된다.

벌칙: 규칙을 어겼을 경우 공은 데드 볼이 되고 주자에게 아웃이 선언된다.

더블 플레이 방해

주자가 베이스를 터치하려 하지 않고 야수의 더블 플레이 시도를 막았다고 판단한 심판은 수비방해를 선언한다. 146쪽을 참조하라.

1루 주루. 1루로 달리는 타자주자는 1루에서 이루어지는 수비 플레이의 길목을 막으면 안 된다. 중간지점을 지나서는 파울라인 바깥쪽으로만 달려야 한다.

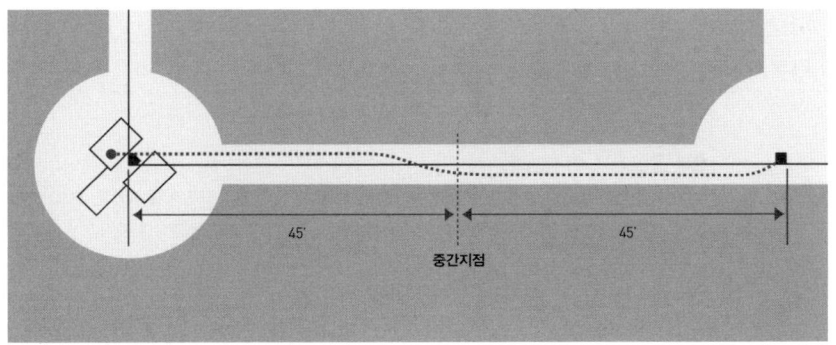

* 1′(피트) = 0.3048m

타구에 맞은 주자나 심판

개요 : 타구가 주자나 심판에게 맞으면, 야수의 수비에 방해가 될 수 있다. 이런 경우 선수나 심판이 타구에 맞은 상황에 따라 다르게 처리한다.

주자가 타구에 맞은 경우

가장 기본적인 문제는 주자나 심판이 공에 맞은 시점이 공이 야수를 지나치기 전인지 후인지 여부이다. 공이 야수를 지나치기 전에 접촉이 일어났다면, 공은 데드 볼이 되고 심판은 이 일에 대한 판정을 내려야 한다. 이 경우에는 주자가 베이스에 몸이 닿아 있었는지 여부가 문제가 된다.

야수가 공을 이미 놓치고 나서 내버려둔 다음에 접촉이 일어났다면, 마치 이 접촉이 아예 일어나지 않았다는 듯이 플레이가 계속된다.

수많은 야구 규칙과 마찬가지로 이 규칙 역시 그저 단순하지만은 않다. 고려할 상황이 몇 가지 더 있다. 구체적인 사례와 상황을 아래에서 살펴본다.

1 타구가 야수를 지나치기 전에 주자가 타구에 닿은 경우

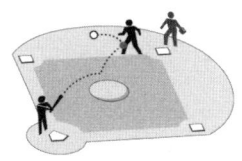

결과 : 주자는 아웃되고 타자는 1루에 출루한다. 공은 데드 볼이 되고, 타자 때문에 진루할 수밖에 없는 주자가 아니라면 득점하거나 진루할 수 없다.

예외 : 인필드 플라이 상황에서는, 주자가 타구에 닿을 당시 베이스를 터치하고 있었다면 주자가 아니라 타자가 아웃된다. 베이스를 터치하고 있지 않았다면 타자와 주자 모두 아웃된다.

보기 : 강한 타구가, 야수가 미처 잡으려고 하기 전에 2루에서 리드를 잡고 있던(또는 2루를 터치하고 있던) 주자를 스치고 지나갔다.

참고 : 어쩌다가 2명의 주자가 같은 페어 볼에 닿을 수도 있다. 이때는 처음 닿은 주자에게만 아웃이 선언된다. 공이 주자에게 닿자마자 바로 데드 볼이 되기 때문이다.

2 주자가 야수를 지나간 타구에 닿은 경우

보기: 주자가 2루로 가는 상황에서 강한 타구가 1루수 쪽으로 갔다. 타구가 1루수에게 맞고 굴절되어 주자에게 닿았다.

결과: 마치 접촉이 아예 일어나지 않았다는 듯이 플레이가 계속된다. 타자를 비롯한 모든 주자는 아웃될 위험을 안고 진루를 계속한다.

설명: 페어 볼이 잡으려는 야수에게 맞고 굴절되거나 그 야수를 지나치고 나서 바로 뒤에 있는 주자에 닿았다면 벌칙은 없다. 이 경우에는 아무 일도 일어나지 않았다는 듯이 플레이가 계속된다.

참고: 심판이 판단하기에 주자가 일부러 공을 차거나 방향을 바꾸었다면, 주자에게 수비방해로 아웃을 선언한다.

3 수비하는 야수 앞에 있던 주자가 타구에 닿은 경우

보기: 만루 상황(모든 베이스에 주자가 있는 상황)에서, 타자가 친 땅볼이 투수를 지나쳐 2루와 3루 사이에 있던 주자를 툭 치고 지나갔다.

결과: 공은 데드 볼이 되고 공에 닿은 주자는 아웃된다. 타자는 1루에 출루한다. 1루주자도 2루로 진루한다. 3루주자는 진루하지 못한다.

설명: 주자가 공에 맞으면, 공은 데드 볼이 되고, 타자 때문에 진루할 수밖에 없는 주자가 아니라면 득점하거나 진루할 수 없다. 1루주자는 타자 때문에 진루할 수밖에 없게 되어 2루로 진루한다. 3루주자는 타자 때문에 진루해야만 하는 상황이 아니므로 그대로 머문다.

참고: 다음과 같은 일이 일어난 후에 주자가 타구에 맞으면, 그 주자는 세이프고 플레이는 계속된다.
• 타구가 투수를 제외한 어떤 야수를 지나쳤다.
• 타구가 투수를 포함한 어떤 야수에게 닿았다.

4 야수에게 맞고 굴절된 타구가 주자에게 맞고 튀어 다른 야수에게 잡힌 경우

보기: 공이 투수에게 맞고 굴절되어 2루로 향하던 주자에 갔다. 주자에게 맞고 튄 공이 아직 땅에 닿지 않은 채로 2루수의 손에 들어갔다.

결과: 포구는 인정되지 않는다. 마치 아무 일도 일어나지 않았다는 듯이 공은 계속 인 플레이 상태로 남는다. 모든 주자들(타자 포함)은 여느 때와 마찬가지로 아웃의 위험을 감수하고 진루한다.

설명: 일단 주자에게 맞은 공은 땅에 닿은 것으로 간주되므로, 플라이 볼이 아니다.

참고: 심판이 판단하기에 주자가 일부러 공을 차거나 방향을 바꾸었다면, 주자에게 수비방해로 아웃을 선언한다.

심판이 타구에 맞은 경우

몇 가지 예외가 있긴 하지만, 타구에 맞은 주자에게 적용되는 규칙과 매우 비슷하다. 앞 항목의 그림들을 참고하면서 다음의 상황들을 살펴보자.

1 타구가 야수를 지나치게 전에 타구에 맞은 경우

페어 볼이 야수에게 닿거나 야수를 지나치기 전에 심판에게 닿았다면 결과는 다음과 같다.

- 공은 데드 볼이 된다.
- 타자는 1루로 출루한다.
- 타자 때문에 진루할 수밖에 없는 주자가 아니라면 득점하거나 진루할 수 없다.

2 투수를 제외한 야수를 지나친 타구에 맞은 경우

공을 막으려고 하던 야수를 지나치거나 야수에게 가까이 있던 페어 볼에 심판이 맞으면, 공은 인 플레이 상태에 남는다. 이 상황에서 투수는 고려하지 않는다.

- 아무 일도 일어나지 않았다는 듯이 플레이가 계속된다.

3 투수를 지나간 타구에 맞은 경우

심판이 투수를 지나간 타구에 맞는 경우는 두 가지 상황으로 나눌 수 있다.

공이 투수에게 닿지 않았다. 투수의 키를 넘기거나 옆으로 지나간 타구가 심판에게 닿았다.
- 공은 데드 볼이 된다.
- 타자는 1루로 출루한다.

공이 투수에게 닿았다. 그러고 나서 투수를 지나 심판에게 닿았다.
- 아무 일도 일어나지 않았다는 듯이 플레이가 계속된다.

수비방해와 주루방해

개요 : 수비방해는 주자나 타자가 수비하려는 야수를 방해하는 행위를 말한다. 주루방해는 야수가 진루하거나 베이스로 되돌아오려는 주자를 방해하는 행위를 일컫는다.

수비방해란 수비하려는 야수를 훼방하는 공격팀원의 행위를 가리킨다. 야수나 공과 접촉하거나, 수비하려는 야수를 혼동시키는 것 등이 이런 행위에 해당한다.

주루방해는 거꾸로 주자에게 영향을 미치는 행위이다. 이를테면 야수가 진루하려는 주자를 부당하게 가로막거나 훼방하는 경우 등이 있다.

수비방해와 주루방해는 심판이 내리기에 까다로운 판정이다. 수비방해나 주루방해 판정을 내리려는 심판은 그 행위가 플레이의 결과에 영향을 미쳤는지 가늠해야 한다. 몇 가지 예외가 있지만, 그 행위로 야수가 수비를 완수하지 못했거나 주자가 어떤 베이스에 도달하지 못한 경우가 아니면 수비방해나 주루방해는 선언되지 않는다.

Example 3루로 가던 주자가 유격수를 밀치며 나아갔다. 우익수가 3루수에게 송구했으나, 공이 너무 늦게 도착하여 주자는 세이프되었다.
불미스러운 행동이기는 하지만, 유격수는 이 수비에 참여하지 않았으므로 수비방해가 일어나지 않은 셈이다. 주자가 밀친 것은 플레이의 결과에 아무런 영향도 미치지 않았으므로, 이 플레이는 유효하다. 하지만 플레이가 끝나고 나서 심판은 그 주자에게 경고를 주거나 퇴장시킬 수도 있다.

베이스 주로에서의 우선권

베이스 주로에서는 대개 주자에게 통행권이 있다. 하지만 타구를 수비하는 동안에는 야수에게 우선권이 있다. 그렇다면 어떤 경우에 수비방해가 되고 어떤 경우에 주루방해가 될까?

보기 : 수비방해
야수가 타구를 잡으려고 주자 앞으로 다이빙을 했다. 주자와 충돌한 야수가 공을 놓쳤다. 주자에게 수비방해가 선언된다.

보기 : 주루방해

야수가 공을 잡으려고 주자가 오는 길목으로 다이빙을 했다. 공을 놓치고 나서 주자가 오는 길에서 즉각 피해주지 않았다. 주자가 야수와 충돌하는 바람에 베이스에 도달하지 못했다. 야수에게 주루방해가 선언된다.

타구일 때와 송구일 때

야수는 타구를 수비할 때만 주자보다 우선권을 가진다. 송구된 공을 잡으려 할 때도 주로에 있을 권리는 있지만, 주자에게는 야수를 피할 책임이 없다. 이런 상황에서 충돌이 일어나면, 심판이 보기에 둘 중 1명이 고의로 또는 불필요하게 그 접촉을 유발하지 않은 이상 두 선수 모두에게 어떤 벌칙도 부과되지 않는다.

마찬가지로, 공을 가진 야수가 주자를 태그하기 위해 길을 가로막고 서 있다면, 주자는 베이스에 도달하기 위해 야수에게 돌진해도 된다. 그 접촉 때문에 야수가 공을 떨어뜨리면 주자는 세이프된다. 홈 플레이트를 막으려고 애쓰는 포수와 주자가 충돌하는 경우에 곧잘 일어나는 일이다.

홈 플레이트에서의 충돌
1951년 월드 시리즈 경기 도중 자이언츠의 앨빈 다크와 충돌한 양키스의 요기 베라가 공을 떨어뜨리자 심판은 판정을 세이프로 바꾸었다. 둘 다 베이스 주로에 대한 권리가 있으므로 주루방해나 수비방해는 선언되지 않았다.

Alvin Dark sliding into Yogi Berra ⓒ Bettmann/CORBIS

주자의 수비방해

개요 : 플레이 상황에 있는 야수나 공을 방해한 주자에게는 벌칙으로 아웃을 선언한다. 수비방해로 더블 플레이가 무산되었다고 판단하면 주자와 타자 모두에게 아웃을 선언한다.

수비방해 | 주자가 아웃되는 경우

- 주자가 타구를 수비하는 야수를 방해했다. 고의적이건 아니건 상관없다.
  예외 : 야수를 방해할 당시 주자가 베이스를 터치하고 있었다면, 심판은 판정을 내리기 전에 방해가 고의적이었는지 여부를 가늠해야 한다.
- 타구가 야수에게 닿거나 야수를 지나치기 전에 주자가 방해를 하거나 타구에 맞았다. 이런 경우에는 고의적이든 아니든 상관없다.
- 타구가 야수를 (닿았건 말았건) 지나치고 나서 주자가 공을 고의로 차거나 방향을 바꾸어버렸다. 140, 141쪽 '타구에 맞은 주자나 심판'을 참조하라.
- 주자가 타구의 경로로 헬멧, 배트 따위의 물건을 던지며 수비를 고의로 방해했다.
- 주자가 송구된 공을 고의로 가로막았다.
- 타구가 나오거나 송구가 이루어질 때 주자가 베이스 주로를 벗어나 달리며 수비를 방해했다. 138쪽 '베이스라인을 벗어난 주루'를 참조하라.

참고 1 : 송구된 공에 맞은 주자에게 잘못이 없다면, 공은 인 플레이 상황에 계속 남고 어떤 벌칙도 부과되지 않는다.

참고 2 : 타자주자가 1루로 달려가고 포수가 타구를 수비하는 와중에 타자주자와 포수 사이에 접촉이 일어나는 경우. 위반 행위가 노골적이거나 극단적이지 않은 이상 심판이 수비방해를 선언하는 일은 드물다.

수비방해 상황이 되면 볼 데드가 되고, 어떤 주자도 진루하지 못한다.
수비방해에 연루되지 않은 다른 주자들은 방해가 일어나기 전에 있었던 마지막 베이스로 귀루해야 한다.('수비 방해에 따른 타임아웃')

예외 : 타자주자가 1루에 도달하기 전에 수비방해가 일어났다면, 모든 주자는 해당 투구가 이루어지기 전에 점했던 베이스로 되돌아와야 한다.

Note 2명 이상의 야수들이 같은 공을 수비하려고 한 경우, 심판이 판단하기에 공을 가져갈 자격이 있는 야수에 대한 행위에만 수비방해를 선언할 수 있다.

Example 2명의 야수가 땅볼을 잡으려고 했다. 마지막 순간에 그중 1명이 공을 포기하고 다른 야수에게 양보하면서 물러나다가 주자와 부딪혔다. 혼란의 와중에 공이 떨어졌어도 수비방해는 선언되지 않는다. 왜냐하면 공을 수비할 '자격이 없는' 야수와 접촉했기 때문이다. 오히려 그 야수에게 주루방해를 선언할 수도 있다.

수비방해 | 더블 플레이 상황

주자의 송구방해: 더블 플레이를 노리는 야수의 송구를 주자가 고의로 방해하면, 주자와 타자 모두 아웃된다. 야수가 더블 플레이를 완성할 수 있었으리라고 가정하여 더블 플레이를 방해한 주자뿐만 아니라 타자에게까지 아웃을 선언하는 것이다. 더블 플레이 상황에서 주자가 야수를 향해 방향을 틀며 달리는 장면은 흔히 볼 수 있다. 사실 공격팀 입장에서 그것은 좋은 베이스 러닝이며 바람직한 것이다. 이때 수비방해 판정을 피하려면 베이스 주로를 유지하는 것이 중요하다. 이런 종류의 수비방해는 판정을 내리기 까다로우며, 대개 주자에게 후한 편이다.

주자의 수비방해 결과
- 주자와 타자 둘 다 아웃된다.
- 공은 데드 볼이 된다.
- 이 수비방해에 따라 어떤 주자도 진루하거나 득점할 수 없다.

주자 또는 타자의 타구방해: 더블 플레이가 가능한 상황에서 타구 또는 타구를 수비하는 야수를 주자나 타자가 고의로 방해하면, 주자와 타자 모두 아웃된다. 구체적인 상황에 따른 규칙은 아래와 같다.

주자의 수비방해 결과
- 주자와 타자 둘 다 아웃된다.
- 공은 데드 볼이 된다.
- 다른 주자들은 이 플레이에서 진루할 수 없다.

타자의 수비방해 결과
- 타자와, 홈 플레이트에 가장 가까이 있던 주자가 아웃된다.
- 공은 데드 볼이 된다.
- 다른 주자들은 이 플레이에서 진루할 수 없다.

참고: 이 더블 플레이가 다른 주자에 대해 이루어졌을 수도 있지만, 이런 경우에는 홈 플레이트에서 가장 가까운 주자와 타자가 아웃된다. 더 중요한 주자, 즉 홈 플레이트에 가장 근접한 주자를 없애버림으로써 공격팀에게 벌칙을 내리는 것이다.

● **투 아웃 상황** ●

타자가 수비방해를 했을 때 이미 투 아웃인 상황이라면 타자에게 아웃이 선언되고 이닝이 종료된다. 이렇게 해서 규칙을 위반한 타자가 다음 이닝이 시작될 때 타격에 나서지 못하게 만든다.

보기: 더블 플레이 상황에서의 수비방해

더블 플레이를 완성하려는 야수를 향해 주자가 곧바로 슬라이딩하는 장면은 무척 자주 볼 수 있다.
주자가 베이스에서 너무 멀리 벗어나는 바람에 슬라이딩하면서 손이나 발을 베이스에 갖다 대지 못할 지경이 아니라면, 심판은 대개 수비방해 판정을 내리지 않는다.
참고: 주자는 송구된 공이 오는 경로에 손을 들어 올리거나 몸을 던져서 공을 막으려고 해서는 안 된다.

주자는 슬라이딩하면서 손이나 발을 베이스에 갖다 댈 수 있어야 한다.

수비방해 | 코치나 동료의 수비방해

어떤 상황에서는 코치나 타자를 비롯한 팀 동료의 행위로 주자에게 아웃이 선언되기도 한다.

동료의 수비방해: 공격팀의 모든 팀원들은 공을 수비하는 야수의 동작에 지장을 초래해서는 안 된다. 사이드 라인에 있는 팀원들 또한 야수에게 필요한 공간에서 비켜나야 한다. 팀원이 야수를 피하지 않으면, 벌칙으로 그 플레이에 관계된 타자나 주자에게 아웃을 선언한다.

팀원들이 베이스 주위에 모여 있으면 안 된다: 수비하는 야수를 혼란시키려는 의도로 주자의 동료들이 주자가 진루하려는 베이스 부근에 몰려 있어서는 안 된다. 동료들의 수비방해에 대한 벌칙으로 주자에게 아웃을 선언한다.

코치는 주자에게 접촉하면 안 된다: 1루코치나 3루코치는 어떤 식으로든 주자를 도우려고 접촉해서는 안 된다. 접촉할 경우 벌칙으로 주자에게 아웃을 선언한다.

보기: 주자가 3루를 돌아 홈 플레이트로 계속 가려고 했다. 홈으로 송구되는 것을 본 3루코치가 홈 플레이트에서 주자가 아웃될 가능성이 크다고 생각했다. 이때 코치는 주자를 3루에서 멈추게 하려고 붙잡거나 껴안아서는 안 된다.

코치가 야수를 방해한 경우: 코치는 야수의 송구나 수비에 영향을 주려고 코치석을 떠나면 안 된다.

홈 플레이트에서 타자의 수비방해: 투 아웃 미만이고 3루에 주자가 있는 상황에서, 타자는 홈 플레이트에서 수비하는 야수를 고의로 막아서는 안 된다. 그런 행동을 하면 설령 타자가 잘못했더라도 주자에게 아웃이 선언된다. 더 중요한 선수인 3루 주자를 없애버림으로써 공격팀에게 벌칙을 내리는 것이다. 이미 투 아웃인 상황에서 이런 일이 일어나면, 주자가 아니라 타자에게 세 번째 아웃을 선언한다.

이미 아웃된 타자나 주자의 수비방해: 방금 아웃된 타자나 주자는 다른 주자를 아웃시키려는 그다음 수비 시도를, 가령 야수를 헷갈리게 하거나 물리적으로 막아 방해하면 안 된다. 그런 행동을 하면 그 주자에게마저 동료의 행위 때문에 아웃이 선언된다.

참고: 방금 아웃된 타자나 주자가, 가령 자기가 아웃되었는지 깨닫지 못하여 다음 베이스로 계속 진루했다면 이것은 수비방해로 간주하지 않는다. 야수를 혼란스럽게 하거나 수비를 막으려는 시도로 볼 수 없기 때문이다.

● 수비방해의 고의성 ●

선수가 아닌 사람이 저지른 수비방해가 문제가 된 경우, 심판은 그 방해가 고의적이었는지 아니었는지 가려내야 한다.

보기: 1루코치가 송구된 공을 피하려고 몸을 굴렸다. 1루수가 공을 건져내려고 하다가 코치 위로 고꾸라졌다. 그에 뒤따른 혼란의 와중에 타자주자가 베이스를 돌아 3루까지 갔다. 심판으로서는 코치에게 즉각 수비방해 판정을 내리고 싶은 마음이 굴뚝같겠지만, 코치가 정말 공을 피하려고 했으며 야수의 길을 막으려는 의도가 전혀 없었다고 생각한다면 방해를 선언해서는 안 된다. 이 플레이는 유효하다.

수비방해 | 심판이나 관중의 수비방해

어떤 경우에는 심판이나 관중이 인 플레이 상태에 있는 공이나 수비하는 야수를 방해하기도 한다. 이런 수비방해의 종류는 다음과 같다.

심판이 포수를 방해한 경우 : 도루를 저지하려던 포수를 심판이 방해했다면, 공은 데드 볼이 되고 모든 주자들은 자기 베이스로 돌아가야 한다. 수비방해에도 불구하고 포수가 공을 던져 주자를 아웃시켰다면, 그 방해는 무시하고 넘어간다.

페어 볼이 야수를 지나치기 전에 심판에게 맞은 경우 : 결과는 다음과 같다.
- 타자는 1루로 출루한다.

- 공은 데드 볼이 된다.
- 타자 때문에 진루할 수밖에 없는 주자가 아니라면 득점하거나 진루할 수 없다.

상세한 내용은 140쪽 '타구에 맞은 주자나 심판'을 참조하라.

관중의 수비방해 : 관중석에 있던 관중이 구장으로 손을 뻗거나 떨어지거나 발을 디뎌 야수를 방해하거나 인 플레이 상태의 공을 건드리면, 관중의 수비방해로 간주한다. 결과는 다음과 같다.
- 공은 데드 볼이 된다.
- 심판은 관중의 수비방해가 빚어낸 영향을 최소화하거나 무효화하기 위해 주자들을 아웃시키거나 안전 진루권을 주는 등 조치를 취한다.

상세한 내용은 218쪽 '관중의 수비방해'를 참조하라.

주루방해

개요 : 주루방해는 공을 가지고 있지 않거나 수비 상황에 참여하고 있지 않은 야수가 진루하거나 원래 베이스로 귀루하려는 주자에게 훼방을 놓는 행위를 말한다.

수비방해와 마찬가지로, 주루방해도 심판의 독자적인 판단에 따른 판정이다. 주자와 야수 사이에 접촉이 일어났다면, 심판은 당시 그 자리에 야수가 있을 권리가 있었는지 없었는지 가려내야 한다.

    야수가 타구를 수비하고 있었다면, 야수에게 권리가 있다. 야수가 공에 대한 수비를 하고 있지 않다면, 주자에게 베이스 주로에 대한 권리가 있다.

'수비 행위'의 정의 : 야수가 공을 잡으려는 참이고, 구장의 특정 위치로 야수가 갈 수밖에 없는 방향으로 공이 빠르게 다가오고 있다면, 그 야수는 '수비 행위'를 하는 것이다. 야수에게는 그 위치에 있을 권리가 있다.

주루방해는 플레이에 영향을 준 것이라야 한다 : 주루방해가 성립하려면 그 행위가 해당 플레이에 영향을 미쳤어야 한다. 비록 방해를 당하긴 했지만 본래 의도했던 베이스에 무사히 안착한 경우에는 해당 방해 행위를 무시한다.

접촉이 일어났다고 해서 늘 주루방해 또는 수비방해는 아니다 : 야수가 베이스 주로에서 주자를 가로막는 상황은 몇 가지밖에 없고, 그중에서도 주루방해가 성립하는 상황은 단 한 가지뿐이다. 주자와 야수 사이에 접촉이 일어나는 상황의 유형은 다음과 같다.

- **주루방해가 아닌 경우 1** : 야수가 타구를 수비하려고 한다. 이런 경우에 야수는 필요한 자리에서 수비할 권리가 있으며, 접촉이 발생하면 주자에게 수비방해를 부과할 수도 있다.
- **주루방해가 아닌 경우 2** : 야수가 송구를 수비하려고 한다. 야수가 공을 수비하기 위해서는 주자의 경로에 있어야 한다고 심판이 생각하면, 그 야수는 그 자리에 있을 권리가 있다. 하지만 주자 역시 그 베이스 주로에 대한 권리가 있고 야수의 길을 피해주어야 할 의무가 없다. 설령 큰 충돌이 일어나더라도 심판이 둘 중 1명이 불필요하게 상대방을 훼방했다고 생각하지 않는 이상, 주루방해도 수비방해도 선언하지 않는다.
- **주루방해가 아닌 경우 3** : 공을 가진 야수가 주자를 태그하려 한다. 야수가 송구된 공을 잡으려고 하는 경우에는 주자와 야수 둘 다 같은 장소에 대한 권리를 가진다. 심판이 둘 중 1명이 불필요하게 상대방을 훼방했다고 생각하지 않는 이상, 주루방해도 수비방해도 선언하지 않는다.
- **주루방해인 경우** : 공을 가지지 않은 야수가 공에 대한 수비에 참여하고 있지 않다. 주자와 접촉한 야수에게 주루방해를 선언하는 유일한 경우가 바로 이것이다.

● **우선권이 있는 야수에게 내리는 주루방해 판정** ●

아주 드문 경우, 수비를 하므로 그 장소에 있을 권리가 있는 야수가 주자를 불필요하게 훼방했다는 이유로 심판이 주루방해 판정을 내리기도 한다.

이런 판정을 받으려면 위반 행위가 명백하고 악질적이어야 한다. 가령 주자에게 고의로 주먹을 날리거나 발을 걸거나 걷어차거나 해야 이 판정을 받는다.

주루방해 | 플레이를 중단하지 않는 경우

즉시 볼 데드가 되는 경우 : 야수들이 주자를 아웃시키려 하는 와중에 그 주자의 주루를 방해하면, 또는 타자가 1루에 도달하기 전에 주루를 방해받으면, 심판은 즉시 주루방해를 선언한다. 판정을 내리는 순간 공은 데드 볼이 된다.

플레이가 끝날 때까지 기다리는 경우 : 주루를 방해받은 주자에게 어떤 수비 플레이도 이루어지지 않았고, 방해가 일어날 당시 타자주자는 이미 1루에 도달했다면, 심판은 모든 행위가 끝날 때까지 플레이를 계속하도록 둔다. 이것을 '딜레이드 데드 볼'이라고 한다. 플레이가 마무리되면, 심판은 주루방해가 플레이의 결과에 어떤 영향을 미쳤는지 가늠하게 된다. 주자가 주루를 방해받았으나, 모든 주자가 목표했던 베이스에 도달해 세이프되었다면 방해 행위는 무시한다.

주루방해 때문에 어떤 주자가 무사히 진루하지 못하게 되었다고 심판이 판단하면, 방해의 효과를 무효화하기 위해 주자들에게 안전진루권을 부여한다.

참고 : 주루방해가 선언된 플레이 도중 주자가 방해로 부여받은 베이스를 넘어서 더 나아간다면, 이는 아웃될 위험을 무릅쓰고 진루하는 것이며, 따라서 태그 아웃될 수도 있다.

08
수비

야구의 수비진은 공격팀의 득점을 막기 위해서라면 규칙의 테두리 안에서 무슨 일이라도 할 9명의 야수로 구성된다. 이 장에서는 야수가 타자나 주자의 진루를 저지할 수 있는 방법을 살펴본다. 반대로 주자에게 안전진루권을 주는 역효과를 낼 수 있는 야수의 반칙도 알아본다.

야수에 대한 기본 상식
야수에 관한 기본적인 사실과 규칙을 다룬다.

page 152

야수의 주루방해
야수가 주자의 주루를 방해하는 것에 관한 규칙을 설명한다.

page 157

아웃
야수가 공격팀 선수를 아웃시킬 수 있는 방법을 하나하나 살펴본다.

page 162

야수의 행위에 따른 안전진루
야수의 행위 때문에 주자나 타자가 안전진루권을 얻게 되는 경우를 목록으로 살펴본다.

page 155

인필드 플라이 규칙
아웃이 실제로 일어나기 전에 심판이 아웃을 선언할 수 있는 규칙으로, 사람들은 이 규칙이 적용되는 경우를 가끔 헷갈리기도 한다.

page 159

자동 아웃
조작된 배트를 사용하는 등 규칙을 위반한 타자에게 자동으로 아웃이 선언되기도 한다. 이때 풋아웃 기록이 어떤 야수에게 돌아가는지 알아본다.

page 162

야수가 관중석이나 더그아웃에 들어가는 경우
관중석이나 더그아웃에서도 포구를 할 수 있다. 그러나 공에 처음 닿는 순간 야수는 적어도 한 발을 구장 위에 두고 있어야 한다. 포구를 하고 나서 어떤 일이 일어날지는 야수가 서 있는 상태를 유지하는지 못하는지에 달려 있다.

page 157

야수선택
어떤 선수를 아웃시킬지 선택권을 가진 야수에 관한 규칙을 설명한다.

page 161

야수에 대한 기본 상식

개요: 야수의 임무는 공격팀이 득점을 하기 전에 3명의 선수를 아웃시키는 것이다. 야수들은 타자가 출루하거나 주자들이 진루하지 못하도록 애쓴다. 투수와 포수를 비롯하여 수비팀 선수 9명이 모두 야수가 된다.

참고: 투수는 엄밀히 말하면 9명의 야수 가운데 1명이다. 하지만 투구에 관한 규칙은 별도의 장*을 하나 마련해야 할 만큼 차고 넘친다. 여기서는 포수와 다른 7명의 야수에 관한 규칙(투수와 관련된 규칙도 몇 가지 포함)을 다룬다.

야수 9명의 포지션

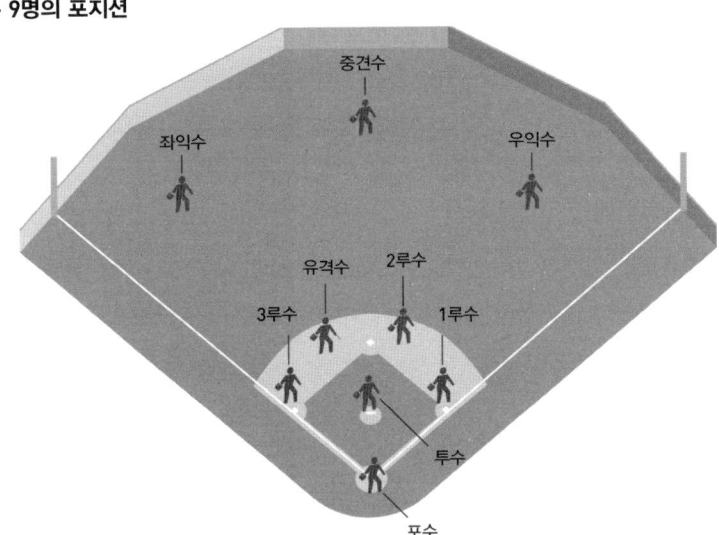

외야수로부터 내야수를 거쳐 홈 플레이트까지 도달하는 송구의 대략적인 거리

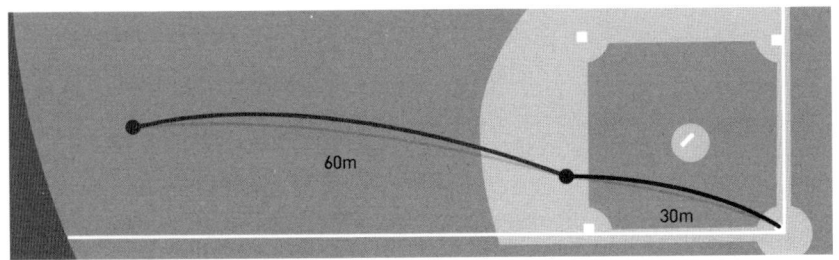

기본 상식 | 플수

심판이 '플레이'를 선언할 때 야수들은 페어 지역에 있어야 한다. 9명의 야수는 다음과 같다.

- 투수
- 포수
- 1루수
- 2루수
- 유격수
- 3루수
- 우익수
- 중견수
- 좌익수

경기가 시작될 때는 물론이고 경기 중에 심판이 '플레이'를 선언할 때에도, 포수는 홈 플레이트 뒤 포수석에 자리를 잡고 있어야 하며 투수는 투수판에 있어야 한다. 다른 7명의 야수들은 페어 지역에 있어야 한다.

야수들이 각자 있어야 하는 구체적인 위치가 정해져 있지는 않다. 예외적으로 투수와 포수는 특정한 위치에 자리 잡고 있어야 하지만, 이것 또한 투구를 할 당시에만 적용되는 규칙이다. 다른 7명의 야수들은 페어 지역 안 어느 곳에든 있어도 된다. 그렇지만 대개는 왼쪽 그림에 보이는 7개의 '표준' 포지션이 널리 받아들여지는데, 이런 배치를 통해 내야와 외야를 모두 적절히 커버할 수 있다. 그러나 이것이 규칙으로 정해진 것은 아니다.

예외 : 어떤 야수도 투수와 포수 사이에 자리를 잡고는 타자의 시야를 가로막으면 안 된다. 또한 수비를 펼치고 있지 않은 야수는 주자의 경로에서 비켜서 있어야 한다. 148쪽 '주루방해'를 참조하라.

투수에게만 다르게 적용되는 규칙

이 장에서 다루는 대부분의 규칙은 9명의 야수 모두에게 해당되는 것이다. 하지만 투수가 엄밀한 의미에서 야수라고는 해도 어떤 규칙은 다르게 적용된다. 한 가지 예가 악송구에 관한 규칙이다. 가령 투수가 1루로 악송구를 던져 공이 관중석 같은 플레이할 수 없는 곳으로 빠져버리면, 타자와 모든 주자가 한 베이스씩 진루하게 된다. 하지만 야수가 똑같은 일을 저지르면, 타자와 모든 주자는 하나가 아니라 두 베이스씩 진루한다.

투수가 야수와 똑같이 취급되는 경우

다음과 같은 경우 투수는 야수와 똑같이 취급된다.

1 투수가 투수판에서 몸을 뗐다.
2 투수가 투구를 마쳤다.

투구를 할 때 투수는 규칙에 따라 투구 자세를 취해야 한다. 투구 과정의 시작 단계에서는 투수가 투수판에서 발을 뗄 수 있다. 그렇게 하면 투수에게는 야수에 관한 규칙이 적용된다.

이것은 또한 투수가 투구를 하고 나면 곧바로 다른 야수처럼 구장의 어느 지역이라도 커버할 수 있다는 의미이다. 이렇게 투수의 역할을 일단 멈춘 투수에게는 야수에 관한 모든 규칙이 적용된다. ('투구' 장 70쪽 참조)

포수의 위치

포수는 심판이 '플레이'를 선언할 때만 포수석 안에 있으면 된다. 투구를 잡거나 수비를 하는 위치는 제한되어 있지 않다. 그는 구장 어느 곳에나 있을 수 있다.

예외 : 투수가 고의사구를 던질 때, 포수는 투수의 손에서 공이 떠나는 순간에는 양발을 모두 포수석 안에 두어야 한다. 포수가 그렇게 하지 않거나 미처 포수석 안에 양발을 두기 전에 투수가 투구를 해버리면, 투수에게 보크가 선언된다.

야수의 행위에 따른 안전진루

개요: 주자의 진루를 막으려는 야수의 행동은 때로 역효과를 낼 수도 있다. 여기에서는 야수의 행위 때문에 주자가 안전진루권을 얻는 경우를 정리했다.

안전진루 | 한 베이스 진루

1 야수가 플라이 볼을 잡고 나서 더 그 아웃이나 관중석으로 넘어졌다. 타자는 아웃되고 모든 주자는 한 베이스씩 자동으로 진루한다. 공은 데드 볼이 된다.
참고: 야수가 포구한 후에도 계속 서 있다면, 타자는 아웃되고 공은 그대로 인 플레이 상태에 있게 되며 안전진루는 전혀 이루어지지 않는다.

2 주자가 도루하는 동안 포수나 야수가 타자를 방해했다. 모든 주자가 한 베이스씩 진루한다.

3 투구를 야수가 모자로 건드렸다. 야수가 모자, 마스크, 유니폼이나 장비로 투구를 고의로 건드리면, 타자와 모든 주자가 한 베이스씩 진루한다. 공은 여전히 인 플레이 상태에 있게 된다.

안전진루 | 두 베이스 진루

1 야수가 모자, 유니폼이나 장비로 송구된 공을 고의로 건드렸다. 가령 송구를 모자로 잡으려고 한 경우에, 타자와 모든 주자가 두 베이스씩 진루한다. 공은 인 플레이 상태에 남는다.

2 야수가 송구된 공에 글러브, 모자, 유니폼이나 장비를 고의로 던져 공을 건드렸다. 타자와 모든 주자가 두 베이스씩 진루한다. 공은 계속 인 플레이 상태에 있으므로, 주자들은 아웃될 위험을 안고서 더 진루할 수도 있다.
참고: 야수의 몸에서 빠진 글러브, 모자, 유니폼이나 장비가 뜻밖에 공을 건드린 경우, 안전진루는 이루어지지 않는다. 예를 들어 야수가 포구하려고 달리면서 점프를 하여 팔을 힘차게 뻗다가 그 여세로 글러브가 손에서 빠져 날아가 공을 건드린다면, 고의성이 없는 것으로 간주되어 안전진루는 이루어지지 않는다.

3 페어 볼이 야수에게 맞고 굴절되어 플레이할 수 없는 곳으로 나가버렸다. 굴절된 공이 1루 또는 3루 파울라인을 넘어 관중석까지 들어가거나, 펜스, 스코어보드, 수풀, 덩굴로 박히거나 빠져나가면, 두 베이스씩 진루한다.

4 야수가 악송구를 하여 공이 플레이할 수 없는 곳으로 나가버렸다. 송구가 관중석, 벤치 또는 더그아웃으로 들어가버리거나, 펜스 위나 밑으로 빠져나가거나 박혀버리면, 두 베이스씩 진루한다. 공은 데드 볼이 된다. 타자가 공을 치고 난 후 내야수가 펼친 첫 번째 플레이에서 악송구가 나오면, 투구할 당시에 주자들이 있던 위치에 따라 두 베이스씩 진루한다. 그 밖의 경우에는, 공이 야수의 손을 떠날 당시 타자와 주자가 있던 위치에 따라 두 베이스씩 진루한다.
참고: 어떤 경우에는 모든 주자가 두 베이스씩 안전진루를 하는 것이 불가능하다. 2명의 주자가 같은 두 베이스 사이에서 달리고 있을 수도 있기 때문이다. 예를 들면 악송구가 이루어질 당시 2루와 3루 사이에 2명의 주자가 한꺼번에 있는 경우도 생길 수 있다. 이런 경우에는 둘 중 1명이 한 베이스만 진루한다. 왜냐하면 2명의 주자가 같은 베이스를 점할 수는 없고, 이 규칙으로는 어떤 주자도 두 베이스를 넘어 진루할 수 없기 때문이다.

안전진루 | 세 베이스 진루

1 페어 볼을 야수가 모자, 유니폼이나 장비로 고의로 건드렸다. 예컨대 모자로 타구를 잡으려 한 경우. 모든 주자가 홈까지 진루해 득점하고 타자는 세 베이스를 진루한다. 공은 인 플레이 상태로 남는다.

2 페어 볼에 야수가 글러브, 모자, 유니폼이나 장비를 고의로 던져 공을 건드렸다. 모든 주자가 홈까지 진루해 득점한다. 타자는 3루까지 진루한다. 공은 인 플레이 상태로 남는다.

안전진루 | 홈런 인정

1 플라이 볼이 야수에게 맞고 튕겨 페어 지역에서 관중석으로 들어가거나 펜스를 넘어갔다. 타자와 모든 주자가 홈으로 진루해 득점한다.
보기: 중견수가 담장을 맞힐 것 같은 공을 잡으려고 달려갔다. 포구를 하려고 손을 뻗었는데 공이 글러브에 맞고 튕겨 펜스를 넘어갔다. 타자는 홈런을 인정받는다.

2 홈런이 되었을 플라이 볼이 굴절되었다. 페어 지역에서 관중석으로 들어가거나 펜스를 넘어가서 홈런이 됐을 타구인데, 야수가 글러브, 모자, 유니폼이나 장비를 공에 던지는 바람에 방향이 틀어져버렸다고 심판이 판단하는 경우. 타자와 모든 주자는 홈에 진루하여 득점한다.

● **'태그'라는 용어의 여러 가지 의미** ●

태그는 여러 가지 경우에 사용한다.
1 타자나 주자가 베이스를 터치하는 것을 태그라고 한다. 보통은 발로 하지만, 헤드퍼스트 슬라이딩으로 들어가는 경우 손으로 태그하기도 한다. 어떤 신체 부위로든 베이스를 태그할 수 있다.
2 공을 가진 야수가 베이스를 터치하는 것을 가리키는 말이기도 하다.(공이 없는 야수가 베이스를 터치하는 것은 아무런 의미가 없다.)
3 마지막으로, 야수가 타자나 주자의 몸을 태그할 수 있다. 손이나 글러브로 공을 쥔 야수는 타자나 주자가 1루로 달리거나 베이스 사이를 달리거나 베이스에서 몸이 떨어져 있을 때 그 손이나 글러브로 몸을 터치할 수 있다.

야수가 관중석이나 더그아웃에 들어가는 경우

야수는 포구를 하기 위해 관중석이나 더그아웃으로 몸이나 손을 뻗을 수 있지만, 그 안으로 발을 디디면 안 된다. 관중석이나 더그아웃에서 포구할 수는 있지만, 야수가 공을 처음 건드릴 때 최소한 한 발이 구장 위에 있어야 하며, 관중석이나 더그아웃 바닥에 발이 닿아서는 안 된다.

- **야수가 포구하고 나서 관중석이나 더그아웃으로 넘어지는 경우**
  공은 데드 볼이 되고 주자들은 한 베이스씩 자동으로 진루한다.

- **야수가 포구하고 나서 서 있는 상태를 유지하는 경우**
  공은 계속 인 플레이 상태에 있게 된다. 주자들은 (원래의 베이스를 터치하여) 태그 업을 하고 나서 진루해도 되지만, 그러다가 아웃될 수도 있다.

야수의 주루방해

개요: 1루로 달려가는 타자를 비롯하여 주루를 하는 주자에게는 통행권이 있다. 공을 가지고 있지 않은 야수는 어떤 식으로든 주자의 진행을 방해해서는 안 된다. 이를 위반하는 경우 적용되는 규칙은 다음과 같다.

주루방해　베이스라인은 야수가 아니라 주자의 것이므로, 주자에게 통행권이 있다. 공을 가지고 있지 않은 야수가 주자의 길을 가로막거나 몸을 막으면 '방해'로 간주된다. 심판은 위반 당사자를 가리키며 방해를 선언한다.

**수비하던 대상인
주자 방해** 만약 야수가 인 플레이 상태에서 상대 주자를 수비하다가 방해 행위를 했다면 다음과 같은 규칙이 적용된다.

- 주자(들)는 심판이 판단하기에 방해가 일어나지 않았다면 도달했을 베이스에 자동으로 진루한다. 방해를 받은 주자에게는 원래 위치에서 적어도 한 베이스는 진루하게 해주어야 한다.
- 방해가 선언되는 순간 공은 데드 볼이 된다.

방해가 선언되기 전에 악송구가 날아오는 중이었다면, 악송구 규칙을 우선으로 한다. 이것은 공격팀에게 더 유리한 조치인데, 악송구 규칙에 따라 모든 주자가 하나나 두 베이스를 진루하기 때문이다. 야수의 악송구에 관한 규칙은 155쪽을, 투수의 악송구는 81쪽을 참조하라.

**수비하던 대상이 아닌
주자 방해** 야수가 수비 대상이 아닌 주자를 방해하는 경우도 있다. 그때는 다음의 규칙을 적용한다.

- 심판은 플레이가 계속 진행되도록 놔둔다.
- 플레이가 끝나면, 심판은 '타임' 신호를 내어 방해를 선언한다.
- 주자(들)는 심판이 판단하기에 방해가 일어나지 않았다면 도달했을 베이스에 자동으로 진루한다.

너무 멀리 가버린 경우에는 어떻게 될까? 볼 데드가 되기 전에, 방해를 당한 주자가 안전진루권을 얻었을 베이스를 넘어서 나아가다가 아웃된 경우에는 아웃 판정이 유지된다.

**홈에서의
주루방해** 공을 가지고 있지 않은 포수나 다른 야수가 다음과 같은 상황에서 3루에서 달려오는 주자를 방해했다.

- 주자가 홈 스틸로 득점을 시도하고 있었다.
- 또는 스퀴즈 플레이(3루주자가 득점할 수 있도록 타자가 번트를 대는 플레이) 상황에서 주자가 득점을 시도하고 있었다.
- 또는 포수나 야수가 타자의 몸이나 배트를 건드렸다.

이 경우에 투수에게 보크가 선언되어 모든 주자가 한 베이스씩 진루한다. 타자도 1루로 출루한다. 공은 데드 볼이 된다.

야수에게 필요한 공간 보장

선수와 코치를 비롯한 공격팀의 모든 팀원은 야수에게 필요한 공간에서 비켜나야 한다. 야수가 타구나 송구를 수비하고 있는 상황에서 공격팀원은 야수에게 거치적거려서는 안 된다. 이것은 선수와 코치를 비롯하여 더그아웃에 있는 모든 이에게 해당된다. 만약 공격팀이 공간에서 비켜나지 않으면 '방해' 판정을 내린다. 따라서 심판은 타자 또는 수비하던 대상인 주자에게 아웃을 선언한다.

> **의도가 중요하다**
> 어쨌든 주자를 방해한 결과가 되었지만, 심판이 생각하기에 수비팀원이 주자의 길에서 벗어나고자 노력했다면 방해는 선언되지 않는다.

인필드 플라이 규칙

개요: 1, 2루에 주자가 있는 상황 또는 만루 상황에서 내야에 높은 플라이 볼이 떠 내야수에게 손쉽게 붙잡힐 것 같은 경우, 심판은 공이 실제로 잡히기 전에 타자에게 아웃을 선언한다.

인필드 플라이 규칙의 의도

언뜻 반대로 보일지 몰라도, 사실 이 규칙은 공격팀에게 유리한 것이다. 수비팀이 플라이 볼을 고의로 떨어뜨려 주자들을 포스 상황으로 몰아넣고는 손쉽게 더블 플레이를 잡아내는 것을 막아주기 때문이다. 인필드 플라이 선언의 결과 타자는 아웃되고 공은 계속 인 플레이 상태에 있게 된다.

인필드 플라이가 선언되는 경우   내야에 높은 플라이 볼이 떴다고 해서 항상 인필드 플라이가 선언되는 것은 아니다. 인필드 플라이 규칙은 오직 다음과 같은 상황에서만 적용된다.

- 1, 2루에 주자가 있거나 만루인 상황.
- 투 아웃 미만의 상황.
- 내야수가 쉽게 잡을 수 있는 높은 플라이 볼(번트나 라인 드라이브 제외)이 뜬 상황.

보기 : 인필드 플라이가 선언되지 않을 경우 일어나는 결과

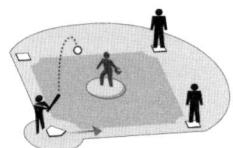

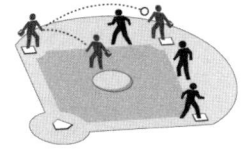

a. 인필드 플라이를 선언
타자가 야수에게 잡힐 듯한 내야 플라이를 친다. 타자는 1루로 달리기 시작하지만, 주자들은 기다리면서 공이 잡힐지 살펴야 한다.(135쪽 '태그 업' 항목 참조) 심판은 내야수가 그 공을 잡을 수 있으리라고 판단하는 순간 '인필드 플라이, 타자 아웃'을 선언한다. 공은 인 플레이 상태로 남는다.
공격팀 : 아웃 1개를 당한다.

b. 인필드 플라이가 선언되지 않으면 야수가 일부러 공을 떨어뜨린다. 그러면 포스 상태에 놓인 주자들이 다음 베이스로 진루해야 한다.(127쪽 '포스 플레이' 항목 참조) 모든 주자가 움직이고 공은 내야에 있는 상황에서, 야수가 공을 재빨리 집어 올려 3루에 던지고, 다시 2루에 던져 손쉽게 더블 플레이를 잡아낸다.
공격팀 : 아웃 2개를 당한다.

> **Note 1**   인필드 플라이가 선언되었는데 야수가 뜻하지 않게 공을 놓쳤다 해도, 타자는 아웃되고 공은 계속 인 플레이 상태에 있게 된다.
>
> **Note 2**   주자가 1명만 있을 때에는 인필드 플라이 규칙이 별 소용이 없다. 공이 떠 있는 시간이 길기에 타자가 힘껏 달리기만 하면 대개는 1루에서 세이프되기 때문이다. 그러므로 이런 상황에서는 어떻게 하든 대개 아웃이 하나만 나온다.

| 유사한
| 규칙

투 아웃 미만에 1루에 주자가 있는 상황에서(2루나 3루에 주자가 있든 없든), 야수가 타구를 건드린 다음에 고의로 떨어뜨렸다고 심판이 판단하면, 공이 떨어진 후에 타자에게 아웃을 선언한다. 이것은 인필드 플라이 규칙과 유사하지만, 우선 야수가 공을 건드려야 하며 아웃은 공이 떨어진 다음에 선언된다. 또한 1루주자만 있어도 되며, 높은 플라이뿐만 아니라 라인 드라이브나 번트 타구에도 적용되는 규칙이다.

야수선택

개요: '야수선택'이라는 용어는 야수가 2명 이상의 주자 가운데 한 주자를 선택하여 아웃시켜야 하는 플레이에서 사용한다.

야수선택이라는 용어는 여러 가지 상황에서 쓰인다.

1 1루 대신 다른 곳으로 던지는 야수의 송구. 이 경우에 야수선택은 땅볼을 처리하는 야수가 타자 대신 주자를 수비하려고 1루가 아닌 다른 베이스로 공을 던지는 것을 가리킨다.

2 1루 이상을 가는 타자의 출루. 이 경우에는 야수가 타자 대신 타자 앞의 주자를 아웃시키기로 결정함에 따라 타자가 실제로 1루 이상 진루한 결과를 설명한다.

3 다른 주자의 진루. 위의 상황과 마찬가지로, 야수가 어떤 주자를 아웃시키기로 결정함에 따라 다른 주자가 하나 이상의 베이스에 진루하게 되는 경우를 설명한다.(도루나 실책으로 진루한 주자에게는 적용되지 않는다.)

4 주자의 도루를 내버려두는 야수의 결정. 흔하지는 않지만, 어떤 상황에서는 수비팀원이 주자가 도루를 하게 놔두어도 괜찮다고 결정한다. 이 경우에 야수선택은 그러한 결정을 일컫는다.

참고: 2번, 3번, 4번의 정의는 대개 공식기록원이 이용한다.

아웃

개요: 같은 아웃이라도 어떤 것은 잡기가 훨씬 어렵다. 야수는 타자나 주자를 직접 아웃시킬 수도 있고, 공식기록원에게서 '자동' 아웃 기록을 받을 수도 있다.

야수가 타자나 주자를 아웃시키는 방법

야수의 임무는 타자나 주자가 홈 플레이트에 도달하여 득점하지 못하도록 막는 것이다. 야수는 타자나 주자를 아웃시키거나, 주자의 도루를 막거나, 타자가 공을 칠 때마다 진루하려는 주자를 막음으로써 이를 해낸다. 야수가 타자나 주자를 아웃시키는 방법에는 세 가지가 있다.

1 타자가 친 플라이 볼을 잡는다. 페어 지역이나 파울 지역에서 플라이나 라인 드라이브를 잡는다.(공이 땅에 닿기 전에 잡는다는 뜻이다.)

2 베이스를 태그한다. 주자가 포스 상태에서 가야 하는 베이스에 도달하기 전에 공을 가진 야수가 그 베이스를 태그하면 주자는 아웃된다. 이것은 1루에 도달하려고 하는 타자주자에게도 해당된다.

3 공으로 주자를 태그한다. 공이 인플레이 상태에 있을 때 야수는 베이스를 터치하고 있지 않은 주자를 아웃시킬 수 있다. 이것은 1루로 달리는 타자주자에게도 해당된다.

예외: 1루를 터치하고 나서 오버런한 타자는 대개 태그 아웃시킬 수 없다. '주루' 장 133쪽을 참조하라.

자동 아웃: 야수의 기록

개요: 공식기록원은 자동 아웃이 이루어진 플레이에서 풋아웃 기록을 어떤 야수에게 줄지 판단을 내린다.

포수에게 기록이 돌아가는 경우

1 타자가 반칙 타격을 했다. 예를 들어 타자가 조작된 배트로 타격을 했다.

2 타자가 투 스트라이크 상황에서 댄 번트가 파울이 되었다.

3 타자가 자신의 타구에 맞았다.

4 타자가 포수를 방해했다.

5 타자가 타석에 들어설 순서를 놓쳤다.

6 타자가 볼넷을 얻고 나서 1루로 출루하기를 거부했다.

이 규칙들에 대한 자세한 내용과 사례는 '타격' 장을 참조하라.

주자가 다음과 같이 자동 아웃을 당한 경우 포수에게 그 기록이 돌아간다.

7 결승점이 날 상황에서 포스 상태에 놓인 3루 주자가 홈으로 진루하기를 거부했다. 이런 경우에 결승점을 얻으려면 3루주자가 진루를 해야 한다. 그러지 않으면 심판이 그 주자에게 아웃을 선언한다. 경기는 끝나지 않는다.

야수에게 기록이 돌아가는 경우

1 인필드 플라이 규칙으로 타자에게 아웃이 선언되었는데 이 플라이가 잡히지 않았다. 공식기록원은 포구를 할 수 있었던 야수에게 풋아웃 기록을 준다.

이 규칙으로 기이한 상황이 벌어지기도 한다. 이 경우에 야수는 뜻하지 않게 공을 떨어뜨릴 수도 있는데, 보통의 상황이라면 이것은 실책이 된다. 하지만 인필드 플라이 규칙 때문에 그 야수는 자동으로 풋아웃 기록을 챙기는 것이다.

2 주자의 수비방해 때문에 타자에게 아웃이 선언되었다. 더블 플레이 상황에서 주자가 송구를 하거나 송구를 받으려고 하는 야수의 수비를 방해한 경우에, 타자의 자동 아웃 기록은 1루수가 얻는다. 방해를 당한 야수가 그 당시 공을 던지고 있었다면, 그 야수는 어시스트 기록을 얻는다.

주자가 다음과 같이 자동 아웃을 당한 경우 야수에게 그 기록이 돌아간다.

3 주자가 타구에 맞았다. 공에 가장 가까이 있던 야수에게 풋아웃 기록이 돌아간다.

4 태그를 피하려고 베이스라인을 벗어나 달린 주자에게 아웃이 선언되었다. 주자가 피하려고 했던 야수가 풋아웃 기록을 얻는다.

5 자기 앞의 주자를 앞지른 주자에게 아웃이 선언되었다. 자기 앞의 주자를 앞지르고 있던 주자에게 가장 가까이 있던 야수가 풋아웃 기록을 얻는다.

6 야수들을 혼란시키려고 주루를 거꾸로 한 주자에게 아웃이 선언되었다. 주자가 역순으로 달리기 시작했던 베이스를 커버하고 있던 야수가 풋아웃 기록을 챙긴다.

7 야수를 방해한 주자에게 아웃이 선언되었다. 방해를 당한 야수가 풋아웃 기록을 받는다. 하지만 방해가 일어났을 때 그 야수가 송구를 하고 있었다면, 송구를 받으려던 야수가 풋아웃 기록을 챙긴다. 송구를 하던 야수는 '어시스트' 기록을 얻는다.

09
심판

심판은 리그의 공식 대리인으로서, 경기를 진행하는 것은 물론 야구의 질서와 품위를 유지할 책임도 진다. 한 경기는 대개 주심 1명과 루심 3명이 관장한다.

심판에게는 경기 시작 전, 경기 도중, 그리고 경기가 끝나고 나서 해야 할 임무가 있다. 타순표를 확인하는 것에서부터 다툼이 벌어진 후에 선수를 퇴장시키는 것에 이르기까지 심판은 다양한 일을 처리한다. 여기에서는 공식 규칙에 언급되어 있는 심판의 임무를 소개한다.

심판에 대한 기본 상식

심판의 첫 번째이자 가장 중요한 임무는 이것이다. "모든 플레이를 볼 수 있는 위치에 있어야 한다."

page 166

심판에 대한 지침

심판은 무엇을 해야 하고 하지 말아야 하는지, 무엇을 피해야 하는지에 대한 지침을 따른다.

page 167

주심과 루심

매 경기마다 심판 1명이 필요한데, 대개는 4명이 투입된다. 몰수경기 선언 같은 몇 가지 판정을 제외하고 모든 심판은 동등한 권한을 지닌다.

page 169

일시정지경기와 콜드 게임

일시정지경기는 그날 중이나 다른 날에 재개된다. 콜드 게임은 9이닝을 마치기 전에 종료되는 경기를 말한다.

page 175

볼과 스트라이크 판정

볼과 스트라이크 판정은 심판의 독자적인 판단에 따른다. 규칙에 스트라이크 존이 정의되어 있기는 하지만, 각 심판마다 약간씩 다르게 본다.

page 177

몰수경기

심각한 규칙 위반이 발생하면, 주심은 몰수경기를 선언하여 9 대 0의 스코어로 경기를 끝낼 수 있다.

page 179

어필과 제소경기

심판도 틀릴 수 있다. 감독은 심판에게 어필을 하여 다른 심판의 의견을 물어보라고 요청할 수 있다. 극단적인 경우에는 제소를 거쳐 경기 일부를 다시 치를 수도 있다.

page 180

심판의 독자적인 판단과 재량에 따른 판정

'볼'과 '스트라이크' 판정은 심판의 독자적인 판단에 따른 판정이며 이의를 제기할 수 없다. 그 밖의 여러 가지 판정 또한 심판의 판단에 달려 있긴 하지만 '논의'할 여지는 있다.

page 181

심판의 경기 방해

홈 플레이트와 각 루에 4명의 심판이 서 있다가 그중 1명이 경기에 방해가 되는 일도 어쩌다가 일어난다.

page 183

주루방해 판정

야수가 주자를 방해한 경우, 심판은 방해가 일어나지 않았다면 도달했을 베이스에 가도록 안전진루권을 준다.

page 184

퇴장

심판은 말썽을 일으킨 선수를 비롯한 팀원을 퇴장시켜 문제를 해결하기도 한다.

page 186

투수의 반칙행위

투수는 어떤 선수보다도 공을 많이 다룬다. 심판은 공 조작이나 고의로 타자를 맞히려고 던지는 투구 등 여러 가지 일을 감시해야 한다.

page 188

심판에 대한 기본 상식

개요 : 심판은 리그 회장이 임명한다. 리그 회장은 모든 경기에 심판을 1명 이상 배치한다. 심판은 리그와 야구라는 스포츠의 대리인이다. 심판의 임무는 야구의 규칙이 준수되게끔 하는 것이다. 또한 심판은 경기 내내 적절한 품행을 유지시킬 책임도 지고 있다.

공식 야구 규칙이 경기의 수많은 측면을 포괄하고 있기는 하지만, 심판은 공식 규칙에서 언급하지 않은 상황에 대해서도 판정을 내릴 권한이 있다. 선수, 코치, 감독, 관계자를 비롯한 양 팀의 구성원들은 심판의 임무 수행을 가로막는 어떤 일도 해서는 안 된다. 그런 일이 벌어지는 경우 심판은 합당한 벌칙을 내릴 수 있다.

│ 심판의 제1규칙 　　공식 야구 규칙 가운데 심판에게 첫째가는 것이자 가장 중요한 규칙은 이것이다. "모든 플레이를 볼 수 있는 위치에 있어야 한다." 이것은 심판이 플레이에 대한 판정을 올바로 내리기 위한 지상 과제이다. 또한 심판이 실제로 무슨 일이 일어났는지 보기에 좋은 위치에 있지 않았다고 생각하는 선수들의 항의를 줄이는 길이기도 하다.

│ 심판의 위치 　　대개 심판진은 홈 플레이트에 위치한 주심('구심'이라고도 한다.)과 3명의 루심으로 구성된다. 3명의 루심은 마치 수비 선수처럼 구장의 특정 구역을 책임진다. 야수처럼 심판도 상황에 따라 위치를 이동하곤 한다. 심판은 플레이에 방해가 되지 않는 선에서 최대한 플레이를 올바르게 볼 수 있는 지점에 있으려고 한다.

보기: 심판의 전형적인 위치

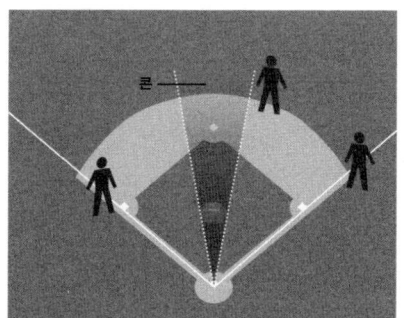

플레이에 방해가 되지 않게 한다: 2루심은 2루 뒤에 자리를 잡기도 하나, 타자를 교란하지 않기 위해서 타자의 시선 바깥쪽에 위치한다. 타자의 시선이 미치는 이 구역을 '콘 cone'(원뿔)이라고 한다. 또한 이렇게 자리를 잡음으로써 심판은 투수를 더 잘 살펴볼 수 있게 된다. 타자가 왼손잡이이면, 심판은 콘에서 1루 쪽으로 움직여 자리를 잡는다. 타자가 오른손잡이이면, 심판은 콘에서 3루 방향으로 자리를 옮긴다.

플레이를 보기 위한 최적의 장소로 옮긴다: 1루에 주자가 있는 경우, 1루심은 1루로 더 가까이 가고 2루 뒤에 있던 심판은 2루 아래쪽으로 자리를 옮긴다. 이렇게 하여 두 심판 모두 선수들의 행위를 보기에 더 좋은 시야를 확보하게 된다.

심판에 대한 지침

개요: 일단 구장에 들어선 심판들은 엄격한 행동 규약에 따라야 한다. 선수를 비롯한 팀원들이 야구경기를 구성하지만, 심판 또한 야구를 당당히 대표하기 때문이다.

플레이를 보기에 최적의 위치에 있어야 한다는 규칙에 더하여 심판은 여러 가지 지침을 지켜야 한다. 이런 지침들은 심판이 해야 할 일과 하지 말아야 할 일, 피해야 할 일로 나뉜다.

심판이 해야 할 일

- 올바른 판정을 내리는 것이 심판의 품위를 지키는 것보다도 더 중요한. 심판의 첫째가는 임무임을 기억한다.
- 계속 적극적인 상태를 유지하고 방심하지 않는다.
- 경기가 계속 진행되도록 한다.
- 설령 구장에서 이루어지는 다른 행위를 놓치더라도 공에서 눈을 떼서는 안 된다. 이 지침은 가령 주자가 베이스 터치를 빠뜨리고 갔는지를 보는 것보다 공의 상태를 아는 것이 더 중요하다고 명시하고 있다.
- 선수에게 아웃을 선언하고 나서 공이 야수의 손에서 떨어졌는지 본다.
- 심판 유니폼을 단정한 상태로 유지한다.
- 팀 관계자에게 예의를 지킨다.
- 참을성을 가지고, 공정한 판단을 내리며, 자제심을 유지하고, 이성을 잃고서 화를 내지 않는다.
- 양 팀을 동등하게 다루면서, 원정팀과 홈팀의 플레이를 다르게 판단하지 않는다.
- 정중하면서도 중립적이며 확고하게 행동한다. 그럼으로써 심판은 존경을 얻는다.
- 오심이 이루어졌을 때 다른 심판들에게 알릴 수 있는 간단한 신호를 준비하여 잘못된 판정을 바로잡을 수 있도록 한다.
- 규칙서를 가지고 다닌다. 심판에게는 경기가 지연되는 한이 있어도 필요하다면 규칙서를 참고하도록 권고하고 있다. 나중에 경기에 대한 제소가 이루어져 재경기를 치를 가능성을 남기는 것보다는 판정을 제대로 했는지 확인하기 위해 경기를 잠시 지연하는 편이 훨씬 낫기 때문이다.

참고 : 규칙서 휴대를 권장하는 이 마지막 사항은 공식 규칙에 있지만 사실은 아무도 따르지 않는다. 자존심이 있는 리그 심판이라면 누구도 경기 도중에 규칙서를 뒤적이는 모습을 들키고 싶지 않을 것이다.

심판이 하지 말아야 할 일

- 선수들과 대화를 나눈다.
- 코치석에 들어가거나 코치와 대화를 나눈다.

- 판정을 너무 급하게 내리거나, 야수가 더블 플레이를 잡으려고 송구를 할 때 그 행위에서 너무 빨리 눈을 돌려버린다.
- 베이스에서 플레이가 완수되기 전에 '세이프' 또는 '아웃' 신호를 보내기 시작한다.
- 잘못된 판정을 내리고 나서 이를 벌충해주기 위해 '보상' 판정을 내린다. 플레이에 대한 모든 판정은 눈에 보이는 대로만 내려야 한다.
- 판정에 대한 비난에 당황한다. 판정 비난에 대해서는 다음과 같이 행동한다.

  판정을 확신하면, 심판은 다른 심판들에게 의견을 구해보라는 선수의 어필에 주눅이 들어서는 안 된다.

  판정을 확신하지 못하면, 심판은 다른 심판들과 상의해야 한다. 하지만 이 수단에 과도하게 의존해서는 안 된다. 심판의 첫째 임무는 플레이에 대한 판정을 정확히 내리는 것이다. 심판은 정확한 판정을 확실히 하는 데 도움이 필요할 때만 다른 심판들의 조력을 구해야 한다.

심판이 피해야 할 일

심판은 구단 사무실을 방문하거나 구단 직원과 친밀하게 지내는 일을 피해야 한다.

주심과 루심

개요 : 리그 회장은 각 경기를 관할할 심판을 1명 이상 임명한다. 일반적으로는 한 경기에 4명의 심판이 들어간다. 그러므로 심판들 사이에 의견이 일치하지 않을 가능성도 물론 있다. 여기에서는 심판진의 구성에 대한 규칙을 알아본다.

| 심판이 단 1명 있는 경기   경기를 관할하는 심판이 단 1명이라면, 그 심판은 규칙의 관리를 전적으로 책임진다. 보통은 포수 뒤에 자리를 잡지만, 구장에서 경기를 보는 데 가장 유리한 어느 위치에나 있을 수 있다. 가령 베이스에 주자들이 있다면 투수 뒤에 서기도 한다.

심판이 2명 이상 있는 경기

2명 이상의 심판이 경기에 배치되는 경우 한 심판이 주심으로 임명된다. 다른 심판들은 루심이 된다. 루심의 권한은 몰수경기, 콜드 게임을 비롯하여 주심만이 내릴 수 있는 몇 가지 판정을 빼면 주심의 권한과 동등하다. 말하자면 주심과 루심들은 한 팀으로서 임무를 수행한다.

주심

주심은 구심이라고도 한다. 주심의 임무는 다음과 같다.

- 경기 운영에 대한 최종 책임을 진다.
- 변경 사항을 포함한 타순을 공식기록원에게 전달한다.
- 투구가 볼인지 스트라이크인지 판정한다.
- 타자에 관한 결정을 내린다.
- 몰수경기에 대한 결정을 내린다.(몰수경기가 선언되면 한 팀이 자동으로 승리한다.)
- 어떤 시간제한이 정해진 경우 경기를 시작하기 전에 이를 알려준다.
- 자신이 적절하다고 판단하는 특별 그라운드 룰을 알려준다.

루심

루심들은 구장 어느 곳에나 자리를 잡을 수 있다. 그들은 앞으로 일어날 플레이를 살펴보기에 가장 유리한 지점이라고 생각하는 곳에 위치한다. 대개는 1루, 2루, 3루에 1명씩 자리를 잡는다. 루심의 임무는 주심을 보좌하는 것이다. 단 1명의 심판이 구장에서 이루어지는 모든 행위를 늘 동시에 지켜보기는 불가능하기 때문이다.

루심들은 각 베이스에서 이루어지는 플레이를 판정하기에 가장 좋은 위치에 있으므로, 대개는 그곳에서 일어나는 일을 판정한다. 하지만 어느 심판이라도 판정을 내릴 수 있으며, 베이스에서 이루어지는 플레이에 대한 판정을 내리는 데 루심과 주심이 동등한 권한을 지닌다.

주심과 루심들이 공유하는 임무

모든 심판은 다음과 같은 임무를 공유한다.

- 파울 볼과 페어 볼을 판정한다.
- 경기 규칙에 관한 결정을 내린다.
- 규율과 질서에 관한 것을 비롯한 야구 규칙을 집행한다.
- 타임, 보크, 반칙투구, 공 조작을 선언한다.

심판 | 경기를 시작하기 전 심판의 임무

경기가 시작되기 전에 심판이 해야 할 일은 다음과 같다.

- **양 팀 감독을 확인한다.** 대개는 문제가 되지 않지만, 적어도 경기 시작 시간 30분 전에 양 팀은 리그 회장이나 주심에게 감독이 누구인지 밝혀야 한다.
- **장비를 점검한다.** 심판은 배트와 유니폼 등 모든 장비가 규칙의 요건에 들어맞는지 확인해야 한다.
- **야구공을 준비한다.** 홈팀은 경기에 쓸 야구공들을 심판에게 제공해야 한다. 공은 크기, 무게, 구조가 요건에 맞아야 한다.(41쪽 참조) 공은 리그 회장의 서명을 담아 봉한 꾸러미에 넣어 전달된다. 클럽하우스 직원이 봉인을 뜯고 모든 공을 일일이 검사하고 나서 특수 진흙으로 공을 하나하나 문질러서 광택을 없앤다.
- **여분의 야구공을 확인한다.** 필요한 경우에 쓸 수 있도록 홈팀이 규정에 맞는 여분의 공을 적어도 12개 이상 준비해놓았는지 확인해야 한다.
- **2개의 야구공을 수중에 간직한다.** 플레이에 투입하는 공 외에도, 심판은 적어도 2개(보통은 4개)의 공을 수중에 지니고는 필요할 때마다 새로운 공을 넣어주어야 한다.
- **구장을 점검한다.** 모든 선이 초크 같은 흰색 물질로 분명히 표시되어 있는지 점검한다.

'경기 준비' 장(28쪽)을 참조하라.

● 로진 백 ●

플레이가 시작되기 전에 주심은 투수가 사용할 공식 로진 백을 홈팀이 투수판 뒤쪽에 마련해놓았는지 확인한다. 로진 백에는 로진 이외의 어떤 이물질도 들어가 있어서는 안 된다.

투수는 로진을 손에만 직접 바를 수 있으며, 글러브나 유니폼에 발라서는 안 된다. 공이 로진 백에 맞더라도 인 플레이 상태로 남는다.

날씨가 궂으면 심판은 투수에게 로진 백을 뒷주머니에 넣어두라고 할 수도 있다.

심판 | 심판들 간의 상반된 의견

| 심판들이 동시에 상반된 판정을 내렸을 때 　다른 심판의 결정에 의문을 제기하거나 비판하는 심판은 없지만(다른 심판에게 특별히 도움을 요청받지 않는 한), 두 심판이 상반된 판정을 동시에 내리는 상황이 생길 수 있다. 이런 일이 일어나면, 주심은 즉시 심판들을 한자리에 불러 모아 회의를 연다.(선수와 감독은 참여할 수 없다.) 주심은 플레이를 보기에 가장 좋은 시야를 가지고 있었을 법한 심판, 그러므로 가장 정확할 법한 심판의 의견을 근거로 어떤 판정을 지지할지 결정한다. 플레이는 이 최종 결정에 따라 계속 된다. 아니면 리그 회장이 이러한 결정을 내릴 책임을 주심이 아니라 다른 심판에게 부여할 수도 있다.

심판 | 플레이의 개시

| 경기 시작 　심판(들)은 경기 시작 5분 전에 구장에 들어가 홈 플레이트에서 다음과 같은 절차를 진행한다.

- 홈팀 감독이 홈팀의 타순표 2통을 주심에게 건넨다.

- 홈팀의 타순표를 건네주면서 홈팀 감독은 구장에 대한 권한을 주심에게 넘긴다. 이로써 주심은 좋지 않은 날씨나 불량한 구장 상태를 이유로 경기를 일시정지시키거나 연기하며, 언제 경기를 재개할지 결정하는 권한을 가지게 된다.
- 원정팀 감독이 원정팀의 타순표 2통을 심판에게 건넨다.
- 심판은 각 팀의 타순표 2통이 서로 일치하는지 확인하고 오류가 없는지 살펴본다.
- 심판에게 타순표가 전달되면 경기 전체의 타순이 확정되며, 교체를 비롯한 타순의 변경은 규칙에 따라서만 할 수 있다.(196쪽 참조)
- 타순표 2통이 서로 똑같으며 실수가 없다고 확인한 심판은 양 팀의 타순표를 1통씩 가지며, 나머지 1통씩을 상대팀 감독에게 준다.

더블헤더와 제2경기의 시작

제2경기는 제1경기가 끝나고 나서 20분 뒤에 시작된다. 주심은 이 시간을 지킨다. 그는 이 휴식시간을 30분까지 연장할 수 있지만, 제1경기가 끝날 때 양 팀 감독에게 시간이 연장되었음을 알려야 한다.

주심은 날씨, 시간제한, 구장 상태 등에 별문제가 없는 한 제2경기를 시작해야 한다. 또한 더블헤더의 제1경기가 지연된 경우, 그날 열린 첫 경기가 실제 시작 시간에 상관없이 더블헤더의 제1경기로 간주된다.

전날 경기의 일정이 변경되는 바람에 더블헤더를 치르게 되었다면, 그날 열기로 일정이 잡혀 있던 경기가 제1경기가 되고, 일정이 변경된 전날의 경기가 제2경기가 된다.

예외: 더블헤더의 두 경기 사이에 특별 행사가 잡혀 있다면, 휴식시간을 연장할 수 있다. 그러려면 사전에 리그 회장의 승인을 받아야 한다. 주심은 특별 행사 때문에 제2경기 시작 시간이 변경될 것임을 양 팀 감독에게 통지해야 한다.

Note 타순표의 오류. 주심에게 건넨 타순표로 해당 경기의 타순이 확정되지만, 예기치 못한 실수나 누락은 정정할 수 있다. 가령 타순표에 9명이 아니라 8명의 이름만 들어 있다거나 동명이인의 선수 중 어떤 선수를 지목했는지 알아볼 수 없는 경우, 그런 실수는 바로잡기만 하면 된다. 심판은 감독이나 주장에게 이런 실수를 알려주어야 하며, 그 팀은 경기 시작 전에 이를 바로잡을 수 있다.

플레이의 개시

주심(구심이라고도 한다)은 '플레이'를 선언하여 경기를 시작한다. 또한 경기 도중 볼 데드가 될 때마다 주심의 '플레이' 선언과 함께 플레이가 재개된다. 파울 볼이 잡히지 않으면 데드 볼이 된다. 심판은 모든 주자가 자기 베이스를 다시 터치할 때까지 기다렸다가 공을 다시 투입해야 한다.

어떤 경우에도 심판은 공을 쥔 투수가 투수판에 자리를 잡은 상태에서만 '플레이'를 선언해야 한다. 공이 투입될 때 포수는 제자리에 있어야 하고, 다른 7명의 야수는 구장의 페어 지역 안에 있어야 한다.

새 야구공의 투입

다음과 같은 상황에서 주심은 갖고 있던 여분의 야구공을 플레이에 투입한다.

- 타구가 구장 바깥으로 나갔다.
- 쓰고 있던 공이 변색되거나 손상되어 더 이상 쓸 수 없게 되었다. 84쪽을 참조하라.
- 투수가 새 공을 달라고 요청했다.

새 공은 한 플레이가 종료되고 현재의 공이 데드 볼이 된 후에만 경기에 투입할 수 있다. 심지어 홈런을 쳤을 때조차, 모든 주자와 타자가 베이스를 다 돌아 홈에 들어올 때까지 투수나 포수에게 새 공을 지급해서는 안 된다. 안전진루권이 부여된 경우에는, 모든 주자가 그에 따른 진루를 마친 후에 공을 지급한다.

Note 선수 교체
한 팀의 선수 교체를 통고받은 주심은 교체선수를 발표해야 한다.

심판 | 심판의 장비

심판은 몇 가지 장비를 이용하여 경기가 매끄럽게 흘러갈 수 있게 한다.

구심은 홈 플레이트가 분명히 보이게끔 늘 깨끗하게 한다. 아래 사진과 같은 솔을 쓴다.

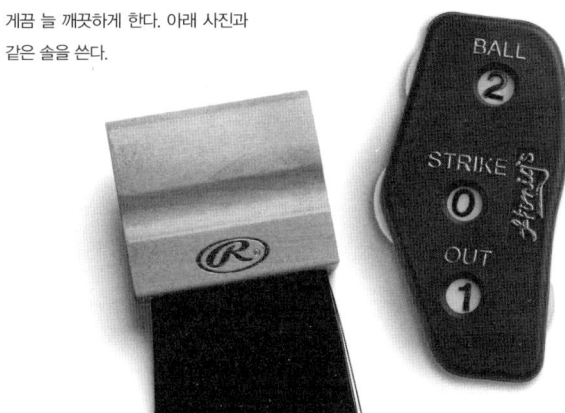

구심은 스트라이크와 볼, 아웃의 개수를 잊어버리지 않기 위해 인디케이터를 사용한다. 하지만 심판들은 종종 스코어보드로 볼 카운트를 확인하기도 한다.

일시정지경기와 콜드 게임

개요 : 콜드 게임이 되면, 당시의 상황에 따라 경기 전체를 다시 치를 수도 있고, 그 자리에서 승부가 판가름 날 수도 있다. 일시정지경기는 그날 중이나 다른 날에 마무리한다.

▎날씨나 구장 상태에 따른 경기 중단

경기 시작 전에는, 날씨나 구장 상태에 따라 경기를 시작할지 연기할지 결정하는 권한이 홈팀 감독에게 있다.(226쪽 참조) 하지만 경기가 시작되는 순간 주심이 이 권한을 넘겨받는다. 그는 다음과 같은 사항을 단독으로 결정한다.

- 날씨나 구장 상태가 좋지 않아 경기를 중단해야 하는가, 중단한다면 언제 할 것인가.
- 경기를 재개할 것인가, 재개한다면 언제 할 것인가.
- 중단한 다음 경기를 그대로 종료할 것인가, 종료한다면 언제 할 것인가.

심판의 임무는 가능한 한 경기를 끝까지 마치게끔 하는 것이다. 주심은 날씨나 구장 상태가 나아지지 않을 것이므로 경기를 재개할 가능성이 전혀 없다는 판단이 들 때에야 경기를 종료한다.

경기 중단을 선언하고 나서 주심은 경기를 종료하기 전까지 적어도 30분은 기다려야 한다. 최소 시간으로 30분이 정해져 있기는 하지만, 심판이 경기를 재개할 가능성이 있다고 생각하는 한 일시정지 상태는 몇 시간이든 지속될 수 있다.

경기 중단

경기를 중단하는 경우에 주심은 양손을 머리 위로 들어 올려 '타임'을 선언한다. 이 선언이 이루어지면 공은 데드 볼이 된다. 경기를 속행할 때는 심판이 '플레이'를 선언하고 나면 다음 투구를 할 수 있다.

일시정지경기와 더블헤더

더블헤더의 제1경기가 끝나고 나서, 제1경기의 주심이 날씨나 구장 상태에 따라 제2경기를 시작할지 연기할지 결정한다. 이 결정에 홈팀 감독이나 제2경기의 주심은 관여하지 않는다.

구장 상태

구장 상태 때문에 경기가 중단되는 경우 주심은 구장관리인들에게 이를 바로잡도록 지시할 권한이 있다. 주심의 목표는 구장을 경기하기에 적합한 상태로 만드는 것이다. 구장 상태가 나쁜 경우 이는 홈팀의 규칙 위반으로 간주된다.

벌칙: 이러한 상태가 바로잡히지 않으면, 주심은 몰수경기를 선언하여 원정팀에게 승리를 안겨 준다.

> **• 그라운드 룰 •**
>
> 각 야구장에는 구장의 특색에 맞는 그라운드 룰이 있다. 예를 들어 돔구장에서는 공이 지붕에 맞았을 경우에 적용할 규칙을 정해둔다. 또한 홈팀 감독은 심판과 원정팀 감독에게 별도의 특별 규칙을 제안할 수 있다. 양 팀이 합의하면 이 규칙의 효력이 발생한다. 아니면 심판이 특수한 구장 상태, 구장 안에 있는 관중에게 날아간 타구나 송구, 그 밖의 예기치 못한 상황을 다루는 규칙을 직접 정한다. 물론 이러한 특별 규칙이 공식 규칙에 어긋나서는 안 된다.

볼과 스트라이크 판정

개요 | 스트라이크 존은 야구경기에서 대단히 중요한 문제이다. 규칙에 상세히 정의되어 있기는 해도 스트라이크 존은 해석의 여지가 많다.

실전에서 실제 스트라이크 존의 경계를 정하는 기준은 모호하다. 그러므로 구심마다 스트라이크 존을 약간씩 다르게 본다. 부당한가? 당연하다. 그러나 이러한 해석의 차이와 그에 따른 필연적인 다툼이 바로 야구경기의 일부이다. 이런 것이 없다면 야구는 지금과 같은 스포츠가 아니었을 것이다.

    스트라이크 존은 투구 장과 타격 장에서 정의했다. 심판의 '볼' 또는 '스트라이크' 판정은 최종 결정이다. (자세한 내용은 78, 97~100쪽 참조)

볼과 스트라이크 | 체크 스윙

▍타자의 '체크 스윙'에 대한 판정

'하프 스윙'이라고도 하는 체크 스윙은 배트를 휘두르다 멈춘 것으로, 이는 헛스윙일 수도 있고 아닐 수도 있다. 투구가 스트라이크 존 바깥으로 들어왔는데 타자가 공을 맞히지 않은 채 배트를 반쯤만 돌렸으면, 그 스윙이 스트라이크로 간주될 수도 있고 안 될 수도 있다는 뜻이다. 이것은 구심의 판단에 달려 있는데, 경우에 따라 판정에 어필을 할 수 있다.

- 하프 스윙에 심판이 볼을 판정했다면 어필을 할 수 있다.
- 하프 스윙에 심판이 스트라이크를 판정했다면 어필을 할 수 없다.

그러므로 타자가 하프 스윙을 했는데 헛스윙(즉 스트라이크)으로 간주될 만큼 배트를 많이 휘둘렀다고 판단한 수비팀 감독은 볼이 선언된 경우 어필을 할 수 있다. 하지만 구심이 판정을 내리기 전에 다른 심판에게 의견을 물어보지 않은 경우에만 감독은 어필을 할 수 있다. 구심의 판정이 틀렸다며 어필을 할 수는 없다는 뜻이다. 이 어필에는 루심이 응답을 해야 한다. 우타자인 경우에는 1루심이, 좌타자는 3루심이 응답한다. 타자의 스윙이 스트라이크가 될 만큼 앞으로 나갔다고 루심이 판정하면 '볼'은 '스트라이크'로 바뀌게 된다.

체크 스윙에 대한 어필이 인정된 경우   어필이 받아들여져서 볼이 이제 스트라이크가 되었다면, 주자들의 처지도 바뀔 수 있다. 포스 상태에서 자동으로 진루하고 있던 주자들이 갑자기 아웃될 위험에 처할 수 있다. 하지만 이미 베이스에 도달한 주자는 그대로 머물러도 된다.

보기: 1루에 주자가 있고 볼 카운트가 스리 볼인 상황에서 타자가 체크 스윙을 했다. 구심이 볼을 선언하여 타자에게 볼넷을 주자 1루주자가 안전진루권을 얻어 2루로 걷기(또는 달리기) 시작했다. 이 판정에 대한 어필에 1루심이 스윙이 너무 앞으로 나갔다고 응답함으로써 볼이 스트라이크로 바뀌었다. 1루주자는 이제 졸지에 2루 도루를 하는 꼴이 되었고, 그 와중에 송구로 아웃될 수도 있게 되었다.

그러므로 주자들은 방심하지 말아야 한다. 베이스를 터치하고 있지 않은 주자는 자칫하면 송구로 아웃될 수 있다. 포수도 어필이 이루어지는 동안 도루를 시도

하는 주자들에 대한 경계를 늦추지 말아야 한다. 공이 아직 인 플레이 상태에 있기 때문이다.

몰수경기

개요 : 심각한 규칙 위반을 저지른 팀은 몰수패를 당할 수도 있다. 주심은 스코어를 자동으로 9 대 0으로 처리하며 경기가 끝났음을 선언한다.

심각한 규칙 위반이 발생하면, 주심은 경기가 끝나기 전 또는 심지어 시작도 하기 전에 경기를 종료하기도 한다. 이를 몰수경기라고 한다. 스코어는 자동으로 9 대 0을 부과한다. 몰수경기를 선언한 주심은 24시간 내에 리그 회장에게 서면 보고서를 제출해야 한다. 하지만 보고서를 제출하지 못했다 해도 몰수 선언은 바뀌지 않는다. 몰수경기를 기록하는 방법에 관한 규칙은 '공식기록원' 장 244쪽을 참조하라.

주심이 몰수경기를 선언할 수 있는 사유

몰수경기를 선언할 권한은 주심에게만 있다. 다음과 같은 때 몰수경기를 선언할 수 있다.

1 구장이 경기하기에 부적합하다고 판단되었다. 구장관리인들이 이 문제를 바로잡기를 거부한다면, 주심은 홈팀이 원정팀에게 몰수패를 당했음을 선언할 수 있다.

2 경기 중에 1명 이상의 사람들이 구장으로 들어와 경기를 방해했는데, 경찰이나 안전요원들이 구장을 '적당한 시간' 안에 정리하지 못했다. 그러면 주심은 홈팀이 원정팀에게 몰수패를 당했음을 선언할 수 있다. 하지만 그러기 전에 주심은 구장을 정리할 시간을 최소한 15분은 주어야 한다.

3 심판이 '플레이'를 선언한 후 한 팀이 5분 안에 구장에 나오지 않거나 경기하기를 거부했다. 이러한 지연 행위에 어떤 불가피한 이유도 없다고 생각하는 심판은 몰수경기를 선언할 수 있다.

4 한 팀이 경기를 지연하거나 단축하려고 했다.

5 한 팀이 경기를 계속하기를 거부하거나, 경기가 중단되고 나서 다시 '플레이'가 선언된 후 1분 이상 경기를 지연했다.

6 경고를 했는데도 한 팀이 규칙 위반을 계속했다.

7 한 팀이 퇴장 판정에 승복하지 않았다.

8 한 팀이 더블헤더의 제1경기가 끝나고 20분이 지났는데도 제2경기에 나타나지 않았다.(휴식시간이 공식적으로 연장된 경우는 제외)

9 한 팀이 9명의 선수를 구장에 투입하기를 거부하거나 투입이 불가능한 상황이다.

어필과 제소경기

개요: 심판도 틀릴 수 있다. 심판의 판정에 동의하지 않는 감독은 어필을 하여 다른 심판에게 판정을 검증받으라고 요청할 수 있다. 잘못된 판정이 경기 결과에 영향을 미친 경우, 감독은 전체 경기를 제소할 수 있다.

심판의 판정에 대한 어필

심판이 규칙에 어긋나는 판정을 내렸다고 생각하는 감독은 어필을 하여 이를 정정하도록 요구한다. 그러면 판정을 내린 심판은 구장에 있는 다른 심판과 의논을 할 수 있다. 하지만 판정을 내린 심판이 도움을 요청하지 않는 이상 다른 심판이 여기에 스스로 개입할 수는 없다. 문제가 만족스럽게 해결되지 않았으며 심판이 규칙을 어겼다고 생각하는 감독은 경기를 제소할 수 있다.

제소경기

어느 팀이든 심판이 공식 규칙에 따르지 않고 잘못된 결정을 내렸다면서 경기를 제소할 수 있지만 '볼'과 '스트라이크' 판정은 제소할 수 없다. 이는 순전히 심판의 재량에 따른 판정이다.(심판의 독자적인 판단과 재량에 따른 판정은 181쪽 참조) 제소가 이루어진 경우 리그 회장이 결정을 내린다. 제소를 하려는 팀은 즉시 조치를 취해야 한다. 제소가 이루어져야 할 시기는 다음과 같다.

1 문제의 플레이가 일어난 당시에 이루어져야 한다.
2 다음 투구를 던지거나 어떤 주자가 아웃되기 전에 이루어져야 한다.

제소할 판정이 경기의 마지막 플레이에서 발생했다면, 제소하는 팀은 다음 날 정오가 되기 전에 리그 사무국에 신청해야 한다. 심판의 판정이 틀렸으며 이것이 패배팀에게 결정적으로 불리하게 작용했다고 판단한 리그 회장은 재경기를 열라고 결정한다. 이 경기는 해당 사건이 일어난 시점부터 재개된다.

심판의 독자적인 판단과 재량에 따른 판정

개요 : 볼과 스트라이크에 대한 판정은 심판의 독자적인 판단에 따른 판정이며 이의를 제기할 수 없다. 그 밖에도 여러 가지 판정이 심판의 판단과 재량에 달려 있지만, 이런 것에는 감독이 이의를 제기할 수 있다.

심판의 '볼'과 '스트라이크' 판정은 최종적이다. 다음과 같은 판정에는 이의를 제기할 수 없다.

1 투구가 스트라이크인가 볼인가.

2 체크 스윙을 풀 스윙으로 인정할 것인가. 풀 스윙은 스트라이크로 간주된다.

심판의 판단에 따른 그 밖의 판정
다음과 같은 판정들 또한 심판이 까다로운 규칙을 해석하여 독자적인 판단과 재량에 따라 내리는 것이지만, 이의를 제기할 수는 있다.

3 경기에 사용할 야구공이 적합한가.

4 날씨가 어떠한가. 주심은 날씨나 구장 상태가 좋지 않은 경우 경기를 계속할 것인지 결정한다. 더블헤더의 제1경기가 끝날 때 주심은 날씨나 구장 상태를 보고서 제2경기를 시작할지 말지 결정한다. 또한 주심은 중단된 경기를 재개할지, 재개한다면 언제 할지, 아니면 그대로 종료할지 결정을 내린다.

5 몰수경기를 선언할 것인가. 구장에 나오지 않거나 '플레이'가 선언된 지 5분 안에 경기를 시작하지 않은 팀에 몰수패를 부과할지 결정한다.(경기 지연이 불가피했다고 판단하면 몰수경기를 선언하지 않는다.)

6 헬멧이 규정에 어긋나는가. '적당한 시간' 안에 이를 바로잡지 않은 팀원을 퇴장시킬 수 있다.

투수에 관한 판정
7 교체투수의 부상 정도가 어떠한가. 한 타자가 타석에 있는 도중에 등판한 교체투수가 더 이상 투구를 할 수 없을 정도로 큰 부상을 입어 그 타석이 마무리되기 전에 또 다른 투수로 교체해야 하는가.

8 퀵 피치인가. 재빨리 투수판을 딛고 투구한 투수의 동작이 퀵 피치(타자가 준비하기 전에 투구하는 것)에 해당하는가.

9 공을 조작했는가. 투수가 공에 침을 뱉는 등 공을 조작했는가.

10 투수에게 언제 첫 경고를 내릴 것인가. 심판이 경기 시작 전이나 경기 중에 양 팀에게 투구로 타자를 맞히려 하지 말라고 공식적으로 경고를 내렸다면, 첫 위반이 발생한 즉시 투수를 퇴장시킬 수 있다.

11 타자를 맞히려 했는가. 투수가 투구로 타자를 고의로 맞히려 했는가.

12 워밍업 투구를 얼마나 허락할 것인가. 교체투수가 워밍업 투구를 8개를 넘겨서 해도 되는가.

타자에 관한 판정
13 타구가 페어인가 파울인가.

14 타자가 야수를 방해했는가. 타자 주자가 1루로 가는 거리의 절반을 지나고 나서 지켜야 할 베이스라인을 벗어났는가. 그리고 야수 또는 1루로 가는 송구를 방해했는가.

15 수비방해가 일어났을 당시 어떤 베이스까지 가 있었는가. 타자의 방해가 선언되면, 심판은 방해가 일어나기 전에 주자들이 어떤 베이스에 도달했는지 판정한다.

16 포수를 방해했는가. 타자가 배트를 휘두르다가 포수를 때린 것이 고의인가 아닌가.

17 배트를 조작했는가.

18 글러브를 던진 경우 어떻게 처리할 것인가. 야수가 글러브, 모자, 유니폼 등을 플라이 볼에 던져 공의 경로를 굴절시킨 경우, 심판은 야수가 그러지 않았으면 타구가 구장 밖으로 넘어갔을 것인지 판정한다.

19 타자가 더블 플레이를 막으려고 타구를 고의로 방해했는가. 타자가 더블 플레이를 막으려고 타구나 수비가 이루어지는 공을 고의로 방해했다면, 심판은 타자와 홈에 가장 가까이 있는 주자에게 아웃을 선언한다.

20 페어인가 파울인가. 타자가 파울 라인 부근으로 날린 플라이 볼이 땅에 닿기 전에 야수가 공을 건드린(또는 잡은) 경우, 그 공을 페어로 간주할 것인가 파울로 간주할 것인가. 이 판정은 야수가 공을 건드릴 당시 페어 지역에 있었는가 파울 지역에 있었는

가가 아니라 공의 탄도에 따라 달라진다.(페어이면 공은 인 플레이 상태로 남고, 파울이면 데드 볼이 된다.)

21 태그 업을 했는가. 플라이 볼이 야수에게 잡힌 후 주자가 원래의 베이스를 터치했는가.(다음 베이스로 진루하려는 주자는 플라이 볼이 잡히고 난 후 원래의 베이스를 터치한 상태에 있었거나 리터치해야 한다.)

22 타자에게 로진을 쓰도록 허락할 것인가. 날씨 때문에 타자가 배트를 잡기 쉽게 로진이나 파인 타르를 바르려고 타자석에서 벗어나도 되는가.

23 타자가 고의로 공에 배트를 던지거나 공의 경로에 배트를 떨어뜨려 타구를 방해했는가.

24 타자나 주자가 고의로 헬멧을 던지거나 떨어뜨려 인 플레이 상태에 있는 공을 방해했는가.

주자에 관한 판정
25 포스 플레이 상황이나 태그 상황에서 주자가 세이프되었는가 아웃되었는가.

26 수비방해가 일어날 당시 공격팀원이 야수에게 필요한 공간에서 비켜나려고 노력했는가.

27 주자가 고의로 베이스라인을 벗어나서 수비하는 야수를 방해했는가.

28 악송구가 이루어진 순간 타자주자를 비롯한 주자들이 어떤 베이스까지 가 있었는가.

29 주루방해가 일어나지 않았다면 주자들이 어떤 베이스에 도달했을 것인가. 방해가 선언되고 나서, 심판은 주자들이 도달했으리라고 여기는 베이스까지 자동으로 진루하게 함으로써 방해의 영향을 무효화한다.

30 주자가 더그아웃이나 자신의 수비 포지션으로 그냥 걸어가버림으로써 주루할 의사를 포기했는가.

31 베이스를 터치하지 않고 있던 주자가 공을 수비하고 있던 야수를 방해했는가.

32 베이스에 있던 주자가 공을 수비하고 있던 야수를 고의로 방해했는가.

33 베이스가 원래의 자리에서 떨어져나간 경우, 주자가 베이스가 있었던 지점에 도달했는가.

34 주자가 더블 플레이를 막으려고 타구나 송구를 고의로 방해했는가. 그랬다면 심판은 그 주자와 타자주자에게 아웃을 선언한다.

35 1루코치나 3루코치가 달리는 주자를 돕기 위해 신체적 접촉을 했는가.

36 야수가 타구를 놓치고 나서 주자가 고의로 공을 찼는가.

야수에 관한 판정
37 주루를 방해한 야수가 공에 대한 수비 상황에 참여하고 있었는가.

38 관중이 경기를 방해하지 않았다면 타자와 주자들이 어떤 베이스에 도달했을 것인가. 주자들은 해당 베이스까지 자동으로 진루한다.

39 야수가 공을 떨어뜨리기 전에 포구로 인정될 만큼 오래 공을 잡고 있었는가.

40 주자가 홈에서 득점하기 전에 세 번째 아웃이 이루어졌는가. 주자가 득점한 다음에 아웃이 이루어졌다면 득점이 인정된다.

41 인필드 플라이 규칙을 적용할 것인가. 플라이 볼이 내야에 떨어지기 전에 심판은 야수가 그 공을 쉽게 잡을 수 있을지 판단한다.

판정 | 공식기록원의 판단에 따른 판정

어떤 판정은 심판이 아니라 공식기록원이 내린다.
심판의 임무는 규칙을 준수하는 것인 반면, 공식기록원은 기록 관리에 영향을 미칠 판정을 내린다. 공식기록원의 판단에 따라 다음과 같은 사항이 결정된다.

1 **안타 또는 실책.** 타자의 출루가 안타에 따른 것인가, 실책에 따른 것인가.

2 **도루.** 주자에게 도루 기록을 주어야 하는가, 아니면 주자가 수비 실책 때문에 세이프된 것인가.

3 **희생타 또는 안타.** 번트를 희생타로 기록할 것인가, 안타로 기록할 것인가.

4 **희생플라이.** 베이스에 주자(들)가 있고 노 아웃이나 원 아웃인 상황에서, 외야로 날아간 플라이 볼이나 라인 드라이브를 야수가 떨어뜨렸을 때 이 타구를 희생플라이로 기록할 것인가.

5 **실책.** 실책 기록을 주어야 하는가, 준다면 어떤 야수에게 줄 것인가.

6 **자책점.** 상대팀의 득점을 투수의 자책점으로 기록할 것인가.

7 **승리투수.** 어떤 상황에서는, 보통 때라면 승리투수로 기록되었을 교체투수를 공식기록원이 승리투수 자격이 없다고 여길 수도 있다. 이런 경우에 기록원은 자신이 판단하기에 더 효과적인 투구를 펼쳤던 교체투수에게 승리 기록을 안겨준다.

참고 : 선발투수가 승리투수 요건을 갖추기 위해서는 5이닝 이상을 던져야 하고, 교체되어 빠질 당시 자신의 팀이 앞서고 있었어야 하며, 그 리드를 경기 끝까지 유지해야 한다. 승리투수에 대한 자세한 내용은 '공식기록원' 장 251쪽을 참조하라.

공식기록원의 역할에 대한 자세한 내용은 236쪽에서 시작되는 '공식기록원' 장을 참조하라.

심판의 경기 방해

개요 : 보통 리그 경기에는 4명의 심판이 나오는데, 어쩌다가 심판이 경기를 방해하는 경우도 일어난다.

구심이 포수의 송구를 방해한 경우. 이런 경우, 포수가 송구에 성공하여 주자가 아웃되었다면 심판의 방해는 무시된다. 송구를 제대로 하지 못했다면 공은 데드 볼이 되고 주자들은 원래 베이스로 되돌아와야 한다.

루심이 경기 방해를 한 경우. 페어 지역으로 간 타구가 다음과 같이 되었다.
- 투수나 다른 야수에게 닿기 전에 루심에게 닿았다.
- 또는 야수(투수 제외)를 지나가기 전에 루심에게 닿았다.

공은 데드 볼이 되고 타자는 안전진루권을 얻어 1루로 나간다. 투수에게 닿지 않은 채 머리 위로 넘어가거나 옆으로 빠져나간 타구가 내야에서 심판에게 닿으면, 공은 데드 볼이 되고 타자는 안전진루권을 얻어 1루로 나간다.(142쪽 참조)

페어 지역으로 간 플라이 볼이 야수를 지나가거나 야수에게 맞고 굴절된 다음 심판이나 주자에게 맞고 나서 땅에 닿기 전에 야수에게 잡힌 경우에는 포구로 인정되지 않는다.(타자가 포구로 아웃되지 않는다.) 공은 계속 인 플레이 상황에 남는다.

투구가 구심에게 맞은 경우. 포수를 지나간 투구에 구심이 맞으면, 공은 계속 인 플레이 상태로 남는다. 공이 심판에게 맞고 튀어 땅에 닿기 전에 포수나 다른 야수에게 잡힌다고 해도, 타자는 그 포구로 아웃되지 않는다. 공은 계속 인 플레이 상태에 있게 된다. 타자가 살짝 친 공이 심판에게 맞았다가 땅에 떨어지기 전에 포수에게 잡힌 경우, 공은 데드 볼이 되고 타자는 아웃되지 않는다.

투구가 구심이나 포수의 마스크나 장비에 박히면, 주자들은 한 베이스씩 자동으로 진루한다. 공은 데드 볼이 된다. 타자가 살짝 친 공이 심판의 마스크나 장비에 가서 박히면, 공은 데드 볼이 되고 타자는 아웃되지 않는다.

송구가 심판에게 맞은 경우. 송구가 심판에게 맞은 경우에는 공이 그대로 인 플레이 상태에 남는다.

세 번째 스트라이크 상황. 다음과 같은 상황에서는 세 번째 스트라이크가 되는 투구를 포수가 놓쳤을 때 세 번째 스트라이크 규칙이 적용된다.
- 1루에 주자가 없다.
- 또는, 주자가 1루에 있고 투 아웃 상황이다.

이 규칙은 포수가 놓친 공이 심판에게 닿은 경우에도 적용된다. 세 번째 스트라이크 규칙이 적용되면 타자는 주자가 되어 1루로 진루하려고 해야 한다. 이때 타자는 공으로 태그를 당하거나 공을 쥔 야수가 타자가 오기 전에 1루를 태그하면 아웃된다. 만약 이 상황에 놓인 타자가 1루로 가려는 노력을 하지 않으면 자동으로 아웃이 선언된다. 세 번째 스트라이크 규칙에 대한 자세한 내용은 101쪽을 참조하라.

세 번째 스트라이크나 네 번째 볼이 되는 투구가 어딘가에 박힌 경우. 세 번째 스트라이크나 네 번째 볼이 나올 상황에서 투구가 심판이나 포수의 마스크나 장비에 가서 박히면(그리하여 데드 볼이 되면) 타자와 모든 주자가 한 베이스씩 자동으로 진루한다.

주루방해 판정

개요: 주자가 방해를 당한 경우, 심판은 방해 행위를 무효화할 보상이나 벌칙을 결정해야 한다.

주루방해가 일어나면 심판은 안전진루권을 부여한다. 이러한 조치의 의도는 타자를 비롯한 모든 주자로 하여금 방해가 일어나지 않았으면 도달했을 베이스에 진루하도록 만드는 것이다. 실제로 진루하는 베이스의 수는 심판의 판단에 따른다. 방해를 받은 타자나 주자에게 수비가 펼쳐지고 있었다면, 당사자는 적어도 한 베이스는 자동으로 진루한다. 이 안전진루에 따라 포스 상태에 놓이게 된 앞주자들도 물론 진루를 한다. 다른 주자들은 방해가 없었으면 도달했으리라고 심판이 판단하는 베이스에 안전진루를 한다.

'주루방해' 판정과 안전진루권

심판들은 주자에게 베이스 주로에 대한 '통행권'이 있다는 전제를 준수한다. 주루방해란, 공을 가지고 있지 않거나 공에 대한 수비 행위를 하고 있지 않은 야수가 베이스라인 안에서 주자의 진로를 방해하는 반칙을 일컫는다. 포수 또한 공을 가지고 있지 않거나 공에 대한 수비 행위를 하고 있지 않은 경우에는 홈에서 득점하려는 주자를 가로막을 권리가 없다. 심판은 위반 당사자를 가리키며 방해를 선언한다. 이 선언으로 공은 데드 볼이 된다.

야수가 '공에 대한 수비 행위'를 하고 있었는지 여부는 심판의 판단에 따른다. 송구를 받기 위한 위치에 있는 야수는 공이 아직 날아오는 중이라고 할지라도 수비 행위를 하고 있는 것으로 간주된다. 야수가 그 공을 잡지 못하면 '수비 행위'는 끝나며, 공을 놓치고 나서 주자의 진로에 끼어들면 방해가 선언될 수 있다.

보기: 공을 향해 다이빙을 했지만 놓치고 나서 넘어져 베이스라인을 막은 야수는 다가오는 주자의 길에서 즉시 벗어나려고 해야 한다.

수비가 펼쳐지던 대상인 주자가 주루방해를 당하거나, 타자주자가 1루에 도달하기 전에 주루방해를 당한 경우. 심판은 즉시 방해를 선언한다. 최소한, 방해를 당한 주자는 방해를 당하기 전에 마지막으로 도달했던 베이스의 다음 베이스까지는 자동으로 진루한다.

참고: 주자나 타자에게 주루방해가 일어난 플레이 도중 악송구가 이루어지고, 그 송구가 날아오는 와중에 심판이 '방해'를 선언한 경우에는, 악송구 규칙을 우선으로 한다. 이것은 공격팀에게 더 유리한 조치인데, 악송구 규칙에 따라 모든 주자가 자신이 도달했던 마지막 베이스에서 두 베이스씩 더 진루하게 되기 때문이다.

수비가 펼쳐지던 대상이 아닌 타자나 주자가 주루방해를 당한 경우. 심판은 플레이가 계속 진행되도록 놔둔다. 방해가 일어났을 때 '방해'를 선언하기는 하지만, 그 판정은 해당 플레이가 종료된 다음에만 효력이 발생한다. 방해를 당한 선수가 방해를 당하지 않으면 도달했을 베이스에 가기 전에 아웃되었다면, 그 아웃은 무효가 된다.

벌칙: 주루방해에 대한 벌칙으로, 심판은 타자와 주자에게 적절한 안전진루권을 부여한다. 방해가 일어나지 않았다면 타자나 주자가 도달했으리라 여겨지는 베이스까지 진루하도록 허용하는 것이다. 타자나 주자가 방해를 당하지 않았다면 도달했을 베이스에 가지 못하고 아웃되면, 그 아웃은 무시된다. 하지만 주루방해가 발생한 후 플레이가 계속 진행되도록 놔두었는데, 방해를 당한 주자가, 심판이 나중에 안전진루권을 부여해 줄 베이스를 넘어 계속 진루하다가 아웃되면 그 아웃은 유효하다.

보기 1 : 주루방해가 일어나 즉시 데드 볼이 되는 경우

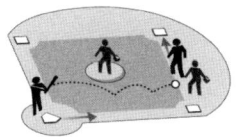  

1루주자가 2루로 도루하는 와중에 타자가 1루수 쪽으로 땅볼을 친다.

투수가 1루를 커버하려고 1루 베이스라인 쪽으로 뛰어가지만, 그의 도움은 필요 없게 된다. 1루수가 1루를 태그하기 직전에 투수가 타자주자의 주루를 방해한다.

심판은 즉시 '방해'를 선언하고 공은 데드 볼이 된다. 안전진루권을 얻은 타자주자는 1루로 출루한다. 1루주자는 2루로 자동으로 진루한다.

보기 2 : 악송구

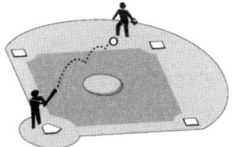  

타자가 유격수 쪽으로 까다로운 땅볼을 친다. 유격수가 어렵사리 공을 잡아 송구를 한다.

공이 유격수의 손을 떠나는 순간 1루주가 타자의 진로를 가로막는다. 심판이 방해를 선언하지만, 유격수의 송구가 악송구가 되어 더그아웃으로 들어간다.

악송구에 따라 두 베이스의 안전진루권을 얻은 타자는 2루로 진루한다. 방해 판정은 무시된다.

보기 3 : 딜레이드 데드 볼

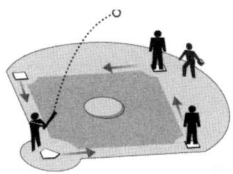 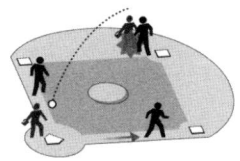 

1루와 2루에 주자가 있는 상황에서 타자가 좌측 외야 깊숙한 쪽으로 공을 때려낸다.

2루에서 출발한 주자가 홈 플레이트에서 송구로 아웃된다. 동시에 1루에 있던 주자가 2루를 지난 후 방해를 당한다.
심판은 아직 판정을 내리지 않고 기다리며 방해가 플레이에 영향을 주는지 살핀다.

방해를 당한 주자가 3루로 가다가 태그 아웃되며 플레이가 종료된다. 플레이가 끝나고 나서 심판은 방해를 선언하고, 방해가 일어나지 않았더라면 주자가 3루에 무사히 도달했을 것으로 간주하여 3루까지 진루하도록 허용한다.

퇴장

개요 : 심한 반칙을 저지른 선수나 팀원은 퇴장당하여 클럽하우스로 쫓겨나게 된다.

모든 심판에게는 선수, 감독, 코치를 비롯한 팀원이 경기에 더 이상 참여하지 못하도록 자격을 박탈하고 퇴장시킬 권한이 있다.

심판은 또한 구장 출입을 허가받은 다른 사람들, 즉 구장관리인, 좌석안내원, 사진기자, 방송 스태프, 관중 등도 퇴장시킬 권한이 있다. 선수를 퇴장시키는 것은 라커룸으로 보내어 구장에 돌아오지 못하도록 금하는 조치이다. 퇴장에 대한 자세한 내용은 '반칙행위' 장 215쪽을 참조하라.

욕먹는 직업. 심판은 일을 하면서 줄곧 수많은 고통을 감내해야 한다. 이 사진은 에밋 애슈퍼드 심판이 자신의 일터에서 겪던 전형적인 일을 보여주고 있다. 그는 1970년 월드시리즈에서 얼 위버와 부그 파월의 언어폭력에 시달리고 있다. 화가 난 선수에게는 억울한 노릇이지만 심판에게는 최후의 수단이 있다. 사태가 정말로 걷잡을 수 없어지면 심판은 팀원을 퇴장시키는 권한을 행사한다.

퇴장 | 퇴장의 사유

심판은 플레이가 진행되는 도중에는 선수를 비롯한 팀원을 퇴장시킬 수 없다. 그러려면 심판은 플레이가 종료될 때까지 기다렸다가 '타임'을 선언해야 한다.

퇴장당한 팀원은 즉시 구장을 떠나야 하며 그 경기에는 더 이상 참여할 수 없다. 퇴장당한 선수는 클럽하우스에 머물러 있거나 유니폼을 갈아입고 야구장을 떠날 수 있다. 또한 관중석에 앉아 있어도 되지만, 더그아웃이나 불펜에서 멀찍감치 떨어진 곳에 있어야 한다.

퇴장 판정에 승복하지 않는(즉 퇴장당한 팀원이 구장을 떠나지 않는) 팀에는 심판이 몰수패를 부과할 수 있다.

심판은 다음과 같은 경우에 퇴장 명령을 내릴 수 있다.

1 헬멧 규정 위반. 타자, 포수, 배트보이나 배트 걸에게 해당된다.

2 조작된 배트를 사용한 타자. 타격을 강화하려고 불법적으로 배트를 개조했다.(이런 위반에는 리그 회장이 추가 벌칙을 부과할 수 있다.)

3 '이물질'을 지닌 투수. 공에 영향을 미치는 데 사용하지 않았다 해도 퇴장당한다.

4 팀원 이외의 사람. 필요한 경우에 심판은 구장 출입을 허가받은 구장 관리인, 좌석안내원, 사진기자, 방송 스태프, 관중 등 누구라도 퇴장시킬 수 있다.

5 허가받지 않은 사람. 심판은 구장 출입을 허가받지 않은 사람을 퇴장시킬 수 있다.

6 싸움. 심판은 누군가를 폭행하거나 신체적 다툼에 연루된 선수를 퇴장시킬 수 있다.

7 자기 자리를 벗어나 볼이나 스트라이크 판정에 항의하는 선수, 감독, 코치. 수비 포지션, 코치석 또는 더그아웃을 떠나 볼이나 스트라이크 판정에 이의를 제기하는 것은 금지되어 있다. 심판은 경고를 받고 나서도 홈 플레이트로 계속 다가오는 팀원을 퇴장시킬 수 있다.

8 더그아웃 출입을 허가받지 않은 사람. 경기 중에는 오직 선수(교체선수 포함), 감독, 코치, 트레이너 그리고 배트 보이와 배트 걸만 더그아웃에 있을 수 있다.

9 1루코치나 3루코치. 유니폼을 입지 않았거나 코치석을 벗어난 주루코치를 퇴장시킬 수 있다. 200쪽을 참조하라.

10 시위를 선동하는 팀원. 관중들의 감정을 자극하는 사람은 퇴장시킨다.

11 상스러운 말을 사용한 팀원. 선수, 심판이나 관중에게 욕설을 하면 퇴장당할 수 있다.

12 투수의 보크를 유발하려고 한 팀원. '타임'을 부르거나 스포츠맨십에 어긋나는 책략을 써서 투수가 보크를 저지르게 하면 안 된다.

13 심판과의 신체적인 접촉. 고의로 심판을 건드리는 팀원에게 적용된다.

14 타자의 시선을 가로막는 곳에 자리를 잡는 야수. 또는 어떤 식으로든 타자를 교란하려고 하면 퇴장당할 수 있다.

15 공에 침을 뱉은 투수. 한 번 경고를 받고 나서도 반복했을 경우에 퇴장시킨다.

16 공을 조작한 투수.(84쪽 참조)

17 경기를 지연한 투수. 포수가 아닌 야수에게 공을 던져 경기 진행을 지연했다.

18 감독이 투수 마운드를 두 번 방문한 경우. 감독이 같은 이닝에 같은 투수를 두 번 방문하면, 그 투수는 강판된다.

19 같은 타석이 진행되는 도중 투수를 두 번 방문한 경우. 감독이 같은 타자가 타석에 있는 동안 투수를 두 번 방문하면, 감독과 투수 둘 다 퇴장당한다. 감독은 즉시 빠지고 투수는 현재 타자의 타석이 끝나면 물러난다.

참고: 이 경우에는 심판이 마운드로 가던 감독에게 경고를 미리 했어야 한다.

20 타자를 맞히려는 의도로 공을 던진 투수. 심판은 이런 반칙이 일어났을 때 감독까지 퇴장시킬 수 있다.

21 공을 고의로 손상하거나 변색시킨 경우. 공을 조작한 선수가 퇴장당하거나, 누구인지 알 수 없는 경우에는 투수가 퇴장당한다. (84쪽 참조)

퇴장 | 퇴장의 보고

심판은 경기에서 일어난 퇴장을 리그 회장에게 보고할 의무가 있다. 경기가 끝나고 심판은 사안에 따라 두 가지 방식으로 퇴장을 보고해야 한다.

또한 리그 회장은 퇴장이나 다른 사건을 설명한 심판의 보고서를 받고 나서 다음과 같은 조치를 취한다.

리그 회장에게 퇴장 보고

- **4시간 이내**
- 외설적인 말이나 욕설 또는 심판이나 팀원에 대한 공격 때문에 퇴장이 일어났다면, 심판은 사건을 둘러싼 자세한 상황을 경기가 끝나고 4시간 안에 보고해야 한다.
- **12시간 이내**
- 위에서 언급한 것이 아닌 사유로 퇴장이 일어났거나, 심판이 생각하기에 경기 도중 특별한 반칙이나 사건이 일어났다면, 심판은 경기가 끝나고 12시간 안에 사건의 세부사항을 보고해야 한다.

리그 회장의 벌칙 부과

- **팀원(들)에게 징계를 내린다.** 리그 회장은 합당한 벌금이나 출장정지 또는 두 가지 모두를 부과한다.
- **징계의 영향을 받는 당사자들에게 통지한다.** 이 말은 리그 회장이 징계를 받는 팀원은 물론 그 팀의 감독에게도 이를 통지한다는 뜻이다. 벌금을 부과받은 팀원은 통지를 받고 닷새 안에 벌금을 물어야 한다. 그러지 않으면 그는 어떤 경기에서도 뛸 수 없다. 심지어는 벌금을 물 때까지 경기 중에 다른 선수들과 함께 벤치에 앉아 있는 것조차 허락되지 않는다.

투수의 반칙 행위

개요: 여기에서는 스포츠맨십에 어긋나는 투수의 행위를 알아본다. 심판은 이러한 일이 일어나지 않는지 늘 눈여겨보아야 한다.

공 조작

심판은 공 조작을 감시해야 한다. 이는 투수가 자신에게 유리해지도록 공의 기능에 손대는 것을 막기 위함이다. 경기가 시작되기 전에 심판은 경기에 쓸 야구공들이 리그의 기준에 부합하는지 점검하고 확인할 책임이 있다. 또한 경기 중에도 야구공이 그 기준에 부합하는지 계속 확인해야 한다.

아래의 목록을 살펴보면 알 수 있겠지만, 이것은 심판의 독자적인 판단에 따른 판정이다. 심판은 반칙이 일어났는지 여부를 판단한다. 공 조작에 대한 자세한 내용은 '투구' 장 84쪽을 참조하라.

심판은 다음과 같은 투수의 행위를 용납해서는 안 된다.

1 어떤 '이물질'이라도 공에 바르는 행위.

2 공이나 손 또는 글러브에 침을 묻히는 행위.

3 글러브나 몸 또는 옷으로 공을 문지르는 행위. (맨손으로는 공을 문지를 수 있다.)

4 어떤 방식으로라도 공을 손상하거나 개조하는 행위.

5 공을 마모시키는 행위. 또는 '에머리 볼emery ball'(사포 공)을 사용하는 행위.

벌칙: 위의 반칙들을 적발하면, 즉시 퇴장시키고 10경기 출장정지 처분을 내린다.

6 투구하는 손으로 입이나 입술을 만지는 행위. 지름 18피트(5.486m)의 투구 마운드 안에 서 있는 동안 그러면 안 된다.

벌칙: 입이나 입술을 만진 데 대한 벌칙으로 '볼'을 하나 선언한다. 심판은 경기 중에 이 반칙을 반복한 투수를 퇴장시킬 수 있다. 또한 리그 회장이 그 투수에게 벌금을 부과할 수도 있다.

투수의 행위에 따른 퇴장

심판은 공정한 경기는 물론 선수들의 안전도 보장해야 한다. 그러므로 다음과 같은 행위를 하는 투수에게는 합당한 조치를 취한다.

- **이물질을 지니고 있었다.** 이런 반칙을 저지른 투수는 퇴장시킨다. 실제로 그 물질을 사용하지 않았다 해도 그냥 가지고 있는 것만으로도 퇴장시킬 수 있다. 예를 들어 주머니에 손톱줄을 넣어두고 있다가 퇴장을 당할 수도 있다.

- **고의로 경기를 지연했다.** 타자가 타격 자세를 잡았는데 공을 야수에게 던졌다.
  벌칙: 첫 위반 시에 심판은 경고를 준다. 그러고 나서 이를 반복하는 투수는 퇴장시킨다.

- **고의로 타자를 맞히려고 했다.** 이것은 심판의 판단에 따른 판정이며, 다음과 같은 조치를 취한다.
  a. 투수를 퇴장시키며, 감독까지 퇴장시킬 수도 있다.
  b. 또는 투수와 감독에게 경고를 하여 다음 위반 시에는 둘 다 퇴장당할 것임을 알린다. 이 경고는 경기를 시작하기 전 또는 경기 도중 어느 시점에라도 내릴 수 있다.

리그 회장은 다른 벌칙을 추가할 수 있는데, 가령 벌금을 부과하거나 해당 선수가 다음 경기(들)에 뛰는 것을 금지한다.

10
감독과 코치

한 팀에는 1명의 감독과 여러 명의 코치가 있다. 감독은 팀을 지휘하고, 팀을 대표하여 심판을 상대한다. 1루코치와 3루코치는 경기 중에 구장에 나와 있어야 한다. 선수의 경우와 마찬가지로, 야구 규칙에는 감독과 코치의 임무나 처신에 대한 지침도 마련되어 있다.

감독과 코치에 대한 기본 상식
한 팀에는 1명의 감독과 여러 명의 코치가 있다. 규칙상 필요한 코치는 단 2명이다.

page 192

타임아웃 요청과 선수 교체
감독은 선수 교체를 하거나 선수와 이야기를 나누기 위해 타임아웃을 요청할 수 있다.

page 196

감독과 코치의 반칙행위
야구경기가 어쩌다가 혼란에 빠져들더라도 감독과 코치는 엄격한 규칙을 준수해야 한다.

page 199

감독과 코치의 임무
감독은 팀을 지휘하고, 팀을 대표하여 심판을 상대한다. 코치들은 직함에 따라 다양한 역할을 맡는다.

page 193

감독과 투수
감독은 마운드에 올라가 투수와 협의를 하거나 다른 투수로 교체할 수 있다. 투수가 반칙행위를 저지르면 감독까지 퇴장당할 수도 있다.

page 197

제소경기
극단적인 경우에, 심판이 결정적인 실수를 하는 바람에 승리를 빼앗겼다고 생각한 감독은 제소를 통해 재경기를 치르게 해달라고 요청할 수 있다.

page 201

경기를 시작하기 전에
홈팀 감독은 경기가 시작되기 전에 구장을 관할한다. 감독은 타순표를 제출하면서 이 권한을 주심에게 넘긴다.

page 195

감독과 코치에 대한 기본 상식

개요 : 한 팀에는 1명의 감독과 여러 명의 코치가 있다. 감독은 팀의 활동을 지휘할 책임을 진다. 또한 판정 시비가 났을 때 팀을 대표하며, 언론을 상대로 팀의 대변인 역할을 하기도 한다. 규칙에 따르면, 한 팀에는 감독 외에도 1루코치와 3루코치 등 2명의 코치가 있어야 한다. 실제로 구단에서는 그 밖에도 여러 코치를 두고 있다. 이 장에서는 감독과 코치의 임무를 살펴본다.

기본 상식 | 감독과 코치의 구성

감독 : 경기를 시작하기 전에 각 팀은 감독을 맡을 사람을 밝혀야 한다. 팀을 지휘하고 심판과 소통하는 역할을 하는 감독이 경기에서 직접 뛸 수도 있지만 실제로 그런 경우는 드물다. 감독은 자신의 일 가운데 일부를 코칭스태프에게 위임할 수도 있다.

필수적인 코치 : 칙에 따라 각 팀은 2명의 코치를 구장에 배치해야 한다.
- 1루코치
- 3루코치

팀 로스터에 들어가는 그 밖의 코치 : 1루코치와 3루코치 외에 대개 다음과 같은 코치직이 있다. 실제 코칭스태프는 팀마다 다르다. 코치의 구체적인 직함 또한 여러 가지로 부른다.
- 벤치코치
- 투수코치
- 타격코치
- 불펜코치

기본 상식 | 주루코치의 위치

공식 규칙에서는 1루코치와 3루코치가 코치석 안에 있어야 한다고 제한하고 있다. 하지만 실제로는 심판들이 이 규칙을 대단히 느슨하게 적용한다. 규칙에 따르면, 주루코치가 다음과 같이 행동할 수는 있다.

- **코치석 밖으로 한 발을 내놓는다.**
- **코치석 밖으로 양발을 내놓더라도 코치석 라인 가까이 있어야 한다.** 상대팀의 감독이 반대하지 않으면 이럴 수 있다. 만약 항의가 들어오면, 심판은 양 팀의 주루코치들에게 철저히 라인 안에만 머물라고 요구한다.

- **코치석을 떠난다.** 주루코치의 베이스에서 주자에게 수비가 펼쳐지고 있다면, 주루코치는 코치석을 떠나 주자에게 다음 베이스로 계속 진루하라거나, 슬라이딩을 하라거나, 전 베이스로 귀루하라는 등의 신호를 보내 지시를 내릴 수 있다. 그러는 동안 주루코치는 물론 주자를 건드리거나 현재 펼쳐지는 수비를 물리적으로 방해해서는 안 된다. 이것은 수비방해로 간주되고 벌칙으로 주자에게 아웃이 선언된다.

1루와 3루 코치석

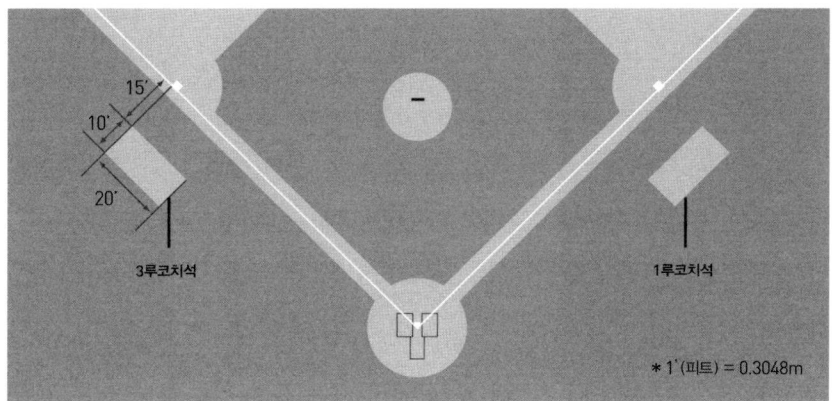

감독과 코치의 임무

개요 : 야구 규칙에는 감독과 1루코치, 3루코치의 책임이 구체적으로 설정되어 있다.

임무 | 감독의 임무

감독의 임무는 팀의 활동을 지휘하고, 팀을 대표하여 심판이나 상대팀과 소통하는 것이다. 각 팀은 적어도 경기 시작 시간 30분 전에는 주심이나 리그 회장에게 감독이 누구인지 알려주어야 한다.

   감독은 또한 팀의 행실과 규칙의 준수에 대한 책임을 진다. 또한 팀이 심판의 권위를 존중하는 태도에 대한 최종적인 책임을 지는데, 이것은 의견이 충돌할 때면 시험대에 오르곤 한다.

   감독은 자신의 임무 가운데 일부를 어떤 코치에게 위임할 수도 있다. 이를 심판에게 사전에 통지하면, 그 시점부터 위임된 임무와 관련해서는 그 코치의 행위가 마치 감독이 직접 한 행위인 양 공식적인 것으로 간주된다.

감독 대행

구장을 떠나야 하는 감독은 자신을 대신할 코치나 선수를 지명해야 한다. 만약 감독 대행을 지명하지 못하거나 거부하면, 심판이 직접 그 일을 어떤 팀원에게 맡길지 결정한다.

감독 겸 선수가 다른 선수로 교체되는 경우

교체선수가 감독이 뛰던 포지션에 새로 들어와도, 감독은 자신의 감독 역할을 계속 수행한다. 이때 감독의 '새로운' 포지션은 벤치나 코치석이 된다.

임무 | 코치의 임무

각 팀은 보통 5~7명의 코치를 로스터에 올려놓는다. 대부분의 팀에는 다음과 같은 6개의 코치직이 있지만, 실제 직함은 이것과 일치하지 않을 수도 있다.

1루코치 : 1루에서 주자들을 지휘한다.
3루코치 : 3루에서 주자들을 지휘한다.
벤치코치 : 더그아웃에서 감독을 보조한다.
투수코치 : 투수들의 경기력이 향상되도록 지도한다.
타격코치 : 선수들의 타격이 향상되도록 지도한다.
불펜코치 : 불펜에서 워밍업을 하는 구원투수들을 지도한다.

주루코치

주루코치의 임무는 주자들을 지휘하는 것이다. 득점을 하려고 나간 주자에게 진루를 할지, 주루를 계속할지, 베이스에서 멈출지 등에 대한 지침을 내린다.

각 팀은 매 경기마다 2명의 주루코치를 두어야 한다. 공격팀의 주루코치들은 1루와 3루에 있는 코치석에 자리를 잡는다. 주루코치는 자기 팀 유니폼을 입어야 하며, 몇 가지 예외가 있긴 하지만 플레이 도중에는 코치석 안에만 있어야 한다.

경기를 시작하기 전에

개요: 경기가 시작되기 전에는 홈팀 감독이 구장을 관할한다.

경기를 시작하기 전에는 주심이 아닌 홈팀 감독이 구장을 관할한다. 그는 날씨나 구장 상태 때문에 경기를 연기할 것인지 단독으로 판단하여 결정한다. 예외적으로 시즌의 마지막 몇 주 동안에는 리그 회장이 이 책임을 맡을 수도 있다. 이 시기에는 감독의 결정이 날씨가 아닌 다른 요소에 따라 좌우될 수도 있기 때문이다. 원정팀은 이렇게 권한을 이전하라고 어필을 할 수 있다.

일단 경기가 시작되면, 또 더블헤더의 두 경기 사이에는 주심이 구장 관할에 관한 책임을 맡아서 경기를 제시간에 시작하기에 날씨나 구장 상태가 문제없는지 판단한다. 더블헤더에서는 제1경기의 주심이 제2경기의 시작 여부를 결정하는 책임자가 된다.

경기를 시작하기 전에 홈팀 감독은 구장에 들어온 관중에 관한 특별 그라운드 룰을 주심에게 제안할 수 있다. 예컨대 구장으로 난입한 관중 속으로 날아든 타구나 송구에 대한 규칙을 정할 수 있다. 상대팀 감독이 받아들이면 이 규칙은 효력이 발생한다. 아니면 주심이 필요하다고 생각하는 특별 규칙을 직접 정하고 집행할 수도 있다. 이러한 특별 규칙이 공식 야구 규칙에 어긋나서는 안 된다.

타순표

경기 시작 5분 전에 심판과 양 팀 감독은 홈 베이스에서 만나 다음과 같은 절차를 밟는다.

- 홈팀 감독이 홈팀의 타순표 2통을 주심에게 건넨다.
- 원정팀 감독이 원정팀의 타순표 2통을 주심에게 건넨다.
- 주심은 각 팀의 타순표 2통이 정말로 일치하며 오류가 없는지 확인한 다음 양 팀 감독에게 상대팀의 타순표 1통을 건네준다. 나머지 1통씩은 주심이 간직한다.

자세한 내용은 '경기 준비' 장 35쪽을 참조하라.

> **팀의 주장**
>
> 주장이라는 자리는 명예직이다. 팀에서 따로 책임을 부여하는 경우도 있지만, 주장은 단순히 팀을 구장으로 이끄는 역할을 한다. 공식 야구 규칙에서는 주장이 고작 한 번만 언급된다. 주심이 타순표에서 오류를 발견하면, 감독이나 주장에게 이를 알려주도록 되어 있다. 각 팀이 주장을 임명해야 할 의무가 있는 것은 아니다.

타임아웃 요청과 선수 교체

개요: 감독은 선수를 교체하거나 선수와 이야기를 나누기 위해 타임아웃을 요청할 수 있다.

감독의 타임아웃 요청

감독은 일정한 요건이 부합되는 상황에서만 타임아웃을 요청할 수 있다. 즉 다음과 같은 때 심판에게 '타임'을 선언해달라고 요청할 수 있다.

- 선수를 교체하고 싶다.
- 선수와 의논을 하고 싶다.

심판 역시 한 팀 또는 양 팀의 감독과 상의를 하고 싶을 때 '타임'을 선언할 수 있다. 감독의 요청에 따른 것이든 심판의 독자 행위이든 간에 '타임'이 선언됨에 따라 공은 데드 볼이 되고 주자는 진루할 수 없게 된다.

교체선수와 타순

감독은 선수를 교체할 때 이를 심판에게 알려야 한다. 새로운 선수는 출전 중이던 선수의 수비 포지션에 들어가며, 그 선수의 타순에서 타석에 들어선다.

2명 이상의 교체선수가 동시에 경기에 투입되는 경우, 감독은 타순에서 어떤 빈자리를 각 교체선수가 맡을지 지정해주어야 한다. 주심은 이를 공식기록원에게 통지한다. 만약 감독이 이것을 밝히지 않으면, 주심이 직접 교체선수들의 타순을 빈자리에 할당할 수 있다.

감독과 투수

개요 : 감독이 한 이닝 동안 투수를 방문할 수 있는 횟수는 제한되어 있다.

투수가 고의로 타자를 맞히려 했다

타자를 맞히려고 투구하는 것은 엄격하게 금지되어 있다. 투수가 고의로 타자를 맞히려고 공을 던지면 심판은 투수를 퇴장시키며, 재량에 따라 감독까지 퇴장시킬 수 있다.

이 일이 처음 일어났을 때는 심판이 양 팀의 감독과 투수들에게 경고하는 것에 그칠 수도 있다. 십중팔구 그런 일이 발생할 것 같다고 생각하는 심판은 경기가 시작되기 전에, 또는 경기 중 어느 시점에라도 경고를 줄 수 있다. 그러면 타자를 고의로 겨냥한 첫 번째 투구가 나온 즉시 투수를, 어쩌면 감독까지도 퇴장시킬 수 있다.

감독과 코치의 마운드 방문

투수 마운드를 '방문'한다는 것은 투수판을 중심으로 한 지름 18피트(5.486m, 투수 마운드의 크기)짜리 원 안에 들어선다는 뜻이다.

감독이나 코치가 한 투수를 방문할 수 있는 횟수는 한 이닝당 한 번으로 제한되어 있다. 두 번째로 방문하면 그 투수를 강판시키고 교체투수를 투입해야 한다. 같은 이닝에 새로운 투수를 '첫 번째'로 방문하는 것은 괜찮다. 마운드 방문 횟수로 치지 않는 예외도 있다. 투수의 워밍업 시간에 방문하는 것은 방문 횟수로 치지 않는다. 감독과 코치는 8개의 워밍업 투구를 하는 동안 또는 1분의 워밍업 시간 한도 내에서 투수를 자유롭게 방문할 수 있다. 또한 상대팀의 요청에 따라 심판이 '타임'을 선언한 경우에도 마음대로 투수를 방문할 수 있다. 이때는 방문이 타임아웃과 함께 끝나기만 하면 계산하지 않는다.

한편 같은 타자가 타석에 있는 경우, 감독은 같은 이닝에 같은 투수를 다시 방문할 수 없다. 감독이 같은 이닝에 같은 타자를 상대하고 있는 같은 투수를 두 번째로 방문하지 말라는 심판의 경고를 무시하면, 다음과 같은 결과가 벌어진다.

> **● 투수의 포지션 변경 ●**
>
> 감독은 투수를 다른 수비 포지션으로 옮길 수 있고, 그 이닝 중에 그를 투수 포지션으로 다시 돌려놓을 수 있다. 만약 그랬다면, 같은 이닝에는 투수를 다른 포지션으로 또 옮기지 못한다.

- 감독이 즉각 퇴장당한다.
- 그리고 그 타자의 타석이 끝나면 투수도 퇴장당한다.

참고: 감독의 마운드 방문은 마운드로 가기 위해 파울라인을 넘어설 때부터 시작된다.

마지막 조치로서 심판은 라커룸으로 나가는 감독에게 교체투수가 곧 필요할 테니 불펜에서 워밍업을 시켜야 한다고 상기시켜줄 수도 있다. 감독과 코치의 투수 마운드 방문에 대한 자세한 내용은 '투구' 장 88쪽을 참조하라.

> **● 지름 18피트의 원 ●**
>
> 감독의 투수 마운드 방문은 파울라인을 넘어갈 때부터 시작되고, 투수판을 중심으로 한 지름 18피트의 원에서 내려설 때 끝난다. 이 규칙의 표현 속에는 사소한 오류가 있다. 마운드의 지름이 18피트이긴 하지만, 투수판이 정확히 중심에 있는 것은 아니다. 실제로는 중심에서 2루 쪽으로 18인치(45.7cm) 뒤에 있다. 그러므로 이 구역은 사실 마운드 자체에 따라 규정되는 것이다.

감독과 코치의 반칙행위

개요: 감독과 주루코치의 처신에 관한 몇 가지 규칙을 소개한다.

감독과 코치의 처신

감독이나 코치(또는 유니폼을 입은 다른 팀원)는 관중과 이야기를 나누어서는 안 된다. 또한 감독과 코치와 그 밖의 팀원은 경기 전이나 경기 중에 상대팀원과 접촉해서는 안 된다. 하지만 심판들이 이 규칙을 엄격하게 적용하지는 않는다. 한편 공격팀의 주루코치들은 유니폼을 입고 코치석 안에 머물러 있어야 한다.

감독과 코치의 퇴장

감독과 코치는 여러 사유로 퇴장을 당할 수 있다. 퇴장당한 감독, 코치, 트레이너 등의 팀원은 구장에서 나가야 하며, 더 이상 경기에 참여할 수 없다. 이 판정에 따르지 않으면 자기 팀이 몰수패를 당할 수도 있다. 구장을 나가서는 클럽하우스에만 머물러 있어야 한다. 아니면 유니폼을 갈아입고서 야구장을 떠나거나, 더그아웃이나 불펜에서 멀찌감치 떨어진 관중석에 앉아 있어도 된다.

리그 회장은 퇴장된 팀원에게 재량에 따라 출장정지나 벌금 또는 두 가지 모두 부과할 수 있다. 출장정지를 당한 감독, 코치 등의 팀원은 경기 중 더그아웃이나 기자석 출입이 금지된다.

감독과 코치의 퇴장 사유는 아래와 같다.

1 관중의 시위를 선동하려 했다.
2 선수나 심판 또는 관중에게 상스러운 말을 했다.
3 '타임'을 부르는 등의 책략을 써서 투수의 보크를 유발하려 했다.
4 고의로 심판에게 신체적인 접촉을 했다.
5 1루코치나 3루코치가 유니폼을 입지 않았거나 코치석을 떠났다.
참고 : 1번부터 4번까지의 사유는 감독과 코치뿐만 아니라 모든 팀원에게 해당된다.

주루코치의 수비방해

주루코치도 의도적이든 우연이든 간에 여러 방식으로 경기에 영향을 주는 행위를 하게 된다. 이를테면 송구에 맞거나 일부러 송구를 방해할 수도 있으며, 상대의 수비를 방해하는 경우도 있다. 이와 관련된 상황과 규칙은 아래와 같다.

- 주루코치가 송구에 우연히 맞으면, 공은 계속 인 플레이 상태에 있게 된다.
- 수비가 펼쳐지는 동안 주루코치가 송구를 고의로 방해하면, 공은 데드 볼이 되고 타자나 주자에게 아웃이 선언된다.
- 1루코치나 3루코치가 진루하거나, 멈추거나, 귀루하는 것을 도우려고 주자에게 신체적인 접촉을 했다.
- 3루에 주자가 있는 상황에서 주루코치가 코치석을 떠나거나 야수의 송구를 유도하는 동작을 했다.

> **● 코치석과 파울라인 ●**
> 심판들은 대개 1루코치와 3루코치가 코치석 안에 머물러야 한다는 규칙을 엄격하게 적용하지 않는다. 하지만 파울라인에 가깝게 다가서면 안 된다. 그러면 포수가 투수에게 내주는 사인을 코치가 볼 수도 있기 때문이다.

제소경기

제소는 리그 회장에게 제기하는 공식적인 항의로서, 심판이 내린 결정이 공식 야구 규칙에 어긋나거나, 또는 심판이 결정적인 판정을 잘못 내렸다고 따지는 것이다. 심판의 독자적인 판단이나 재량에 따른 판정이 아닌 어떤 판정이라도 제소할 수 있다.

양팀 감독 모두 경기를 제소할 수 있고, 감독은 제소가 이루어질 때 팀을 대표해서 발언한다. 제소는 다음과 같이 즉시 해야 한다.

1 해당 플레이가 이루어졌을 당시.
2 다음 플레이를 하기 전. 다음 투구가 이루어지거나 다음 플레이를 시작하기 전에 해야 한다.

제소할 판정이 경기의 마지막 플레이에서 나왔다면, 감독은 다음 날 정오가 되기 전에 리그 사무국에 제소를 신청해야 한다.

제소 절차를 거쳐, 잘못된 판정이 경기 결과에 영향을 미쳤다고 결론을 내린 경우 리그 회장은 재경기를 하도록 요구한다. 재경기일에는 경기 전체를 다시 치르는 것이 아니라 제소된 플레이가 벌어진 시점부터 다시 시작한다.

물론 경기를 다시 한다는 것은 중대한 결정이고 드문 일이다. 리그 회장은 이 문제에 대한 최종 결정을 내린다.

참고: 심판의 독자적인 판단이나 재량에 따른 판정은 제소할 수 없다. 이런 판정은 전적으로 심판의 뜻에 달린 것이다. 해당 심판에게 다른 심판의 의견을 구해보라고 어필을 할 수는 있지만, 판정이 아무리 틀린 듯 보여도 판정 자체에 항의하거나 공식적으로 이의를 제기할 수는 없다. 물론 현실에서는 선수들이 이런 독자적인 판단에 따른 판정을 비롯한 심판의 판정에 늘 불만을 표현한다. 그러나 심판의 권한은 규칙에 보장되어 있다.

제소와, 심판의 독자적인 판단과 재량에 따른 판정에 대한 자세한 내용은 164

쪽부터 시작되는 '심판' 장을 참조하라.

● **체크 스윙에 대한 판정은 제소할 수 없다** ●

'볼'과 '스트라이크' 판정은 심판의 독자적인 판단에 따른 판정이다. 타자의 체크 스윙(하프 스윙)이 볼로 선언되면, 수비팀은 다른 심판의 의견을 얻기 위해 어필을 할 수 있다. 그런 다음 나온 판정은 제소할 수 없다. 이때는 심판의 판정이 최종적인 것이다. 102, 177쪽도 참조하라.

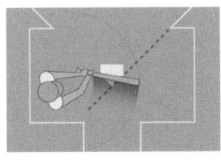

제소 사례

1983년 캔자스시티 로열스와 뉴욕 양키스 사이에 벌어진 경기에서 9회에 로열스의 조지 브렛이 투런 홈런을 때렸다. 양키스의 빌리 마틴 감독은 브렛이 규칙에 어긋난 배트를 사용했다고 항의했다. 파인 타르를 손잡이 부분의 18인치 제한을 넘은 곳까지 발랐다는 것이다. 브렛에게는 아웃이 선언되었고, 그는 심판에게 달려들다가 퇴장당했다. 경기는 양키스가 4 대 3으로 승리했다. 심판의 결정은 당시의 규칙에 따른 것이었으나, 로열스는 이 판정을 제소했다. 리그 회장은 로열스의 손을 들어 주었는데, 심판이 내린 결정이 초래한 결과가 야구 규칙의 '취지와 목적'에 맞지 않는다고 생각했기 때문이다. 경기는 몇 주 뒤에 홈런을 인정한 이후의 플레이부터 다시 치르게 되었다. 나중에 이 규칙은, 파인 타르에 관한 위반이 적발되면 배트만 경기에서 빼버리고 플레이는 그대로 계속하는 것으로 바뀌었다.

11
반칙행위

팀원들이 더그아웃을 모조리 빠져나가 상대팀원들과 실랑이를 벌이는 것은 규칙에 위배된다. 심판과 입씨름을 벌이는 것도 마찬가지다. 심판은 적절한 규율과 스포츠맨십에 걸맞은 행실을 유지할 책임이 있다. 현장에서 이 문제를 처리하는 방식은 당시의 상황이나 심판의 성향에 따라 달라질 수 있다.

이 장에서는 다양한 종류의 반칙행위에 대한 규칙을 설명한다. 실제 상황에서 누군가 스포츠맨십에 어긋나는 행동을 하면, 심판은 저마다 이 규칙을 다르게 해석하여 나름의 결정을 내린다.

반칙행위

심판은 구장의 질서와 규율을 책임진다. 선수들은 상대팀이나 관중과 싸우거나 사귀어서는 안 된다.

page 205

스테로이드 등의 약물

스테로이드를 비롯한 약물은 공식 야구 규칙에서 언급하지 않는다. 약물은 리그 규약에서 다룬다.

page 206

반칙행위와 수비방해

수비방해란 수비를 하는 야수를 훼방하는 공격팀원의 행위를 일컫는다. 선수의 '의도'에 따라 결과가 달라진다.

page 207

더그아웃에서의 반칙행위

주자와 타자는 물론이거니와 더그아웃에 있는 공격팀원들에게도 지켜야 할 의무가 있다.

page 208

투수의 반칙행위

침을 뱉거나 마모시키거나 변색시켜서 공을 조작한 것이 적발된 투수는 퇴장당하고 벌금을 부과받는다.

page 209

타자의 반칙행위

타자는 주루를 거부하거나 배트를 조작하는 등의 행위를 해서는 안 된다. 이런 행위 가운데 어떤 것은 상황에 따라 결과가 달라진다. 어떤 경우에는 배트로 포수를 치더라도 별문제 없이 넘어가기도 한다.

page 210

주자의 반칙행위

주자가 베이스라인 바깥을 달리거나 타구에 물건을 던지는 것은 규칙에 어긋날 수 있다.

page 213

야수의 반칙행위

공을 가지고 있지 않은 야수가 주자를 방해하는 것은 금지되어 있다. 모자로 공을 잡는 행위도 마찬가지다.

page 213

퇴장

규율을 심각하게 위반한 선수나 팀원은 퇴장당한다. 벌금이나 출장정지 처분을 추가로 받기도 한다.

page 215

반칙행위

개요 : 팀원들은 경기 전이나 경기 중에 적절한 몸가짐으로 처신해야 한다.

심판은 경기의 질서를 유지할 책임이 있다

경기 중에 심판은 질서와 규율을 유지할 책임이 있다. 심판은 스포츠맨십에 어긋나는 행위에 벌칙을 내릴 수 있다. 이러한 행위는 공 조작처럼 좀처럼 분간하기 어려운 것에서 더그아웃에서 우르르 몰려나와 노골적으로 벌이는 난투극에 이르기까지 다양하다. 이 장에서는 선수를 비롯한 팀원의 여러 가지 행동이나 반칙행위에 관한 규칙을 살펴본다. 관중의 행동에 관한 규칙은 다음 장에서 알아본다.

공식 야구 규칙에서 구체적으로 언급한 사항을 집행하는 것은 물론, 심판은 규칙에서 다루지 않는 행위에도 판정을 내릴 권한이 있다. 심판은 스포츠맨십에 어긋나는 행동이나 말을 한 팀원을 퇴장시킬 수 있다.

팀원은 관중이나 상대팀과 교류해서는 안 된다

유니폼을 입은 감독, 코치나 선수들은 경기 전이나 경기 중에 관중과 교류를 해서는 안 된다. 이 규칙은 이러한 교류가 호의적이든 악의적이든 관계없이 적용된다.

유니폼을 입은 팀원이 상대팀원과 교류하는 것 또한 규칙에 금지되어 있다. 여기에는 감독에서 배트 보이와 배트 걸에 이르기까지 모든 상대팀원이 해당된다. 하지만 실제로는 이런 일이 자주 벌어지고 있다.

선수는 자기 장비를 구장에서 직접 가지고 나와야 한다

이닝이 끝나면 수비팀 선수들은 수비 포지션을 떠나면서 글러브를 비롯한 장비를 모두 가지고 가야 한다. 페어 지역에든 파울 지역에든 장비를 두고 떠나서는 안 된다.

반칙행위 | 몰수패를 당하는 반칙행위

다음과 같이 행동한 팀은 몰수패를 당하게 된다.

- 심판이 '플레이'를 선언한 후 5분 안에 구장에 입장하지 않거나 경기 시작을 거부했다.
- 경기를 지연하거나 단축하려고 했다.
- 경기 도중 경기를 계속하기를 거부했다.
- 날씨나 구장 상태 때문에 경기가 중단되고 나서 다시 심판이 '플레이'를 선언한 후 1분 안에 경기를 재개하지 않았다.
- 심판이 경고를 했는데도 고의로 규칙을 계속 위반했다.
- 심판의 선수 퇴장 명령에 승복하지 않았다.
- 더블헤더의 제1경기가 끝나고 20분 안에 제2경기에 나타나지 않았다.(두 경기 사이의 휴식시간이 공식적으로 연장된 경우는 제외)
- 9명의 선수를 구장에 투입하기를 거부하거나 그럴 수가 없었다.

스테로이드 등의 약물

개요: 스테로이드를 비롯한 약물의 사용에 대한 메이저리그의 정책은 공식 규칙서에서 다루지 않는다. 약물 정책은 메이저리그와 양 리그 사이의 협약인 메이저리그 규약에서 다룬다.

스테로이드 같은 불법 약물의 사용은 야구계에서 엄격하게 금지되어 있다. 리그 규약은 약물검사 절차를 대단히 상세하게 다루고 있으며, 모든 선수는 계약서에 명시된 대로 약물검사 대상이 된다. 검사에서 양성반응이 나온 선수는 치료를 받게 된다. 이후의 검사에서 또 양성으로 판명되면 벌금과 출장정지 횟수가 늘어난다. 약물검사 받기를 거부하거나 합당한 이유 없이 약물검사장에 모습을 드러내지 않으면, 양성반응이 나온 것과 똑같이 취급한다.

협약에서는 스테로이드 외에도 코카인, LSD, 마리화나, 헤로인, 코데인, 모르핀, 엑스터시, PCP를 비롯한 약물들을 구체적으로 언급하고 있다. 약물 사용은 야구계의 심각한 문제이고, 이 문제에 대한 관심이 점점 늘어감에 따라 리그 규약 또한 지속적으로 개정될 것이다.

반칙행위와 수비방해

개요: 수비방해란 수비를 펼치는 야수를 훼방하는 공격팀원의 행위를 일컫는다. 공이나 야수와 접촉하거나, 수비하는 야수를 교란하거나 가로막는 행위로 방해가 일어난다.

수비방해의 4가지 종류

1 공격팀의 방해. 공격팀원이 수비를 하는 야수를 어떤 식으로든 방해했다.

2 심판의 방해. 두 가지 경우가 있다.
- 주자의 도루를 저지하려던 포수의 송구를 심판이 방해했다.
- 페어 지역으로 간 타구가 야수를 지나가기 전에 심판에게 닿았다.

3 관중의 방해. 관중이 구장에 들어왔거나, 관중석에서 구장 안으로 몸을 뻗어 인 플레이 상태의 공을 건드렸거나, 공을 수비하는 야수의 행위에 영향을 주었다.

4 그 밖의 사람의 방해. 구장 출입을 허가받았건 받지 않았건 누군가가 공을 수비하던 야수를 방해했다. 홈팀이 입장을 허가한 사진기자, 경찰과 안전요원, 관중 등이 여기에 해당된다. 구장의 경계 안에 있는 것만으로도 이들은 모두 수비를 방해할 가능성을 안게 된다.

> **● 수비방해, 타격방해, 주루방해 ●**
>
> 수비를 펼치는 야수에게 저지르는 수비방해와는 반대로, 수비팀이 공격팀을 방해하는 경우도 일어난다. 타격방해는 야수가 투구를 치는 타자를 방해하는 행위를 일컬으며, 포수가 저지르는 경우가 대부분이다. 주루방해는 주자의 주루를 방해하는 행동으로, 가령 다음 베이스로 달려가는 주자를 야수가 가로막는 것이다.

수비방해의 고의성

공격팀원의 행위에 따라 방해를 선언한 뒤에 어떤 조치를 취할지는 심판이 보기에 방해가 고의적이었는지 아닌지에 달려 있다. 이 판단에 따라서 심판은 적절한 조치를 취한다.

고의적인 수비방해. 일부러 방해 행위를 한 경우에는 고의적인 방해로 간주된다. 예를 들어 선수가 아닌 누군가가 인 플레이 상태의 공을 잡는 것은 고의적이다. 인 플레이 상태의 공을 건드리는 것은 고의적이면서도 악의가 없는 행동일 수 있다.

보기: 공이 아직 인 플레이 상태에 있는 줄 모르던 배트 보이가 공을 집어 올렸다. 이것은 악의가 없는 행동이기는 하지만, 규칙의 취지에 따라 고의적인 방해로 간주된다. 방해가 고의적이었다고 심판이 판단하면, 공은 데드 볼이 되고 심판은 방해를 보상할 어떤 벌칙이나 조치를 내릴 수 있다.

고의적이지 않은 수비방해. 방해한 사람이 진정으로 방해를 피하려고 노력했다면, 이 방해는 고의성이 없다고 본다. 그러면 방해는 무시되고 공은 계속 인 플레이 상황에 남는다.

보기: 공을 피하려고 몸을 숙인 사람에게 공이 맞은 경우에는 고의적이지 않은 것으로 간주한다.

수비방해에 대한 벌칙은 아웃이다. 공격팀의 방해가 판정되면, 타자나 주자에게 아웃이 선언된다.

● **더그아웃의 수비 공간** ●

2007년 개정된 규칙에 따르면, 이제는 야수가 포구를 하려고 더그아웃 안으로 발을 디디면 안 된다. 하지만 더그아웃 안으로 팔을 뻗칠 수는 있다. 포구를 완료할 당시 적어도 한 발은 구장 바닥에 닿아 있거나 그 위에 떠 있어야 하고, 한 발이라도 더그아웃 안의 바닥을 디뎌서는 안 된다.

공격팀원들은 야수가 더그아웃 안으로 팔을 뻗을 공간을 비롯하여 공을 수비하는 데 필요한 공간을 비워주어야 한다. 가령 공격팀 더그아웃 쪽으로 날아간 플라이볼이 포구할 만한 것이라면, 더그아웃 안의 누구든지 수비에 필요한 공간에서 비켜나야 한다. 그러지 않으면, 방해가 선언되어 야수가 수비를 펼치고 있던 대상인 타자나 주자가 아웃된다.

수비팀이 야수에게 더그아웃을 비워주어야 한다는 규칙은 없다. 그들은 당연히 동료를 도우려 할 것이므로, 야수에게 길을 비켜줄 의향 따위는 문젯거리가 아닌 것이다.

더그아웃에서의 반칙행위

더그아웃

현재 벌어지는 플레이에 참여하지 않는 양 팀 선수들은 더그아웃에 머물러 있어야 한다. 더그아웃에는 선수, 감독, 코치, 트레이너, 배트 보이, 배트 걸만 있을 수 있다. 팀원들이 더그아웃에 머물러 있지 않으면, 심판은 우선 경고를 준다.

벌칙: 첫 번째 경고를 무시하고 두 번째 위반을 저지른 팀원은 퇴장당한다.

부상자 명단에 오른 선수

더그아웃에는 부상자 명단에 오른 선수도 들어갈 수 있다. 부상 선수는 경기 전의 활동에는 참여할 수 있지만, 경기 중에는 투수를 워밍업시키는 것 등 어떤 활동에도 참여할 수 없다. 부상자 명단에 오른 선수는 더그아웃에 앉아 있을 수는 있지만, 경기 도중 구장에서 어떤 역할도 해서는 안 된다.

사이드라인에서 일어나는 문제

감독, 코치, 선수, 교체선수, 트레이너, 배트 보이, 배트 걸 등 어떤 팀원이라도 벤치 등 구장의 어떤 구역에서든 스포츠맨십에 어긋나는 행동을 해서는 안 된다. 팀원은 다음과 같은 행동을 해서는 안 된다.

- 관중을 선동하거나 자극한다.
- 상대팀 선수나 심판 또는 관중에게 상스럽거나 외설적인 말을 한다.
- 투수가 보크를 저지르도록 유도한다.(가령 투수를 속이려고 '타임'을 크게 외친다.)
- 심판에게 신체적인 접촉을 한다.
- 타자의 시야를 가리거나 타자의 주의를 흩뜨리려 한다.

벌칙: 해당 팀원은 퇴장당한다.

더그아웃에 있는 팀원이 심판의 판정을 격렬하게 비난하면 심판은 경고를 주고, 그다음에는 클럽하우스로 갈 것을 명령할 수 있다. 가령 더그아웃에서 구장으로 누군가 물건을 던지는 따위의 일이 일어났는데 누가 그랬는지 심판이 알 수 없다면, 모든 교체선수에게 클럽하우스로 들어가라고 명령할 수 있다. 그러면 교체선수는 감독이 경기에 투입하는 경우에만 다시 나올 수 있다.

투수의 반칙행위

투구로 타자를 맞히려고 하거나, 경기를 지연하거나, 공을 조작하는 등 투수는 다양한 반칙행위를 저지를 수 있다.

고의로 타자를 맞히려고 한 투구
이 행위로 즉시 퇴장당할 수 있다.
(197쪽 및 '투구' 장 82쪽 참조)

투수는 12초 안에 투구해야 한다
투수는 경기가 계속 진행되도록 해야 한다. 베이스에 주자가 아무도 없

고 타자가 타격 자세를 잡은 상황에서 투수는 공을 받고 12초 안에 투구해야 한다. 그러지 않으면 심판은

'볼'을 선언한다.

공 조작
투수는 투수 마운드 위 또는 부근에 있을 때 입을 만지거나, 공에 '이물질'을 바르거나, 공이나 손, 글러브에 침을 뱉거나, 맨손을 제외한 어떤 것으로 공을 문지르거나, 공을 손상하거나, 삼진을 잡을 가능성을 높이려고 스핏볼 같은 편법을 사용하면 안 된다. 그런 행동을 하면 심판은 투수를 퇴장시킨다.

다른 선수의 공 조작
다른 선수가 공을 조작했는데 그 선수를 알아낼 수 없는 경우에는, 투수가 처벌받을 수 있다.

공 조작에는 엄한 벌칙이 따른다
공 조작은 심각한 위반 행위로 간주된다. 공을 조작하면 즉시 퇴장당하고 자동 출장정지가 부과된다.

타자의 반칙행위

타자는 타자석에 머물러 있어야 한다
타자석 안에서 일단 타격 자세를 잡은 타자는 다음과 같은 경우에만 타자석을 벗어날 수 있다.
- 심판이 타자의 '타임' 요청을 받아들였다.
- 또는 어떤 이유로든 경기가 지연되었다. 여기에는 투수의 지연 행위도 해당된다.

그러면 심판은 타자가 타자석 바깥으로 발을 빼도록 허락한다.
또한 투구와 투구 사이에 투수가 투구 자세를 잡기 전 타자는 잠시 타자석 바깥으로 나갈 수 있다.
투수가 투구 과정의 첫 번째 단계를 밟고 있을 때는 타자에게 타임이 허용된다. 하지만 투수가 세트 포지션에 들어가거나 와인드업을 시작하면 타임은 받아들여지지 않는다. 이때 타자가 타자석 바깥으로 나가면 심판은 자동으로 스트라이크를 선언하고 공은 데드 볼이 된다. 104쪽을 참조하라.
한 발이나 양발로 타자석 바깥을 딛고 공을 친 타자에게는 아웃이 선언된다. 또한 투수가 고의사구를 던질 때 공에 스윙을 하려고 타자석 바깥을 디뎌도 아웃이 선언된다. 107쪽을 참조하라.

스위치타자는 타자석을 함부로 옮길 수 없다
오른손으로도 왼손으로도 타격을 할 수 있는 스위치타자의 경우, 투수가 투구 포지션에 있을 때 타자석을 옮기면 아웃이 선언된다. 투구와 투구 사이에는 좌우 타자석을 왕래해도 괜찮다.

타자가 포수를 방해한 경우
포수에게 타자가 방해를 저질렀는지는, 타자의 의도, 더 정확히 말하면 타자의 방해 행위가 고의적이었는지에 대한 심판의 판단에 달려 있다. 가령 공을 수비하거나 베이스에 송구를 하는 포수를 타자석 바깥을 밟고서 방해하면, 또는 홈 베이스에서 펼쳐지는 수비를 방해하면, 방해가 선언된다.
- 타자는 아웃된다.
- 공은 데드 볼이 된다.
- 주자들은 방해가 일어나기 전에 도달했던 마지막 베이스로 되돌아간다.

> **수비방해의 요건**
> 경기에 어떤 영향을 미쳐야 수비방해가 된다. 설령 타자의 방해가 고의적이었다고 해도, 포수가 수비나 송구에 성공하여 그 플레이로 주자(홈 플레이트에서 득점하려던 주자도 포함)가 아웃되었다면, 방해는 선언되지 않는다. 그러므로 타자는 아웃되지 않는다.

타자가 배트로 포수를 친 경우
타자가 백스윙을 하다가 뜻하지 않게 포수를 방해하면(즉 심판이 그 접촉이 고의적이지 않았다고 보는 경우), 스윙은 그저 스트라이크로 처리된다. 예를 들면 다음과 같은 일이 일어날 수 있다.
- 완전히 돌아간 타자의 스윙이 뜻하지 않게 포수를 쳤다.

포수가 공을 확실히 잡기 전에, 완전히 돌아가고 나서 백스윙하던 배트로 공을 건드렸다.

둘 중 어떤 경우에도 방해는 선언되지 않는다. 이 접촉에도 불구하고 포수가 송구를 하여 주자를 아웃시키면 이 플레이는 유효하다. 그러지 않으면, 공은 데드 볼이 되고 주자들은 진루할 수 없다.

타자는 자기 차례가 오면 타석에 들어서야 한다

타자석에 들어서기를 거부하는 타자는 벌칙을 받는다. 심판은 '스트라이크'를 선언하고, 공은 데드 볼이 되며, 주자들은 진루할 수 없다. 타자가 계속 타석에 들어서지 않아 스트라이크가 세 번 선언되면 아웃된다. 하지만 세 번째 스트라이크 전에 타자가 타석에 들어서면, 기존의 스트라이크는 카운트에 남으며 심판은 새로 날아오는 투구에 대해 평소대로 볼과 스트라이크를 판정한다.

타자는 볼넷을 받아들여야 한다

강타자에게 안타를 맞을 위험을 무릅쓰니, 투수가 스트라이크 존에서 멀리 벗어나는 볼을 4개 투구하여 고의로 볼넷을 내줌으로써 타자를 1루로 그냥 내보내기도 한다. 볼넷을 얻은 후 (아마 고의사구로 나가야 하는 것에 화가 나서) 1루로 출루하기를 거부하는 타자에게는 아웃이 선언된다.

타자는 공을 고의로 두 번 치면 안 된다

타구를 배트로 두 번 친 경우, 타자가 두 번째로 친 것이 고의적이었는지에 따라 결과가 달라진다.

고의적 : 타자는 공을 두 번 쳐서는 안 된다. 가령 배트에 빗맞아서 허공에 솟은 공을 다시 칠 수는 없다. 마찬가지로 타자는 배트나 헬멧을 타구에 고의로 던지면 안 된다. 던진 배트나 헬멧이 페어 지역에서 공에 맞았는데 심판이 보기에 타자가 고의로 그랬다면, 타자는 아웃되고 공은 데드 볼이 되며 주자들은 진루하지 못한다.

비고의적 : 페어 지역에 있는 타구가 배트에 두 번째로 맞거나 헬멧 등의 다른 물건에 맞았는데, 이 두 번째 접촉이 심판이 판단하기에 고의적이지 않았다면, 공은 인 플레이 상태로 남고 아무런 벌칙도 부과되지 않는다. 예컨대 다음과 같은 상황이라면 방해는 선언되지 않고 공은 계속 인 플레이 상태에 있게 된다.

- 타자가 공을 치고 나서 떨어뜨린 배트가 페어 지역에서 공에 우연히 맞았다.
- 부러진 배트 조각이 페어 지역에서 공, 야수 또는 주자에게 가서 맞았다.
- 타구나 송구가 페어 지역에 놓여 있는 헬멧 등의 물건에 맞았다.

타자가 온전한 배트를 페어 지역으로 던진 경우

고의적이건 고의적이지 않건 간에 배트를 던져서 수비를 펼치는 야수를 방해했다면, 방해가 선언된다.

타자가 조작한 배트를 사용했거나 사용하려고 한 경우

배트를 개조(조작)하여 성능을 향상하는 것은 반칙이다. 공을 치기 전이나 후에 조작된 배트가 발각되면, 다음과 같은 결과가 일어난다.

- 타자는 아웃된다.
- 그 타구로 어떤 주자도 진루하지 못한다.
- 조작된 배트로 이루어진 플레이에서 주자가 아웃된 경우, 그 아웃은 유효하다.

배트 조작은 타자의 퇴장 사유에 해당하는 심각한 위반 행위이다. 리그 회장은 추가로 해당 선수에게 벌금과 출장정지를 부과한다.

● **파인 타르** ●

타자는 배트를 더 잡기 쉽게끔 배트에 파인 타르를 바를 수 있다. 하지만 손잡이 끝에서부터 위로 18인치(45.7cm)를 넘어 발라서는 안 된다. 하지만 18인치 한도를 넘겼다고 해도 배트 조작으로는 간주되지 않는다. 그저 배트만 경기에서 뺄 뿐 타자에게 다른 벌칙은 부과되지 않는다.

타자 | 결승점 상황에서의 반칙행위

경기가 끝날 때까지는 끝난 것이 아니다. 경기에 이긴 선수들은 지나치게 흥분하기도 한다. 때로는 승리를 마무리해야 한다는 사실조차 잊는다. 안전진루권을 얻어 홈까지 진루할 수 있게 된 상황에서, 득점을 올릴 주자는 홈 플레이트를 터치해야 하며 타자는 1루까지 도달해야 한다.

예외: 결승점 상황에서 관중이 구장에 난입하여 타자가 1루에 도달하기 전 또는 3루주자가 홈에 닿기 전에 진루를 막으면, 타자와 주자 둘 다 가려던 베이스에 도달한 것으로 간주하여 득점을 인정한다.

보기: 타자가 1루를 터치하지 않거나 주자가 홈 플레이트를 터치하지 않은 경우

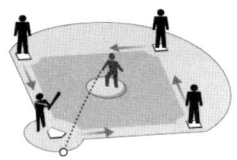

만루 상황에서 타자가 볼넷을 얻어 출루한다. 그러면 밀어내기로 3루주자의 결승점이 나오게 된다.

흥분을 이기지 못한 타자가 깜빡 잊고 1루에 진루하지 않는다. 그리고/또는 3루주자가 홈 플레이트에 진루하는 것을 잊어버린다. 심판은 공격팀 선수들에게 아웃을 선언하며 경기를 계속 진행한다.

참고: 이 규칙은 결승점 상황만을 다루고 있으며, 다른 보통의 이닝은 언급하지 않는다. 득점하는 것을 잊어버릴 정도로 기뻐하는 일은 아마도 결승점이 나올 때만 생길 것이다.

● **결승점 상황에서 타자가 1루 출루를 거부한 경우** ●

위의 보기에서 타자가 1루로 출루하기를 거부하면 다음과 같은 결과가 이어진다. 두 경우 모두 공식기록원은 타자에게 아웃을 매긴다.

노 아웃이나 원 아웃 상황
- 3루주자가 득점하며 승리를 거둔다.
- 그러나 타자에게는 아웃이 선언된다.

투 아웃 상황
- 타자에게 아웃이 선언된다.
- 3루주자는 득점하지 못한다.
- 그리고 이닝이 끝난다. 경기는 다음 이닝으로 계속된다.

주자의 반칙행위

다음과 같은 경우 주자에게 아웃이 선언된다
- 태그 아웃되는 것을 피하려고 베이스라인에서 3피트 이상 벗어나 달렸다.
- 1루에 무사히 도달하고 나서, 다음 베이스로 진루하려는 노력을 포기했다.
- 어떤 베이스에 무사히 도달하고 나서 야수들을 교란하려고 역순으로 주루를 했다.
- 홈 베이스에서 득점하려다가 베이스를 놓쳤는데, (홈 플레이트를 이미 터치했다고 믿든 그랬다고 놓치든 간에) 터치하려 하지 않고 더그아웃으로 들어갔다. 그러면 수비팀은 어필을 하여 아웃시킬 수 있다.

주자가 아웃되는 방법에 대한 자세한 내용은 '주루' 장 125쪽을 참조하라.

주자는 타구를 방해해서는 안 된다
주자가 떨어뜨리거나 던진 헬멧이 페어 지역에서 타구에 맞았는데, 심판이 보기에 주자가 고의로 그랬다면, 다음과 같은 결과로 이어진다.
- 그 주자는 아웃된다.
- 공은 데드 볼이 된다.
- 다른 주자는 모두 방해가 일어나기 전에 도달했던 마지막 베이스로 되돌아간다.

야수의 반칙행위

물건을 던지는 행위
야수는 공에 글러브, 장비나 옷 같은 물건을 던지고 싶은 충동이 들 수도 있다.

타구에 물건을 던진 경우
야수는 타구에 글러브나 다른 물건을 던지거나 몸에서 빠진 물건을 사용하면 안 된다. 가령 공을 잡으려고 모자를 사용해서는 안 된다. 이런 물건으로 페어 지역에서 공을 건드리면 벌칙이 부과된다.(공격팀에 안전진루권을 준다.) 그러나 던진 물건이 공에 맞지 않으면 아무런 벌칙도 주지 않는다.

보기: 홈런성 타구가 센터 필드의 펜스를 넘어가려던 참이었다. 홈런을 막으려던 야수가 급한 나머지 공에다 글러브를 던졌다. 글러브에 맞은 공이 센터 필드로 떨어졌다. 홈런이 인정되어 타자와 모든 주자가 홈에 들어와 득점한다.

페어 지역에 떨어진, 또는 이제 막 떨어질 참인 타구(홈런이 되지는 않을 타구)에 야수가 무언가를 던져 맞히면, 타자는 세 베이스 안전진루권을 얻는다. 타자는 3루로 진루하며, 그에 따라 다른 주자는 모두 홈까지 진루하여 득점한다. 공은 계속 인 플레이 상태에 남아 있으므로, 3루에 도달한 타자는 내처 홈까지 뛸 수도 있지만, 이때는 아웃될 위험을 안게 된다. 글러브나 다른 물건이 우연히, 또는 수비를 펼치던 도중 빠진 경우에는 위의 규칙이 적용되지 않는다.

보기: 야수가 포구를 하려고 팔을 뻗다가 그 여세에 글러브가 손에서 빠져 날아가 공을 건드렸다. 심판이 판단하기에 그 접촉에는 고의성이 없으므로, 공은 인 플레이 상태로 남으며 아무런 벌칙도 부과되지 않는다.

송구에 물건을 던진 경우
마찬가지로, 야수는 다른 야수가 던진 공에 글러브나 다른 물건을 던지면 안 된다. 이렇게 한 경우, 벌칙으로 주자들과 그 플레이에서 공을 때려낸 타자에게 두 베이스씩 안전진루권을 준다. 타구에 물건을 던진 경우와 마찬가지로, 던진 물건이 공에 실제로 맞지 않으면 아무런 벌칙도 부과되지 않는다.

투구를 건드리는 행위

야수가 몸에서 빠진 물건을 사용하여 투구를 건드리면, 타자와 모든 주자가 한 베이스씩 안전진루권을 얻는다. 공은 계속 인 플레이 상태에 남는다.

수비팀의 타격방해 : 포수나 다른 야수가 타자를 방해한 경우

포수나 다른 야수가 타격을 하려는 타자를 방해하면, 타자는 1루로 출루한다. 이에 따라, 방해가 일어날 당시 도루를 하고 있던 주자를 비롯하여 포스 상태에 놓이게 된 주자들 또한 진루한다. 하지만 타자가 안타를 쳐 1루에 도달하고 다른 주자도 모두 적어도 한 베이스씩 진루했다면, 방해는 무시된다.

참고 : 투구를 던지기 전에 포수가 타자를 방해한 경우에는, 심판이 '타임'을 선언한다. 방해는 선언되지 않는다.

공격팀 감독은 벌칙을 받아들이지 않아도 된다

공격팀 감독은 수비팀의 방해 판정을 받아들일지 말지 선택할 수 있다. 이 판정이 팀에 유리하게 작용하지 않는다고 여길 수도 있다.

보기 : 포수가 타자를 방해했고, 타자가 아웃되었다. 하지만 2루주자가 그 플레이에서 3루로 진루했다. 감독에게는 두 가지 선택권이 있다.
1 수비팀의 방해 판정을 받아들여 1루와 2루에 주자를 둘 수 있다.
2 또는, 수비팀의 방해 판정을 거부하여 아웃이 그대로 유효하게 놔두고 득점 가능성이 더 높은 3루에 주자 하나를 올려놓을 수 있다.

야수는 주자를 방해해서는 안 된다

베이스라인 안에서 달리는 주자에게는 통행권이 있다. 그 진로를 방해하는 야수에게는 방해가 선언된다. 하지만 공을 수비하는 데 참여하고 있거나 공으로 주자를 태그 아웃시키려고 하는 경우에는 방해가 아니다. 그러므로 방해를 받은 주자에게 수비가 펼쳐지고 있었는지에 따라 결과가 달라진다.

방해를 당한 주자에게 수비가 펼쳐지고 있었던 경우

방해가 일어나면 심판은 방해를 선언하며 반칙 현장을 가리킨다. 방해 선언과 함께 공은 즉시 데드 볼이 된다.

방해를 당한 주자에게 수비가 펼쳐지지 않고 있었던 경우

야수들이 구장의 다른 곳에서 벌어지는 플레이에 신경을 쓰고 방해를 당한 주자에게는 아무런 수비가 이루어지지 않고 있던 상황이라면, 설령 방해가 선언되더라도 그 플레이는 끝날 때까지 계속된다. 주루방해가 궁극적으로 아무런 영향도 미치지 않았다면 (즉 그 주자가 방해에도 불구하고 베이스에 무사히 도달했다면) 이 판정은 무시된다. 두 경우 모두, 이러한 판정에 따라 심판은 자신이 판단하기에 타자주자와 모든 주자가 방해가 일어나지 않았다면 도달했을 베이스까지 안전진루권을 준다. 주루방해에 대한 자세한 내용은 143, 157쪽을 참조하라.

포수나 야수의 행위로 투수에게 보크가 선언될 수 있다

다음과 같은 경우 투수에게 보크가 선언되고(주자들은 한 베이스씩 진루) 타자는 1루에 나가게 된다. 공은 데드 볼이 된다.

• 포수나 야수가 타자의 몸이나 배트를 건드렸다.
• 공을 가지고 있지 않은 포수나 야수가 스퀴즈 플레이나 홈 스틸로 득점하려고 3루에서 달려오는 주자를 가로막았다.

● **스퀴즈 플레이** ●

3루주자가 득점을 올리게 하려고 타자가 번트를 대는 플레이.

퇴장

개요: 경기 중 팀원의 반칙행위에 내리는 가장 무거운 벌칙은 퇴장이다.

퇴장당한 팀원은 구장을 떠나야 하고, 벌금이나 향후 몇 경기 출장정지 등 추가 벌칙을 받기도 한다. 아래에서는 퇴장당할 만한 반칙행위 몇 가지를 소개한다. (자세한 내용은 186쪽을 참조하라.)

투수가 퇴장당하는 사유
- 공 조작
- 이물질을 지닌 경우. 투구나 투구를 치는 타자의 능력에 영향을 미쳐 이득을 보려 했다고 의심된다.
- 다른 야수에게 공을 던지며 경기를 지연한 경우. 물론 주자를 수비하는 경우는 제외한다. 타자가 타격 자세를 잡으면 투수는 투구를 해야 한다. 첫 번째로 경기를 지연하면 심판에게서 경고를 받는다. 이런 일이 다시 일어나면 심판은 투수를 퇴장시킨다.
- 타자를 맞힐 의도로 투구한 경우. 이것은 심각한(그리고 위험한) 규칙 위반으로, 투수는 즉시 퇴장당할 수 있고, 감독까지 퇴장당할 수도 있다.

자세한 내용은 '투구' 장 83쪽, '심판' 장 187, 188쪽을 참조하라.

그 밖의 팀원이 퇴장당하는 사유
'볼'과 '스트라이크' 판정 같은 심판의 독자적인 판단과 재량에 따른 판정에 항의하면 퇴장당할 수 있다. 이러한 판정은 전적으로 심판에게 달려 있으며, 어떤 팀원도 이의를 제기할 수 없다. 이러한 판정의 종류는 181쪽의 목록을 참조하라. 타자, 주자, 야수, 감독, 코치 등의 팀원들이 구장의 자기 포지션이나 벤치를 떠나 '볼'과 '스트라이크' 판정에 항의하는 것은 엄격하게 금지되어 있다. 첫 번째 위반 시에 심판은 경고를 줄 수 있다. 두 번째에는 심판이 해당 선수를 퇴장시킬 수 있다. 감독이 타자의 체크 스윙(하프 스윙)에 대한 판정에 항의하는 경우에도 같은 조치를 취하는데, 왜냐하면 이런 행위는 결국 볼과 스트라이크 판정에 항의하는 것과 마찬가지이기 때문이다.

하지만 감독은 그 밖의 판정에는 심판에게 '어필'을 하여 다른 심판의 도움을 구해보라고 요청할 수 있다. 물론 경기 중에는 때때로 팀원이 심판의 판정에 동의하지 않는 경우가 생긴다. 이러한 반대가 너무 심해지면 결정을 내리는 것은 심판의 몫이다.

다툼
외설적인 언어를 사용하거나 싸움을 벌이는 것은 심각한 규칙 위반이다. 이 정도로 막중한 위반이 발생한 경우 심판은 사건의 자세한 상황을 리그 회장에게 보고해야 한다.

어떤 경우에는, 감정을 잠깐 드러낸 행위만으로도 심판은 선수나 팀원을 곧바로 퇴장시킬 수 있다.

경기 후 위반 사항의 보고
경기 중 팀원이 처신을 잘못하여 퇴장 명령을 받은 경우, 심판은 경기가 끝나고 12시간 안에 리그 회장에게 이를 보고해야 한다. 문제가 더 심각하면 이 시한은 4시간으로 줄어든다. 리그 회장은 팀원에게 벌금을 부과할 수도 있고, 앞으로 열릴 경기에 참여하는 것을 금지할 수도 있다. 리그 회장이 벌금을 매기면, 통지를 받은 팀원은 닷새 안에 벌금을 물어야 한다. 경기 후 심판의 책임에 관한 자세한 내용은 188쪽을 참조하라.

> ● **심판은 이의를 제기하지 못한다** ●
> 심판은 다른 심판이 내린 판정을 비판하거나 이의를 제기할 수 없다. 다른 심판에게서 의견을 달라는 부탁을 받을 때만 조언을 해줄 수 있을 뿐이다.

12
관중

관중에 관한 규칙 중 다음 두 가지 규칙은 예전부터 심각한 혼란을 불러왔으며 앞으로도 심판들의 골치를 썩일 것이다.
1) 야수는 관중석 안으로 몸을 뻗어 포구할 수 있다.
2) 관중에게는 야수에게 길을 비켜줄 의무가 없다.
이 장에서는 관중에 관한 여러 가지 규칙을 살펴본다.

관중에 대한 기본상식
관중은 야구에 없어서는 안 될 요소이다. 관중이 없었다면 지금과 같은 야구가 존재하지 않을 것이다.
page 218

관중의 수비방해
이따금 관중이 플레이 현장에 너무 가까이 접근하기도 한다. 그런가 하면, 반대로 플레이가 관중에게 너무 가까이 다가가기도 한다.
page 218

팀원과 관중
원칙적으로 둘 사이의 교류는 허용되지 않는다. 경기 전이나 도중에 팀원은 팬들과 교류를 하거나 반응을 선동해서는 안 된다.
page 221

구장에 들어온 관중
관중이 구장에 들어왔을 때의 상황을 처리하는 규칙을 소개한다.
page 222

관중에 대한 기본 상식

개요 : 팬들이 없다면 야구는 아무것도 아니다. 관중은 야구라는 스포츠에 없어서는 안 되는 요소이다. 응원이나 야유를 통해 선수들의 심리에 영향을 미쳐 결국에는 팀의 경기력마저 좌우하기도 하며, 때때로 경기에 다소 지나치게 개입하기도 한다. 이 장에서는 팬에 관한 야구 규칙을 다룬다.

야구 규칙에는 내야, 외야, 파울 지역에 대한 요건이 제시되어 있다. 하지만 관중석에는 어떠한 제한도 없다. 어떤 야구장에서는 팬들이 사방에서 선수들을 둘러싸도록 관중석이 배치되어 있다. 그러므로 간혹 관중이 너무 가까이 있게 되는 경우도 불가피하게 생긴다. 그들은 고의로, 악의로, 또는 영문도 모른 채 공을 건드려버리거나 공을 수비하려는 야수를 방해하기도 한다.

관중의 수비방해

개요 : 관중의 방해란 구장 쪽에 너무 가까이 접근한 팬이 인 플레이 상태의 공이나 그 공을 수비하는 야수를 건드리는 행위를 일컫는다.

관중의 수비방해는 논쟁의 여지가 상당히 많은 사안이다. 관중은 구장 안으로 몸을 뻗거나 구장으로 들어가 인 플레이 상태의 공을 건드리거나 하는 식으로 경기를 방해할 수 있다. 심판이 어떤 관중의 행위를 지적하며 명쾌한 판정을 내리는 경우도 있다. 하지만 야수가 공을 잡으려고 관중석 부근이나 안쪽으로 몸을 뻗었는데 동시에 팬이 그 공을 기념품으로 가지려고 한 경우에는 논란이 불거진다. 야수가 관중석으로 몸을 뻗은 것인지, 관중이 구장 안으로 몸을 뻗어서 수비를 방해한 것인지 하는 문제가 논쟁의 씨앗이 된다.

관중에게는 야수가 수비를 할 수 있도록 관중석의 자기 자리를 비워줄 의무가 없다. 게다가 어떤 관중이든 기념품을 하나 얻을 수 있는 기회를 쉽게 흘려보내려 하지는 않을 것이기에 상황이 복잡하게 꼬일 수도 있다.

관중의 수비방해에 따른 결과

관중이 수비방해를 하면 통상적으로 공격팀원의 수비방해와 마찬가지로 처리한다. 관중의 수비방해 시 다음과 같은 결과가 초래된다.

- 공은 즉시 데드 볼이 된다.
- 어떤 주자도 진루하지 못한다.
- 심판은 방해가 일어나지 않았다면 결과가 어떻게 되었을지 판단하여 보상이나 벌칙을 내린다.

심판은 아웃(들)을 선언하거나, 심판이 생각하기에 방해가 일어나지 않았다면 타자와 주자들이 무사히 도달했을 베이스까지 가도록 안전진루권을 준다. 그런가 하면 아웃과 안전진루를 함께 판정할 수도 있다.

Example 한 관중이 공을 잡으려고 구장 안쪽으로 몸을 뻗는 바람에 야수가 공을 잡지 못했다. 심판은 볼 데드와 타자의 아웃을 선언한다. 하지만 같은 플레이 상황에서, 3루에 주자가 있었는데 심판이 보기에 야수가 공을 잡은 다음 그 주자가 태그 업을 해서 홈까지 달려 득점할 수 있었다면, 심판은 아웃을 선언하는 한편 3루주자가 홈으로 가서 득점하도록 허용한다.

야수가 관중석으로 들어간 공을 잡은 경우

야수가 관중석 안에서 공을 잡은 경우에도 포구가 인정된다. 공을 잡기 전이나 후에 야수는 관중석 안으로 몸을 뻗거나 뛰어들거나 넘어지기도 한다. 공을 붙들고 있기만 하면 포구는 유효하다.(157쪽 참조)

관중석 안에서 수비방해가 일어난 경우

관중석 안으로 날아든 타구가 관중에게 맞거나 관중이 그 타구를 건드린 경우에, 야수가 공을 잡으려고 관중석 안으로 몸을 뻗쳤다고 해도 방해는 선언되지 않는다. 공은 이미 구장 경계선을 넘어간 것이다. 그저 타구가 관중석 어느 곳에 떨어졌는지에 따라 파울 아니면 홈런이 된다.

야수가 관중석 안으로 몸을 뻗치거나 뛰어들거나 넘어졌는데 어떤 이유로든 공을 놓치거나 떨어뜨렸다면, 그저 포구가 이루어지지 않은 것으로 간주된다. 방해와는 상관없다.

| **공이 관중석에서 바운드되어 구장으로 다시 들어온 경우** 관중석으로 날아든 타구가 의자나 관중에게 맞고 나와 구장 안에 떨어졌다면, 그저 타구가 처음 떨어진 곳이 어디인지에 따라 파울이나 홈런 또는 그라운드 룰 더블이 된다. 다시 구장으로 돌아온 공은 인 플레이 상태에 있지 않다. 파울 지역으로 넘어갈 때 이미 데드 볼이 되었다.

관중 | 관중의 송구 방해

| **송구가 관중석으로 들어간 경우** 송구가 관중석 부근이나 안으로 가면, 타구가 관중석에 들어갈 때처럼 관중의 방해가 일어날 가능성이 있다.

송구를 관중이 방해한 경우에는 타구의 경우와 같은 규칙이 적용된다. 방해가 선언되면, 공은 데드 볼이 되고 안전진루권이나 아웃을 주게 된다.

송구가 관중석 안으로 들어가면, 설령 관중이 야수의 포구를 막았다고 해도 방해는 선언되지 않는다. 이때는 악송구 규칙이 적용된다. 타자와 주자들은 송구가 이루어질 당시(송구한 선수의 손에서 공이 떠난 순간) 도달했던 마지막 베이스에서 두 베이스씩 더 진루하게 된다.

팀원과 관중

선수는 관중이나 상대팀과 교류해서는 안 된다

경기 전이나 도중 또는 후에 유니폼을 입고 있는 선수, 감독, 코치는 관중과 교류할 수 없다. 유니폼을 입은 팀원은 관중석에 앉는 것이 금지된다. 또한 상대팀원과도 교류할 수 없다.

팀원은 관중을 선동해서는 안 된다

감독에서 배트 보이에 이르기까지 어떤 팀원도 말이나 행동을 통해 관중을 선동해서는 안 된다. 팀원은 치어리더처럼 팬들을 독려할 수 없다. 또한 팀원은 관중과 말다툼을 하거나 욕을 해서도 안 되며, 어떤 신체적인 접촉도 해서는 안 된다. 이를 위반한 팀원은 퇴장당한다.

위기에 처한 관중

시카고 컵스와 플로리다 말린스사이에 벌어진 2003년 내셔널리그 챔피언십 시리즈 6차전에서 컵스의 모이세스 알루가 파울 볼을 수비하던 도중 컵스 팬인 스티브 바트먼이 이 공을 덮쳤다. 바트먼이 공을 건드리지 않았다면 알루가 공을 잡았을 가능성이 크지만, 규칙상으로는 아무 문제도 없었다. 몇 가지 다른 각도에서 봐도 공은 바트먼이 건드리기 전에 이미 관중석으로 넘어갔다.

분노에 찬 컵스 팬들이 감정을 드러내자 바트먼은 안전요원의 보호를 받으며 구장을 빠져나가야 했다.

다음 시즌에 컵스의 팬들은 그 공을 폭파하는 의식을 열었다. 1945년을 마지막으로 월드 시리즈에 나가지 못한 저주를 깨뜨리고자 했던 것이다.

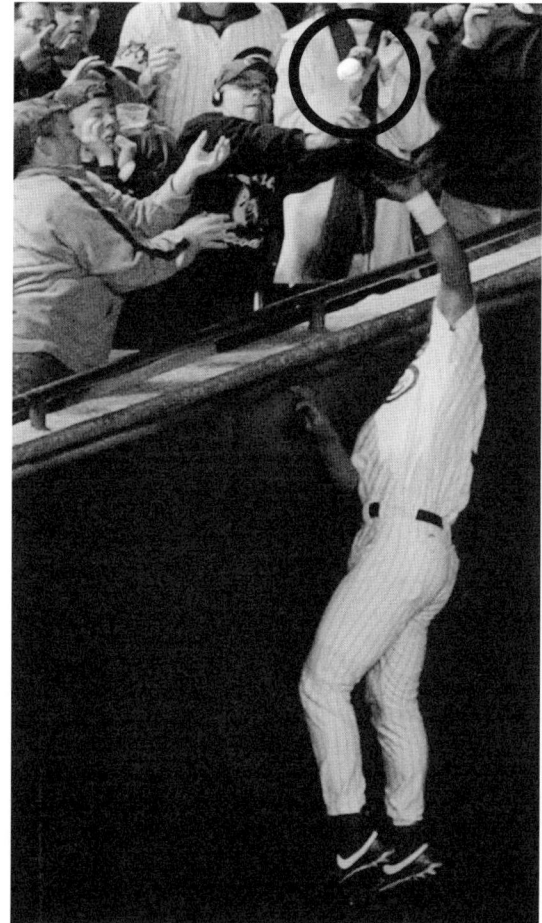

구장에 들어온 관중

원칙적으로 관중은 구장에 들어갈 수 없다. 오직 다음에 명시된 사람들만이 경기 중에 구장에 들어갈 수 있다.

- 유니폼을 입은 선수와 코치
- 감독
- 심판
- 허가받은 사진기자
- 경찰과 안전요원
- 구장관리인 등의 홈팀 직원

하지만 특별 허가를 받은 관중이 구장에서 경기를 구경하는 경우도 있다. 구장 안으로 관중이 넘쳐 들어온 경우, 이 문제를 다루는 특별 그라운드 룰을 정할 수 있다. 경기를 시작하기 전에 홈팀 감독은 구장에 있는 관중들에게 날아간 타구나 송구에 관한 특별 규칙을 제안한다. 원정팀 감독이 이 규칙에 동의해야 한다. 아니면, 주심이 공식 규칙에 부합하는 선에서 자신이 필요하다고 생각하는 그라운드 룰을 정한다.

관중이 구장에 들어온 경우 홈팀은 경기 중에 안전요원과 경찰의 보호를 제공할 책임이 있다. 관중(들)이 구장에 들어오면, 원정팀은 경기를 중단할 수 있다. 홈팀은 구장에서 관중을 내보낼 시간을 최소한 15분 갖게 된다.

심판은 관중을 구장에서 정리할 '적당한 길이의 시간'을 정한다. 구장을 이 시간 안에 정리하지 못하면, 홈팀은 원정팀에게 몰수패를 당한다.

경기가 끝날 때 관중이 구장으로 몰려나온 경우

득점은 주자가 홈 베이스를 비롯한 모든 베이스를 터치해야 기록된다. 심지어 공격팀의 '자동' 승리를 불러오는 홈런이나 볼넷이 나온 경우에도 마찬가지다. 홈 플레이트를 터치하기 전까지 득점은 인정되지 않는다. 하지만 예외가 하나 있는데, 기쁨에 넘친 팬들이 구장으로 몰려나와 타자나 주자의 진루를 가로막는 경우이다. 이때는 심판이 득점(들)을 인정한다. 주자가 홈에 진루하지 못한 것은 관중 탓으로 돌린다.

구장 출입을 허가받은 사람의 경기 방해

구장에 들어오도록 허가받은 사람의 경기 방해에 대한 규칙과 관중의 방해를 다루는 규칙은 다르다. 앞의 경우에는, 심판이 생각하기에 허가받은 사람이 저지른 방해가 고의적이었는지 아닌지에 따라 판정이 달라진다. 고의적이라고 판단하면, 공은 데드 볼이 된다. 고의적이지 않다고 판단하면, 공은 계속 인 플레이 상태에 있게 된다.

관중의 방해는, 당시 관중의 실제 행위나 의도가 어떻든 간에 상관없이 방해 행위로 처리한다. 즉 관중에게 악의가 없었다고 해도 방해가 선언된다.

13
경기의 중단, 재개, 종료

심판의 목표는 경기를 끝까지 마치도록 하는 것이다. 하지만 때로는 이것이 불가능한 경우도 있다. 이 장에서는 날씨에 따른 경기 지연이 미치는 영향, 그리고 경기 중단과 재개 및 종료에 관한 규칙을 알아본다. 그러면서 '정식경기'의 요건이 정확히 무엇인지도 정의해본다.

경기 진행과 중단의 권한
홈팀 감독은 경기를 시작할지 말지 결정한다. 경기 시작 직전에 주심이 이 권한을 넘겨받는다.
page 226

정식경기
한 경기로서 인정받으려면 중간 지점까지는 경기를 진행해야 한다. 5회 도중에 그 요건을 갖추기도 한다. 정확한 시점은 해당 이닝의 상황에 달려 있다.
page 228

일시정지경기와 콜드 게임
날씨 등의 요인으로 경기를 그날 끝까지 치를 수 없게 되면, 주심은 경기를 일시정지하거나 종료한다.
page 229

일시정지경기
경기는 날씨를 비롯한 여러 가지 이유로 중단되기도 한다. 경기의 나머지 부분을 다른 날 치르게 되면, 규칙에 따라 그 일정을 잡는다.
page 230

우천교환권
경기 중 우천 지연의 횟수에는 제한이 없다. 경기 일정을 변경하는 경우. 상황을 고려하여 관중들에게 우천교환권을 발급해준다.
page 233

어둠
이제는 모든 리그 구장에 조명이 있어서 어둠은 별문제가 안 되지만, 어둠 때문에 경기를 종료할 수 있다는 규칙은 아직 남아 있다.
page 234

구장 상태
구장이 젖어 있는 등 상태가 좋지 않으면 경기 일정을 변경할 수도 있다.
page 234

날씨, 타격과 투구
날씨가 좋지 않아 어려움을 겪는 타자와 투수에게는 이를 극복할 수 있도록 배려를 해주기도 한다.
page 234

경기 진행과 중단의 권한

개요: 우천이나 형편없는 구장 상태 같은 요인은 경기를 시작할지, 진행 중인 경기를 지연할지, 또는 9이닝을 다 치르기 전에 종료할지 결정하는 데 영향을 미친다.

경기 시작 전에는 홈팀 감독이 구장을 관할한다. 감독은 날씨나 구장 상태에 따라 경기를 시작할지 지연시킬지 결정한다. 하지만 경기가 시작되면 주심에게 권한이 넘어간다.

경기가 시작된 후에는 주심이 홈팀 감독에게서 권한을 넘겨받는다. 좀더 정확히 말하면, 홈팀 감독이 경기 시작 몇 분 전에 타순표를 주심에게 건네는 순간 권한이 넘어간다. 주심은 경기 전체를 관할한다. 그 시점부터 주심은 여러 가지 임무를 맡게 되며, 특히 다음과 같은 결정을 단독으로 내릴 권한을 지닌다.

- 날씨나 형편없는 구장 상태 등의 요인 때문에 경기를 중단할 것인가, 중단한다면 언제 할 것인가.
- 중단된 경기를 재개할 것인가, 재개한다면 언제 할 것인가.
- 경기 재개가 불가능한 상황이 되어 그대로 종료해야 하는가, 종료한다면 언제 할 것인가.

이러한 결정을 언제, 어디서 내리는지에 대한 규칙을 이 장에서 살펴본다.

팀 순위에 영향을 미치는 경기

시즌 막바지에는 단 한 경기라도 팀 순위에 큰 영향을 미칠 수 있다. 그러므로 리그 회장은, 경기가 시작되어 주심이 권한을 넘겨받기 전에 날씨 등의 요인 때문에 경기를 연기할지 결정하는 홈팀 감독의 역할을 대신 맡아달라는 요청을 받기도 한다. 홈팀 감독이 그날 경기에서 자기 팀이 이길 가능성을 가늠하고서 편파적인 결정을 내리지 못하도록 막는 것이다. 예를 들어 홈팀의 주축 선수가 부상자 명단에 올라 있다면, 경기를 연기하는 것이 홈팀에 유리할 수 있다.

원정팀은 리그 회장에게 직접 어필을 할 수 있다.(경기 전의 이 시점에는 아직 주심이 책임자가 아니기 때문이다.) 어필이 받아들여지면, 리그 회장이 경기 일정의 변경 여부를 결정할 권한을 지니게 된다.

> **● 우천 지연의 횟수에는 제한이 없다 ●**
>
> 심판의 목표는 가능한 한 경기를 끝까지 마치도록 하는 것이다. 필요하다면 경기 중에 우천 지연을 몇 번이고 할 수 있다. 경기를 끝마칠 가능성이 있는 한, 주심은 지연 조치를 연장한다. 양 팀에게 날씨 등의 요인 때문에 경기를 중단하거나 재개하라고 명령하는 주심의 권한은 '절대적'이다.

더블헤더

더블헤더에서는 홈팀 감독이 아니라 제1경기의 주심이 두 경기 사이의 책임자가 되어, 날씨나 구장 상태 같은 요인을 감안하여 제2경기를 시작할지 결정한다. 날씨 등의 상황 때문에 더블헤더의 제1경기가 지연되었다면, 첫 번째로 열리는 경기가, 설사 제2경기를 치렀어야 할 시간에 시작되더라도 그날 원래 예정된 제1경기가 된다.

어떤 경기 전체의 일정이 변경되는 바람에 더블헤더가 열리는 경우, 일정이 변경된 경기가 그날의 제2경기가 된다.

> **● 마이너리그 규칙 ●**
>
> 야구경기는 대개 9이닝으로 치르지만, 마이너리그에서는 더블헤더가 잡힌 날에 7이닝 경기를 해도 된다. 더블헤더의 한 경기 또는 두 경기 모두 7이닝으로 치를 수 있다. 이때는 9회에 으레 적용되는 규칙이 7회에 적용된다.

경기의 중단과 종료

일단 경기가 시작되면, 경기를 중단하거나 재개하거나 종료하는 결정은 주심이 단독으로 내리게 된다.

중단 : 일시정지경기는 지연하고 나서 재개거나, 궂은 날씨 등의 조건이 바뀔 가망이 거의 없다면 다른 날 재개한다. 경기를 언제 중지할지는 주심이 단독으로 판단하여 결정한다.

재개 : 주심은 또한 언제 경기를 재개할지도 결정한다. 일시정지경기는 중단된 지점부터 재개한다. 주자, 야수, 타자는 모두 경기가 중단되었던 당시의 포지션대로 자리를 잡는다.

종료: 콜드 게임은 주심이 9이닝을 다 치르기 전에 끝낸 경기를 말한다. 경기는 공식적으로 종료되었으며 재개되지 않는다. 이런 경기 종료는 최후의 수단이다. 주심은 경기를 계속할 가능성이 전혀 없을 때에만 이를 선언한다.

날씨 등의 요인 때문에 경기가 중지되는 여러 가지 상황을 이해하려면 먼저 '정식경기'의 개념을 이해해야 한다. 이제 정식경기, 일시정지경기, 콜드 게임의 정의를 자세히 살펴보자.

정식경기

개요: 어떤 경기가 공식기록원에게 온전한 경기로서 인정받으려면 '정식경기'의 요건을 갖추어야 한다. 그러기 위해서는 적어도 9이닝의 절반은 마쳐야 하는데, 실제 '절반 지점'은 5회초 종료와 5회말 종료 사이의 어느 지점이어도 된다. 양 팀이 동등한 공격 기회를 가져야 함은 물론이다.

정식경기

우천 등의 상황 때문에 경기를 중지해야 하는 경우, 일시정지경기로 할지 콜드 게임으로 할지에 대한 결정은 정식경기의 요건을 갖출 만큼 충분히 경기를 치렀는지에 달려 있다. 다음과 같은 경우 정식경기가 된다.

- 5회를 이미 마쳤다.
- 5회를 치르는 중인데, 원정팀이 방금 공격을 마쳤고 홈팀이 득점에서 앞서고 있다.
- 5회말을 치르는 중인데, 홈팀이 방금 1점 이상 득점하여 점수가 같아졌다. 홈팀이 동점을 얻는 순간 정식경기가 된다.

경기의 중단, 재개, 종료 | **229**

5회에 '정식경기'가 되는 방법

정식경기로 인정되려면 원정팀이 5회초 공격을 마쳐야 한다. 그 시점과 홈팀이 5회말 공격을 마치는 순간 사이의 어느 시점에 정식경기가 된다.

― 홈팀 5회의 어느 시점에 정식경기가 된다.

1 홈팀이 앞서 있는 경우. 5회초가 끝나는 순간 정식경기가 된다.(위의 스코어보드를 보면 홈팀이 3대 2로 앞서 있다.) 하지만 5회초가 끝날 때 동점이면, 아직 정식경기가 아니다.

2 원정팀이 앞서 있는 경우. 홈팀이 5회말 공격에서 점수를 내어 동점을 이루거나 앞서게 되면, 홈팀의 주자가 홈 플레이트를 가로지르며 동점을 내는 순간 정식경기가 된다.

3 어떤 스코어이든. 스코어에 상관없이 5회말이 끝나는 순간 정식경기가 된다.

일시정지경기와 콜드 게임

개요: 날씨 등의 요인으로 중지된 경기는 일시정지경기 또는 콜드 게임이 된다. 일시정지경기는 우천 등의 사유에 따라 지연 조치를 취하고 나서 재개하거나, 다른 날에 계속한다. 콜드 게임으로 끝나면, 한 팀에게 승리가 선언되거나 '노 게임'이 된다.

콜드 게임의 결과는 다음 둘 중 하나이다

- **승부 결정:** 종료될 때 이미 정식경기가 되어 있다면, 점수가 더 높은 팀이 승자로 선언된다.
- **노 게임:** 노 게임이란 시작은 했으나 정식경기로 인정되는 단계까지는 나아가지 못한 경기를 말한다. 노 게임이 되면 다른 날에 경기 전체를 다시 치른다.

참고: 무승부경기는 2007년 바뀐 규칙에서 삭제되었다. 무승부경기가 정식경기가 되기 전에 종료되면 노 게임이 되며, 정식경기가 되고 난 뒤에 종료되면 일시정지경기가 된다.

일시정지경기와 콜드 게임 | 메이저리그와 마이너리그의 규칙 비교

메이저리그 규칙

- **노 게임:** 정식경기가 되기 전에 종료되면, 심판은 노 게임을 선언한다. 다른 날에 경기 전체를 다시 치른다.
- **일시정지경기:** 스코어가 어떻든 간에 정식경기가 되기 전에 중단되면, 종료되는 것이 아니라 일시정지상태가 된다.
  일시정지경기가 되는 여섯 가지 사유를 다음 쪽에서 알아본다. 일시정지경기는 다른 날에 중단 지점부터 재개한다.

마이너리그 규칙

마이너리그에서는 노 게임을 피하고 설령 아직 정식경기가 되지 않았더라도 일시정지경기로 하도록 허용하기도 한다. 그러면 이미 치른 이닝은 다시 치르지 않아도 된다.

- **아직 정식경기가 되지 않은 경우:** 아직 정식경기의 요건을 갖추지 못한 일시정지경기를 다른 정규 일정 경기에 앞서 재개하는 경우, 그날의 정규 일정 경기는 7이닝 경기가 된다.
- **정식경기가 된 경우:** 정식경기의 요건을 이미 갖춘 일시정지경기를 다른 정규 일정 경기에 앞서 재개하는 경우, 그날의 정규 일정 경기는 9이닝 경기가 된다.

> **● 마이너리그의 노 게임 ●**
> 두 마이너리그 팀 간의 시즌 마지막 경기가 아직 정식경기가 되지 못했는데, 날씨나 시간제한, 통행금지 등의 이유로 또는 동점인 상태에서 종료된 경우 노 게임이 된다.

일시정지경기

개요: 대개 날씨가 원인이기는 하지만, 경기는 여러 가지 이유로 중단될 수 있다. 심판의 임무는 가능한 한 경기를 당일에 끝까지 마치게끔 하는 것이다. 일시정지경기는 어떤 경우에도 끝까지 치러야 한다.

일시정지경기가 되는 사유

1 날씨 때문에 더 이상 경기를 할 수 없게 되었다.
2 해당 경기에 (리그 규칙에 어긋나지 않는) 시간제한을 정해두었다.
3 통행금지 법령이 발효되었다.
4 필수적인 장비가 작동을 멈추어 경기를 할 수 없게 되었다.(배수, 방수포 설치 등의 작업에 필요한 장비에 문제가 생겼다.)
5 날이 어두워져 더 이상 경기를 할 수 없게 되었다. 모든 메이저리그 구장에는 조명시설이 있으므로, 조명이 고장 나지 않는 한 이 규칙은 시대에 뒤처진 셈이다.
6 정식경기가 동점인 상태에서 종료되었다.

조명 등의 장비가 고장 나서 더 이상 경기를 할 수 없게 되면 일시정지경기가 된다

경기장의 조명 같은 중요한 장비가 고장 나 멈출 수밖에 없는 경기는 몇 이닝을 소화했든 상관없이 일시정지경기로 간주된다. 경기는 결국 끝까지 치르게 된다.

일시정지경기는 끝까지 치러야 한다

일시정지경기를 다른 날 재개해야 한다면, 다음과 같은 날에 남은 이닝을 치르게 된다.
1 같은 경기장에서 양 팀이 치르기로 예정된 다음 경기 직전에 재개한다.
2 양 팀 사이에 한 경기짜리 일정이 남아 있지 않으면, 일시정지경기는 같은 경기장에서 예정된 다음 더블헤더 직전에 끝마친다.
3 일시정지경기가 그 구장에서 양 팀 사이에 벌어지는 마지막 경기였다면, 원정팀의 구장에서 위의 두 규칙에 따라 경기를 재개한다.
4 그 시즌에 양 팀 사이의 경기가 더 이상 남아 있지 않으면, 그 경기는 일시정지된 것이 아니라 종료된 것으로 간주한다. 당시의 스코어가 최종적인 것이 된다.

일시정지경기의 재개

일시정지경기는 그날 중이나 다른 날에, 경기가 중단된 바로 그 지점부터 재개한다. 그 경기를 그대로 계속하는 것이다. 타순과 라인업은 바뀌지 않는다. 하지만 어떤 선수든 새로운 선수로 교체할 수 있다. 단, 교체선수는 경기가 중단되기 전 그 경기에서 뛰지 않았어야 한다. 경기가 중단된 후에 계약된 선수도 재개되는 경기에서 뛸 수 있다. 그 경기에서 뛰었으나 중단되기 전에 교체되어 빠진 선수 대신 팀에 합류한 선수일지라도 가능하다.

일시정지경기 재개 시의 투수 등판

교체되어 등판한 투수가 그때의 타자가 아웃되거나 1루에 나갈 때까지 투구하지 않거나 그 이닝을 마치지 않은 채 일시정지경기가 되었다고 해도, 경기가 재개될 때 꼭 그 투수가 투구해야 하는 것은 아니다. 하지만 등판하지 않으면 그는 교체되어 빠진 것으로 간주되고, 그 경기에 더 이상 출장할 수 없다.

일시정지경기와 콜드 게임 | 메이저리그와 마이너리그의 규칙 비교

스코어에 관계없는 일시정지경기

아직 정식경기가 되지 못한 경우 스코어에 관계없이 (콜드 게임이 아니라) 일시정지경기가 된다. 즉, 앞에서 정의한 경기의 절반 지점에 미치지 못한 채 경기를 중단했다면 일시정지경기가 되는 것이다. 단, 아직 정식경기가 되지 못한 경우, 전기나 기계 고장, 어둠 때문에 중단할 때만 일시정지 경기가 된다. 날씨 때문에 경기를 종료하면 재경기를 치르게 된다.

스코어가 동점인 경우의 일시정지경기

정식경기 요건을 갖추었으나 스코어가 동점인 경우에는 일시정지경기가 된다. 즉 경기의 절반 지점에 막 도달하거나 지나쳐 정식경기가 되었는데, 스코어가 동점일 때를 말한다.

시즌 막바지 경기의 일시정지경기

시즌 막바지에 열린 경기 — 정규 시즌 또는 플레이오프 — 가 일시정지경기가 되었는데, 이 경기가 양 팀 사이에 벌어지도록 예정된 마지막에서 두 번째 경기라면, 이 경기는 양 팀 사이의 다음 경기에 앞서서 끝마친다. 한편 양 팀 사이의 마지막 경기가 일시정지경기가 되었는데, 경기를 마저 치를 만한 날짜가 남아 있지 않으면 그 경기는 '종료'된다. 규칙에 따라 가능하다면 승패를 결정한다.

어떤 이닝을 마치지 못한 채 일시정지경기가 되는 경우

정식경기가 되었고 어떤 이닝이 아직 진행 중인데, 예컨대 갑작스럽게 날씨가 험해지거나 조명이 작동하지 않는 등의 이유로 이닝을 끝마치지 못한 채 경기를 멈추어야 하는 경우, 다음과 같은 상황이라면 심판은 경기를 일시정지만 할 수 있으며 종료할 수는 없다.

- 스코어가 동점이었다.
- 원정팀이 진행 중인 이닝에 1점 이상을 내어 리드를 잡았다.

이 규칙을 만든 이유는, 홈팀이 원정팀과 같은 수의 이닝에서 공격할 기회를 미처 가지기 전에 지는 것은 불공평하기 때문이다.

> **● 새로운 선수 ●**
> 일시정지경기를 재개할 때, 팀에 막 들어온 선수도 그 경기에 출장할 수 있다. 그러므로 이론상으로는, 그 경기가 중단된 다음 재개되기 전에 어떤 선수가 양 팀 사이에서 트레이드되었다면, 그 선수는 같은 경기에서 양 팀의 선수로 번갈아 뛰게 될 수도 있다.

우천교환권

우천교환권은 날씨 등의 요인으로 경기가 취소되거나 일시정지되었을 때 관중에게 새로 발행해주는 티켓이다. 이 티켓으로 일정이 변경된 경기나 나중에 열리는 다른 경기에 입장할 수 있다.

5회에 이르러 정식경기가 된 경우에는 우천교환권을 발급해주지 않는다. 정식경기에 대한 규정을 제외하면, 우천교환권에 대한 구체적인 방침은 각 구장에서 정한다. 대개는 경기가 취소되어 다시 일정을 잡으면, 원래의 티켓이 새로운 경기의 티켓이 된다. 일시정지경기가 되면, 잘라내고 남은 티켓 조각을 사용할 수 있다.

> **● 지연 시간은 보고서의 경기시간에 포함되지 않는다 ●**
> 공식기록원은 경기를 치르는 데 걸린 시간을 기록한다. 날씨나 조명 고장 같은 이유로 경기가 지연된 경우, 지연 시간은 경기시간에 포함되지 않는다. 공식기록원은 실제로 경기를 치르는 데 쓴 시간을 보고한다.

어둠

공식 규칙서에는 '어둠' 때문에 경기를 일시정지 할 수 있다는 규정이 아직도 남아 있다. '조명을 켜는 것을 법으로 금한 경우' 어둠 때문에 경기를 종료할 수도 있다. 그렇지 않은 경우, 주심에게는 필요하면 조명을 켜라고 명령할 권한이 있다. 심각한 고장이 아닌 바에야, 메이저리그에서 어둠은 더이상 핑곗거리가 될수 없다.

> **● 전기조명**
>
> 우여곡절 끝에 마침내 1988년 시카고의 리글리 필드에 조명이 설치되었다. 리글리 필드는 메이저리그에서 맨 마지막으로 전기조명을 단 구장이 되었다. 이제 야간경기를 치를 수 있게 되었고, 어둠도 걱정하지 않게 되었다.

구장 상태

구장 상태도 일시정지경기의 원인이 될 수 있다. 예를 들어 젖거나 물이 고인 구장은 경기하기에 적합하지 않다. 그러면 주심은 구장관리인에게 상황을 수습하라고 지시한다. 하지만 적당한 시간 안에 상황 수습이 어려우면 경기 일정을 변경한다.

날씨, 타격과 투구

날씨와 타격

날씨 때문에 타자가 배트를 제대로 쥐는 데에 어려움을 겪으면, 심판은 타자가 타자석에서 벗어나 배트 손잡이에 로진이나 파인 타르를 바르는 것을 허용한다. 그렇지 않은 경우에는, '타임'이 선언되거나 플레이가 중단되지 않는 이상, 타자석 안에 일단 자리를 잡은 타자는 바깥으로 나갈 수 없다.

투수가 일단 와인드업을 시작하거나 세트 포지션에 들어가면, 타자의 '타임' 요청은 어떠한 이유로도, 하물며 날씨 상태를 내세워도 받아들여지지 않는다. 눈에 먼지가 들어갔다거나 안경에 김이 서렸다거나 하는 핑계도 예외가 아니다.

날씨와 투구

경기를 시작할 때 홈팀은 투수판 뒤편에 로진 백을 놓아둔다. 비가 내리거나 구장이 젖어 있으면, 주심은 투수에게 로진 백을 땅바닥에 두는 대신 주머니에 넣어두라고 지시하기도 한다. 투수는 로진을 한쪽 또는 양 맨손에는 바를 수 있지만, 글러브 등 다른 어떤 곳에도 바르면 안 된다. 날씨가 추우면 투수가 손에 입김을 불어 녹이는 것이 허용되기도 한다. 하지만 평상시에는 스핏볼을 방지하기 위해 투수가 손을 입에 대는 것이 금지되어 있다.('공 조작에 관한 규칙'은 84쪽 참조)

파인 타르, 로진, 레진

파인 타르는 소나무에서 추출해내는 끈적이는 암갈색 물질이다. 타자들이 배트를 쥐는 그립을 강화하기 위해 사용하며, 대개 헝겊으로 배트 손잡이에 바른다. 파인 타르를 배트 손잡이 끝에서부터 위로 18인치(45.7cm)를 넘겨 바르면 안 된다. 파인 타르와 더불어 '로진'과 '레진'도 야구 규칙에서 언급하고 있다. 둘은 같은 물질을 가리킨다. 레진(수지)은 여러 가지 식물이나 나무에서 추출해내는 끈적이는 물질이다. 로진(송진)은 레진의 일종으로, 소나무 수액이나 그루터기에서 추출한다. 스포츠 장비 제조사에서는 제품을 설명할 적에 좀더 구체적인 용어인 '로진'을 사용한다.

로진도 공이나 배트를 쥐는 그립을 향상시키기 위해 투수나 타자가 사용한다. 색깔은 파인 타르보다 옅은 호박색에서 갈색을 띠며, 로진 백 안에 담아서 사용한다. 투수나 타자는 맨손으로 로진 백을 문질러 로진을 바른다.

14
공식기록원

각 경기에는 실제로 일어나는 모든 일을 기록할 공식기록원이 필요하다. 기록원의 보고서는 리그의 영구 기록집에 들어간다. 매 경기마다 숫자와 이름들이 들어찬 기다란 리스트가 산출된다.

심판만이 독자적인 판단과 재량에 따른 판정을 내리는 유일한 관계자는 아니다. 일단 심판이 판정을 내리면, 많은 경우에 공식기록원은 그 판정을 다시 해석하며, 구장에서 벌어진 행위를 보고 어떤 선수에게 그 공로와 과실을 부여할지 결정한다. 하지만 기록원에게 경기의 행위를 직접 제어할 권한은 없다.

기록원에 대한 기본 상식
공식기록원은 엄청난 양의 데이터를 기록한다.
page 238

공식기록원의 보고서
투수, 타자, 주자, 야수에게 어떤 항목을 기록하는지 살펴본다.
page 239

선발선수, 교체선수, 부정위타자
기록에는 선발 라인업뿐만 아니라 교체선수도 담는다.
page 242

박스 스코어
박스 스코어는 수많은 데이터와 수치로 구성된 표이다.
page 243

콜드 게임
평소보다 경기가 일찍 끝날 때도 있다.
page 244

몰수경기
몰수경기도 기록은 보고된다.
page 244

폭투와 패스트 볼
주자가 진루한 경우에만 기록된다.
page 245

볼넷
고의사구인지 아닌지 기록한다.
page 245

삼진
삼진이 되는 방법에는 4가지가 있다.
page 246

자책점
자책점은 투구 능력을 측정한다. 투수 입장에서는 자책점이 적을수록 좋다.
page 246

완봉승
실점을 전혀 하지 않은 투수는 특별한 기록을 챙기게 된다.
page 250

승리투수와 패전투수
매 경기마다 승리투수와 패전투수를 1명씩 기록한다.
page 251

구원투수의 세이브
승리에 기여한 교체투수는 세이브 기록을 얻을 수 있다.
page 253

올스타 게임의 승리투수
대개는 팀이 리드를 잡을 당시에 투구하고 있던 투수가 선정된다.
page 253

안타
공을 쳐서 1루에 무사히 도달하면 그 플레이에서 아웃돼도 안타 기록을 얻는다.
page 254

타점
상황에 따라 득점을 타점으로 인정할 수도, 인정하지 않을 수도 있다.
page 258

희생타
희생타는 별도로 기록된다.
page 260

도루
도루는 주자에게 돌아가는 기록이다. 실패하면 '도루자' 기록이 부과된다.
page 261

풋아웃과 어시스트
야수에게 돌아가는 기록이다.
page 265

수비 실책
실책도 야수에게 부과되는 기록이다.
page 268

연속 기록
지속기간과 끝난 때를 기록한다.
page 272

기록 보고
결정은 24시간 안에 보고해야 한다.
page 273

개인 타이틀
가장 좋은 기록을 낸 투수, 타자, 야수가 수상한다.
page 275

공식통계원
또 다른 경기 임원.
page 278

통계
타율·방어율 같은 척도를 설명한다.
page 279

기록원에 대한 기본 상식

개요 : 리그에서는 모든 경기에 공식기록원을 배정한다. 심판이 판정을 내린 후, 그때 일어난 행위에서 공식적으로 어떤 선수에게 공로나 과실이 있는지 결정하는 것은 종종 공식기록원의 몫이 된다. 기록원의 보고서는 영구적인 기록으로 남는다.

공식기록원은 리그 공식 기록에 들어갈 여러 사항을 기록한다. 심판이 판정을 내릴 때, 기록원은 어떤 선수에게 공로나 과실을 부여할지 결정한다. 따라서 경기 중 독자적 판단이나 재량에 따른 결정을 내리는 것이 심판뿐인 것은 아니다.

    공식기록원은 기자석에 자리를 잡는데, 이러한 결정을 기자들에게 알려주는 일도 하기 때문이다. 공식기록원은 리그 소속이며, 심판과 마찬가지로 야구라는 스포츠의 공식 대리인이다. 팀원들은 기록원의 권위를 존중해야 한다. 무례한 행동을 하거나 기록원의 권리를 침해한 경우, 이 사실은 리그 회장에게 즉시 보고된다.

보기 : 박스 스코어와 약자

타자	AB	R	H	RBI	BB	SO	LOB	AVG
D. 지터 SS	5	1	2	1	0	1	2	0.308
A. 로드리게스 3B	3	1	1	0	1	1	2	0.319
J. 지암비 1B	3	0	0	0	1	0	1	0.272
M. 벨혼 PR	0	1	0	0	0	0	0	0.209
T. 마르티네스 1B	0	0	0	0	0	0	0	0.244
G. 셰필드 RF	3	1	1	4	0	0	1	0.294
M. 로턴 RF	0	0	0	0	0	0	0	0.130
H. 마쓰이 DH	4	0	0	0	0	0	1	0.297
J. 포사다 C	4	2	2	0	0	0	0	0.265
R. 카노 2B	4	1	3	2	0	0	0	0.294
B. 윌리엄스 CF	4	1	1	0	0	0	3	0.251
B. 크로즈비 LF	4	0	2	1	0	1	0	0.292
합계	34	8	12	8	2	3	10	

AB = 타수　　R = 득점　　H = 안타　　RBI = 타점
BB = 볼넷　　SO = 삼진　　LOB = 잔루　　AVG = 타율

공식기록원의 보고서

개요 : 공식기록원은 보고서에 여러 가지 기록을 담는다. 여기에서는 각 선수에게 기록되는 통계 항목을 간단히 살펴본다. 그러고 나서 이러한 항목들을 하나하나 자세히 들여다본다. 최종 스코어, 승리팀과 패배팀을 기록하는 것은 물론, 공식기록원의 보고서에는 각 선수의 경기 기록도 들어간다.

기록원의 보고서 | 투구 기록

기록 항목 : 투수의 기록에는 다음과 같은 항목의 횟수나 수치를 적는다.

1 **투구한 이닝 :** 아웃시킨 타자 1명당 1/3이닝으로 계산한다.(아래의 보기 참조)
2 **상대한 타자 수.**
3 **상대한 타자 중 타수의 요건을 갖춘 타자 수 :** 타자가 다음과 같은 결과를 얻으면 '타수'로 치지 않는다.
 - 희생플라이나 희생번트를 쳤다.(타자는 아웃되었지만, 주자를 진루시켰다.)
 - 볼넷을 얻었다.
 - 히트 바이 피치를 얻었다.
 - 타격방해나 주루방해 판정으로 안전진루권을 얻어 1루에 출루했다.
4 **허용한 안타 수.**
5 **허용한 점수.**
6 **허용한 자책점.**
7 **허용한 홈런 수.**
8 **허용한 희생번트 수.**
9 **허용한 희생플라이 수.**
10 **허용한 볼넷 수.**
11 **허용한 고의사구 수.**
12 **허용한 히트 바이 피치 수.**
13 **삼진 수.**
14 **폭투 수.**
15 **보크 수.**

투수의 이름 : 다음에 해당하는 투수의 이름을 기록한다.

16 **승리투수.**
17 **패전투수.**
18 **선발투수와 마지막 등판 투수.**
19 **세이브 요건을 갖춘 투수.**('구원투수의 세이브'는 253쪽 참조)

보기 : 투구 이닝

보기1 : 선발투수가 4회에 한 타자를 아웃시키고 강판되었다면, 3과 1/3이닝을 던진 것으로 기록한다. 교체투수가 그 이닝을 마무리했지만 5회가 시작될 때 세 번째 투수가 나왔다면, 앞선 교체투수가 2/3이닝을 던진 것으로 기록한다. 세 번째 투수가 9이닝 경기를 마무리했다면, 5이닝(5회부터 9회까지)을 던진 것으로 기록한다.

보기2 : 선발투수가 4회 도중 교체되었는데 한 타자도 아웃시키지 않은 상태였다면(4회에 1명 이상의 타자가 출루하거나 득점이 나왔더라도), 3이닝을 던진 것으로 기록한다. 아웃 하나가 이루어지고 나서야 1/3이닝이 추가된다.

보기3 : 교체투수가 등판하고 주자에게 어필 플레이로 아웃이 선언되었다면, 교체투수가 1/3이닝을 던진 셈이 된다.

기록원의 보고서 | 타격과 주루 기록

기록 항목 : 타자와 주자의 기록에는 다음과 같은 항목의 횟수나 수치를 적는다.

1 **타수 :** 타자가 타석에 나와서 안타를 치거나 아웃을 유발한 횟수.(모든 타석을 타수로 치는 것은 아니다. 아래 참조)
2 **희생플라이 수.**
3 **희생번트 수.**
4 **볼넷 수.**
5 **고의사구 수 :** 투수가 타자한테 안타를 맞을 위험을 무릅쓰느니 고의로 볼 4개를 투구하여 볼넷을 줄 때 얻게 된다.
6 **히트 바이 피치 수.**
7 **타격방해나 주루방해 판정으로 안전진루권을 얻어 1루에 출루한 횟수.**
8 **안타 수.**
9 **타점.**
10 **2루타 수.**
11 **3루타 수.**
12 **홈런 수.**
13 **만루홈런 수 :** 1루, 2루, 3루에 주자가 있는 상태에서 때린 홈런.
14 **총루타 :** 단타를 치면 1, 2루타를 치면 2, 3루타를 치면 3, 홈런을 치면 4로 계산한다.

보기 : 타자가 첫 타석에서 2루타를 치고 두 번째 타석에서는 3루타를 쳤다면, 지금까지 이 경기에서 기록한 총루타는 5가 된다.

15 **삼진 수.**
16 **잔루 수 :** 이닝이 끝날 때 남은 주자의 수. 아웃되거나 득점한 주자는 포함하지 않는다.
이 수에는 공을 쳐서 다른 주자가 세 번째 아웃을 당하게 한 타자 자신도 포함되는데, 타자가 1루에 이미 도달했거나 나중에 도달했을 것이라는 사실에 따라 계산에 넣는 것이다.
17 **득점.**
18 **도루 수.**
19 **도루자 수.**
20 **다음과 같은 결과가 나온 땅볼을 친 횟수.**
- **포스 더블 플레이 :** 2명의 주자가 포스 아웃된 플레이.
- **리버스 포스 더블 플레이 :** 2명의 주자가 포스 아웃을 당할 가능성이 있었지만, 후행주자가 먼저 아웃되면서 선행주자의 포스 상태가 풀린 상황에서 일어난 더블 플레이. 포스 상태가 해제되었으므로, 수비팀이 두 번째 아웃을 시키려면 베이스만 태그해서는 안 되고 선행주자의 몸을 태그해야 한다.

다음과 같은 상황에서는 '타수'가 기록되지 않는다

- 타자가 희생플라이나 희생번트를 쳤다.(다른 주자를 진루시키기 위해 자신은 아웃됨.)
- 타자가 볼넷을 얻었다.
- 타자가 히트 바이 피치를 얻었다.
- 타자가 타격방해나 주루방해 판정으로 안전진루권을 얻어 1루로 출루했다.

'타수'는 타자의 타율을 계산할 때 들어가는 요소이므로, 희생플라이나 희생번트, 볼넷, 안전진루를 배제하면 타격 능력을 좀더 정확하게 가늠할 수 있게 된다.

기록원의 보고서 | 포구와 수비 기록

기록 항목: 포수와 야수의 기록에는 다음과 같은 항목의 횟수나 수치를 적는다.

1 패스트 볼 수: 포수가 잡았어야 하는 투구이지만 놓치는 바람에 주자(들)가 진루하거나 득점한 경우.

2 풋아웃 수: 야수가 타자나 주자를 아웃시킨 횟수.

3 어시스트 수: 야수가 공을 수비하거나 건드려서 다른 야수의 풋아웃에 도움을 준 플레이.

4 실책 수: 공격팀에 이득을 준 수비 실수.

5 더블 플레이 수: 야수가 더블 플레이에 관여한 횟수.

6 트리플 플레이 수: 야수가 트리플 플레이에 관여한 횟수.

기록원의 보고서 | 경기 종료

기록 항목: 이닝이나 경기가 끝나면 기록원은 다음 항목을 기록한다.

1 승리가 결정된 이닝에서의 아웃 수.
마지막 이닝의 말 공격에서 홈팀이 결승점을 올렸다면, 그 이닝에서 당한 아웃 수는 3개 미만이 된다.

2 각 이닝이 끝날 때의 스코어.

경기시간

공식기록원의 보고서에는 경기를 치르는 데 걸린 시간을 적는다. 이것은 실제로 플레이를 한 시간이며, 날씨나 조명 고장 같은 이유로 중단된 시간은 포함하지 않는다. 하지만 선수의 부상으로 보낸 시간은 포함한다.

이름: 공식 기록에는 다음 내용도 들어간다.

3 경기를 담당한 심판들의 이름.
다음과 같은 순서로 정리한다.

- 구심
- 1루심
- 2루심
- 3루심
- 좌선심(있는 경우)
- 우선심(있는 경우)

선발선수, 교체선수, 부정위타자

개요: 공식기록원의 보고서에는 양 팀의 선수 이름과 수비 포지션, 타순이 담긴다.

선수 | 선수의 타순과 수비 포지션

공식기록원의 보고서에서 선수들의 수비 포지션은 명목상의 포지션이다. 이를테면 2루수가 2루보다 훨씬 뒤에 있어서 외야에 4명의 야수가 서 있는 셈이라고 쳐도, 기록 관리를 위해서 그의 포지션은 2루로 간주된다.

대타자나 대주자가 경기에 투입되면, 공식기록원은 특수한 기호를 써서 교체선수의 기록을 별도로 언급한다. 이때는 문서 기록의 일관성을 유지하기 위해 대타자에게는 소문자를, 대주자에게는 숫자를 쓴다.

보기: 기록원은 다음과 같은 식으로 적는다. "선수 a가 4회에 윌리엄스 대신 나와 2루타를 쳤다." "선수 2가 5회에 앤더슨의 대주자로 나왔다."

교체선수가 발표되었지만, 그 선수가 실제로 경기에 들어서기 전에 또 교체되었다면, 공식 기록에서는 두 번째 교체선수가 첫 번째 교체선수를 대신하여 나왔다고 간주하지, 처음 선수의 교체선수라고는 하지 않는다.

보기: 선수 a가 윌리엄스의 대타자로 발표되었는데, a가 경기에 들어서기 전에 다시 선수 b가 대타자로 발표되면서 a의 타순에 들어섰다. b는 윌리엄스가 아니라 a의 교체선수로 간주된다.

선수 | 타순을 어긴 부정위타자

상황 1: 잘못된 순서에 나와 타격을 한 타자가 풋아웃되고, 자기 순서를 놓친 정위타자에게 그 벌로 아웃이 선언되었다.

- 정위타자에게 타수 하나와 아웃 하나를 준다.
- 마치 정위타자가 타격을 했다는 듯이 야수(들)가 풋아웃과 어시스트 기록을 얻는다.

상황 2: 부정위타자가 주자가 되고, 자기 순서를 놓친 정위타자에게 그 벌로 아웃이 신언되었다.
- 정위타자에게 타수 하나를 준다.
- 포수가 (별다른 역할을 하지 않았더라도) 풋아웃 기록을 얻는다.
- 부정위타자의 출루는 인정되지 않고, 기록에서는 그가 타석에 있는 동안 일어난 모든 일을 무시한다.

상황 3: 여러 타자가 잘못된 순서에 나와 타격을 했다.
- 타자들은 계속 타격을 하고, 자기 순서를 놓친 타자는 그대로 건너뛴다.
- 타자가 놓친 타석에 대한 기록은 비워둔다.

> **● 대타자와 대주자의 표기 ●**
> 기록원은 보고서에서 대타자를 언급할 때 소문자를 쓰고, 대주자를 언급할 때는 숫자를 써야 한다. 242쪽의 보기를 참조하라.

박스 스코어

숫자와 문자를 채워 넣은 박스 스코어는 경기 중 각 선수가 한 일을 보여준다. 이 표에는 각 팀의 선수들 이름이 왼편 세로줄에 기입되어 있다. 이름 옆의 가로줄에는 그 선수의 타수와 볼넷 수 등 여러 가지 통계가 적혀 있다.(238쪽 보기 참조)

박스 스코어 기록의 합이 다음과 같이 맞아떨어지면 정확한 것이다.

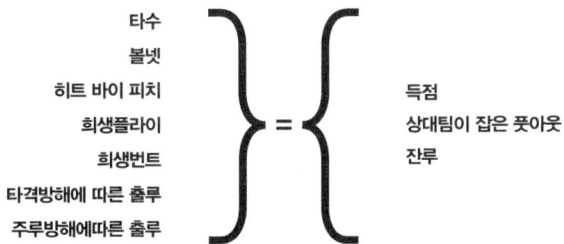

콜드 게임

정식경기가 되고 나서 경기가 종료된 경우(즉 경기를 절반 이상 치른 경우), 그 시점까지의 모든 경기 기록이 공식기록원의 보고서에 들어간다.

몰수경기

메이저리그에서는 주심이 몰수경기를 선언하면 최종 스코어가 자동으로 9 대 0이 된다. 하지만 공식기록원은 경기가 몰수로 끝났다는 사실에 더하여, 그 시점까지 경기에서 실제로 일어난 일(9 대 0이라는 스코어가 아니라)을 보고한다.

정식경기가 되었는데 주심의 몰수 선언으로 경기가 끝났다면, 몰수가 선언되던 시점까지의 기록이 공식기록원의 보고서에 들어간다.

몰수경기 선언에 따라 승리를 얻은 경우

- 몰수경기가 선언될 당시 스코어에서 앞서던 팀이 승리한 경우, 경기가 그 시점에 종료된 것처럼 승리투수와 패전투수를 기록한다.
- 몰수경기가 선언될 당시 스코어에서 뒤지거나 동점이던 팀이 승리한 경우, 승리투수와 패전투수를 기록하지 않는다.

정식경기가 되지 못한 경우

경기가 시작되기 전이나 정식경기가 되기 전에 몰수경기가 선언되면, 공식기록원의 보고서에는 아무런 기록도 들어가지 않는다. 보고서에는 몰수경기가 선언된 사유만 담긴다.

폭투와 패스트 볼

폭투와 패스트 볼은 주자(들)에게 진루를 허용했을 때만 기록된다.

너무 높거나 낮거나 옆으로 빠져서 포수가 '평범한 노력'으로는 잡거나 처리할 수 없는 투구가 나온 경우, 투수에게 폭투를 부과한다. 하지만 공식기록원이 생각하기에 처리할 수 있는 투구였다면, 포수에게 패스트 볼(포구 실패)을 부과한다. 이 두 가지 경우에는 주자(들)가 진루를 했어야만 그 책임을 기록한다.(271쪽도 참조)

참고 : 홈 플레이트로 오기 전에 땅에 떨어진 투구라도, 포수가 처리할 수 없을 정도로 바운드되는 바람에 1명 이상의 주자가 진루하지 않은 이상, 자동으로 폭투로 기록하지는 않는다.

볼넷

볼넷

볼넷은 투수가 볼(스트라이크 존 바깥으로 들어왔으며 타자가 스윙하지 않은 투구)을 4개 던지는 바람에 타자가 안전진루권을 얻어 1루에 출루하는 것을 말한다. 공식기록원은 투수에게 볼넷 기록을 매긴다. 네 번째 볼이 되는 투구가 타자에게 닿은 경우, 공식기록원은 '히트 바이 피치'로 기록한다.

고의사구

전략에 따라, 투수는 타자에게 안타를 맞아 다른 주자들이 진루하거나 득점하게 되는 위험을 무릅쓰느니 고의로 볼넷을 주기도 한다. 고의사구 여부는 투수의 마지막 투구로 판단한다. 이전에 어떤 공을 던졌든지 간에 네 번째 볼이 스트라이크 존에서 훨씬 벗어나는 바람에 공을 잡으려던 포수가 포수석을 벗어나야 했다면, 공식기록원은 고의사구로 기록한다.

참고: 타자가 4개의 볼을 받고서 안전진루권을 얻은 후에 1루로 진루하기를 거부하면, 심판은 그에게 아웃을 선언한다. 이때는 볼넷이 기록되지 않으며, 오히려 타수로 기록된다. 포수가 자동으로 풋아웃 기록을 얻는다.

삼진

삼진은 다음의 네 가지 방식으로 이루어진다.

1 타자가 세 번째 스트라이크를 받고, 그 투구를 포수가 잡았다.

2 노 아웃 또는 원 아웃이고 1루에 주자가 있는 상태에서, 타자가 세 번째 스트라이크를 받았다.(포수가 투구를 잡지 못했더라도 상관없다.)

3 '세 번째 스트라이크 규칙'이 발효되었다. 이런 상황은 1루에 주자가 없거나, 1루에 주자가 있고 투 아웃인 상태에서 포수가 투구를 잡지 못했을 때 생긴다. 이때 타자는 주자가 되지만, 그래도 공식기록원은 삼진으로 기록한다.

4 투 스트라이크가 이미 있는 상태에 서번트 타구가 파울이 되었다.(번트가 허공으로 떠올라 포수나 다른 야수가 공이 땅에 닿기 전에 잡아서 아웃된 경우는 제외)

참고: 타자가 스트라이크 2개를 이미 받은 상태에서 교체로 들어선 대타자가 삼진을 당했다면, 첫 번째 타자에게 삼진 기록을 매긴다. 그때의 타석에서 나온 그 밖의 결과는, 예를 들어 볼넷은 대타자에게 기록이 돌아간다.

자책점

자책점은 투수에게 책임을 물어야 하는 득점을 말한다. 반대의 경우로는, 가령 수비 실책에 따른 득점이 있다. 투수에게는 자책점이 적을수록 더 좋다. 자책점 수를 결정하려면, 수비 실책과 포수의 타격방해 또는 패스트 볼(포수가 빠뜨린 투구)을 빼고 이닝을 재구성하여 계산해야 한다. '이론'상의 세 번째 아웃 후 이루어진 어떤 득점도 투수의 자책점으로 기록되지 않는다.

투수의 자책점은 공격팀이 다음의 방법으로 득점을 얻어냈을 때 기록된다.
- 안타
- 희생번트
- 희생플라이
- 도루

야수선택이나 투구 결과에 따라 득점이 나왔을 때도 자책점이 기록된다.
- 다른 주자(들)에게 이루어진 야수선택이나 풋아웃
- 볼넷
- 히트 바이 피치
- 보크
- 폭투. 타자가 주자가 되게끔 해주는 세 번째 스트라이크에서의 폭투도 포함된다.
- 포수의 타격방해가 선언되었으나 그 전에 주자가 홈에서 득점했다면, 자책점이 기록된다.
- 수비 실책 때문에 주자가 1루에 나가거나 어떤 베이스에 진루했다면, 그 주자의 득점은 자책점으로 치지 않는다.

다음과 같은 이유로 1루에 주자가 나갔을 때는 자책점이 부과되지 않는다.
- 수비 실책
- 야수가 파울 지역에서 플라이 볼을 놓쳤다.(그 수비 실책이 없었더라면 그 타자는 아웃됐을 것이기 때문이다.)
- 타격방해나 주루방해 선언

다음과 같은 상황에서 내준 득점은 자책점이 아니다.
- 수비 실책이 없었더라면, 주자가 주루하는 도중 아웃되었을 것이다.
- 주자가 수비 실책, 패스트 볼, 타격방해나 주루방해에 따라 한 베이스 이상 진루했다.(그런 일이 없었더라면 주자가 진루하지 못했을 것이라고 공식기록원이 판단한 경우)

공식기록원은 수비 실책 상황에 대한 판단을 내려야 한다.

자책점을 매기기 전에, 공식기록원은 수비 실책이 현재 또는 이전의 플레이에 미친 영향을 평가해야 한다. 야수가 실책을 저지른 경우, 기록원은 실책이 없었어도 주자가 진루했을 것인지 판단을 내려야 한다. 실책에 상관없이 어쨌든 주자가 진루에 성공했을 것이라고 판단하면, 그 주자가 나중에 올린 득점은 자책점으로 기록된다. 오로지 수비 실책 때문에 진루할 수 있었다면, 주자의 득점은 자책점에 포함되지 않는다.

> **투수에게 '무죄추정의 원칙'을 적용하라**
>
> 수비 실책의 여파를 판단하면서 공식기록원은 투수에게 '무죄추정의 원칙'을 적용해야 한다. 조금이라도 미심쩍은 점이 있다면 주자의 진루는 투수가 아니라 수비 실책 탓으로 돌린다. 수비 실책으로 진루한 그 주자가 나중에 홈 플레이트에 도달하면, 그 득점은 자책점으로 매기지 않는다.

자책점 | 자책점과 교체투수

베이스에 주자들이 있는 상황에서 교체투수가 등판하면, 이미 내준 자책점 수와 베이스에 있는 주자들의 수가 첫 번째 투수가 떠안을 최대 자책점을 결정짓는다. 예를 들어 첫 번째 투수가 1루와 2루에 주자를 올려놓고 나서 교체되었다면, 이 이닝에서 내주는 다음 2점은 첫 번째 투수의 자책점으로 매겨진다.

그의 자책점 수는 그가 내보낸 주자들이 타격과 무관한 이유로, 가령 도루를 하다가 잡히거나, 베이스를 터치하지 않고 있다가 견제구에 걸려 아웃되면 줄어든다. 하지만 그 주자들의 아웃이 타자의 플레이와 관련된 것이라면, 가령 타구가 나온 후에 주루를 하다가 포스 아웃이나 태그 아웃을 당했다면, 자책점 수는 줄어들지 않는다. 이 경우 그다음에 득점이 나오면, 설령 실제로 득점한 주자들을 교체투수가 베이스에 올려놓았다고 해도, 첫 번째 투수에게 최대 자책점 수까지 책임이 돌아간다.

보기 : 교체투수의 자책점

보기 1 : 투수 1이 애덤스를 2루에, 브라운을 1루에 올려놓았다. 그러고 나서 그는 교체되었다. 투수 2가 클라크에게 던진 투구가 홈런이 되어 3점을 내주었다.
투수 1 : 2자책점
투수 2 : 1자책점

보기 2 : 투수 1이 애덤스를 아웃시키고 나서 브라운을 아웃시켰다. 그러고 나서 그는 교체되었다. 클라크가 2루로 땅볼을 쳤지만 수비 실책으로 1루에서 세이프되었다. 데이비스가 홈런을 쳐서 2점을 득점했다.
투수 1 : 0자책점
투수 2 : 1자책점

참고 : 투수 1에게 자책점이 매겨지지 않은 이유는, 실책을 빼고 이닝을 재구성해보면 클라크가 친 타구로 세 번째 아웃이 이루어졌을 것이기 때문이다. 그랬다면 득점을 내주지 않고 이닝을 마칠 수 있었을 것이다. 투수 2에게는 1자책점(홈런)이 매겨진다. 하지만 이것은 다소 복잡한 사례로, 수비팀에게는 아무런 '팀 자책점'이 부과되지 않는다.

보기 3 : 투수 1이 애덤스를 1루로 내보냈다. 그러고 나서 그는 교체되었다. 투수 2가 브라운을 1루에 올려놓았지만, 애덤스는 2루에서 포스 아웃되었다.(타격과 연관된 아웃) 클라크가 땅볼을 쳐서 1루에서 아웃되었지만, 브라운을 2루로 진루시켰다. 데이비스가 안타를 쳐서 브라운이 득점했다.
투수 1 : 1자책점

보기 4 : 투수 1이 애덤스를 2루에, 브라운을 1루에 올려놓았다. 그러고 나서 그는 교체되었다. 애덤스가 도루를 하다가 아웃되었다.(타격과 연관되지 않은 아웃) 투수 2가 클라크에게 볼넷을 허용했다. 데이비스에게 던진 다음 투구가 홈런으로 연결되었다. 3점을 내주었다.
투수 1 : 1자책점
투수 2 : 2자책점

보기 5 : 투수 1이 애덤스를 2루에, 브라운을 1루에 올려놓았다. 그러고 나서 그는 교체되었다. 투수 2의 투구를 클라크가 때려 1루에 나갔으나, 애덤스가 3루에서 포스 아웃되었다.(타격과 연관된 아웃) 데이비스에게 던진 다음 투구가 홈런이 되었다. 3점을 내주었다.
투수 1 : 2자책점
투수 2 : 1자책점

보기 6 : 투수 1이 애덤스를 2루에, 브라운을 1루에 올려놓았다. 그러고 나서 그는 교체되었다. 투수 2의 투구를 클라크가 때려 1루에 나갔으나, 애덤스가 3루에서 포스 아웃되었다.(타격과 연관된 아웃) 투수 2가 교체되었다. 투수 3이 데이비스를 상대하다가 홈런을 맞았다. 3점을 내주었다.
투수 1 : 2자책점
투수 2 : 0자책점
투수 3 : 1자책점

자책점 | 볼넷과 교체투수

교체투수에게는 앞투수의 볼 카운트에 대한 책임이 없다.

같은 타자가 타석에 있는 도중 교체투수가 등판한 경우, 볼 카운트가 타자에게 유리한 상태였다면 볼넷을 허용해도 교체투수에게는 책임이 없다.

볼 카운트가 다음과 같았다면 첫 번째 투수에게 볼넷의 책임이 있다.

- 0스트라이크 2볼
- 0스트라이크 3볼

- 1스트라이크 2볼
- 1스트라이크 3볼
- 2스트라이크 3볼

타자가 결국 볼넷을 얻은 경우, 그 타자와 볼넷은 첫 번째 투수의 책임으로 돌아간다. 교체투수가 등판할 당시 볼 카운트가 투수에게 유리했다면, 그 타자와 그의 행위는 교체투수의 책임이 된다.

볼 카운트가 다음과 같았다면 교체투수에게 볼넷의 책임이 있다.

- 0스트라이크 1볼
- 1스트라이크 0볼
- 1스트라이크 1볼
- 2스트라이크 0볼
- 2스트라이크 1볼
- 2스트라이크 2볼

타자가 볼넷을 얻으면 교체투수에게 책임이 있다. 교체투수에게 볼넷 기록을 준다. 타자가 다른 이유로, 가령 안타를 치거나 투구에 맞아서 1루로 나가면, 타자의 출루는 교체투수의 책임이 된다.

완봉승

완봉은 어떤 경기에서 한 팀이 1점도 득점하지 못한 경우를 가리킨다.
상대팀 투수는 다음과 같을 때 완봉승 기록을 챙기게 된다.

- 경기 전체에서 투구를 했다.

아니면 다음과 같은 두 가지 조건을 충족했다.
- 1회 도중 상대팀이 1점도 득점하지 않고 노 아웃인 상태에서 등판했다.
- 그리고 1점도 내주지 않으면서 나머지 경기 전체에서 투구를 했다.

    2명 이상의 투수들이 경기에 나와 완봉으로 끝냈다면, 리그 통계원은 이 사실을 밝혀두어야 한다.

승리투수와 패전투수

개요: 각 경기마다 승리투수와 패전투수가 결정된다. 어떤 경우에는 공식기록원이 어느 투수에게 자격이 있는지 판단하여 결정한다.

승리투수와 패전투수의 결정

경기가 끝나면 승리투수와 패전투수가 선정된다. 여기서는 공식기록원이 승리투수나 패전투수의 요건을 갖춘 투수가 누구인지 판가름하는 데 이용하는 규칙을 소개한다.

    어떤 투수가 경기에서 투수로서 뛰는 동안 자신의 팀이 리드를 잡았고 그 리드를 계속 유지했다면, 그 투수는 (그 이닝에 마운드에서 내려갔다고 해도) 승리투수로 기록된다. 이때 선발투수가 승리투수로 인정받으려면 5이닝 이상 투구해야 한다. 한편 패전투수는 상대팀이 앞서게 된 득점을 허용한 투수가 된다. (상대팀이 그 리드를 끝까지 유지한 경우)

참고: '5이닝' 요건은 적어도 6이닝 이상 치른 경기에 해당된다. (궂은 날씨 등의 이유로, 정상적인 9이닝을 마치기 전에 주심이 경기를 종료하기도 한다.) 5이닝만을 마치고 나서 콜드 게임이 된 경우, 적어도 4이닝은 던졌어야 승리투수 자격을 얻게 된다. (위에서 제시한 다른 요건들은 똑같이 적용된다.)

스코어가 동점이 된 경우

스코어가 동점이 되면, 승리투수와 패전투수의 선정은 원점에서 다시 시작한다. 상대팀이 리드를 잡으면, 그 시점 전에 던진 투수들은 승리투수의 자격이 없다. 하지만 상대팀이 리드를 잡을 당시 투구하고 있던 투수가 계속 투구하는 동안에 자신의 팀이 역전하고 그 리드를 끝까지 유지하면, 그가 승리투수로 선언된다.

선발투수가 승리투수의 요건을 갖추지 못한 경우

선발투수가 5이닝 요건을 채우지 못하면, 교체투수 중 1명이 승리투수로 선언된다. 어떤 교체투수가 투구하고 있던 동안 자신의 팀이 리드를 잡고 그 리드를 계속 유지하여 승리를 거두면, 그 투수가 승리투수가 된다. 교체투수는 적어도 1이닝을 던졌거나, 중요한 아웃이 이루어질 당시에 투구하고 있었어야 그 요건을 갖추게 된다.

하지만 교체투수가 투수로서 그다지 효과적인 역할을 하지 못했고, 새로운 교체투수가 등판해서 팀이 리드를 유지하는데 더 기여했다면, 그 새로운 교체투수를 승리투수로 인정할 수 있다. 첫 번째 교체투수가 1이닝 미만을 투구하고 상대팀에게 2점 이상의 자책점—앞 투수의 자책점도 포함(득점한 주자들이 어떤 투수가 교체되었을 당시 루상에 나가 있었다면, 득점의 책임은 그 투수에게 돌아간다.)—을 내주었다면, 공식기록원은 효과적인 투구를 하지 못했다고 판단할 수 있다.

어떤 교체투수가 더 효과적인 투구를 했는지 결정할 때는 실점, 자책점, 내보낸 주자 수 등의 요소를 고려해야 한다. 2명 이상의 교체투수들이 똑같이 효과적인 투구를 했다면, 첫 번째 교체투수를 선택한다.

> **Note** 대타자나 대주자가 어떤 투수를 대신해서 나왔다 하더라도, 그 투수가 현재의 투수로 간주된다. 팀이 따낸 득점은 그 투수가 등판해 있던 당시 얻은 것으로 인정되고, 팀이 리드를 잡으면 그가 승리투수 자격을 얻는다.

구원투수의 세이브

공식기록원은 다음 네 가지 조건을 모두 충족한 교체투수(구원투수)에게 '세이브' 기록을 매긴다.

1 이긴 팀의 마지막 투수였다.
2 승리투수로 지목되지 않았다.
3 적어도 1/3이닝을 투구했다.(즉 적어도 한 타자를 아웃시켰다.)
4 그리고 다음 세 가지 조건 중 하나에 해당된다.
- 3이닝 이상을 투구했다.
- 자신의 팀이 3점 이하의 점수차로 앞서 있었을 때 등판하여 적어도 1이닝을 투구했다.
- 상대팀의 주자, 현재의 타자 또는 대기타자석에 있는 다음 타자가 득점하면 동점이 되는 상황에서 등판했다.

참고 : 마지막 조건을 조금 더 살펴보면, 동점 주자가 대기타자석에 있는 타자가 될 수도 있기 때문에, 그 투수가 등판할 때 팀이 최대 5점 차이로까지 앞서 있어도 된다. 예를 들어 상대팀 주자가 2명 있는 상황에서는 4점 차이로 앞서 있거나, 만루인 상황에서는 5점 차이로 앞서 있어도 된다.

올스타 게임의 승리투수

순위 경쟁과 관계없는 경기, 가령 올스타 게임에서는 투수들이 사전에 계획한 만큼의 이닝을 던지게 된다. 이때 승리투수는, 팀이 경기 끝까지 유지된 리드를 잡았을 당시 던지고 있던 투수가 된다. 하지만 공식기록원이 이후에 등판한 투수가 승리투수 자격을 더 갖추었다고 생각하면, 그를 승리투수로 기록할 수도 있다.

안타

개요: 타자가 투구를 쳐서 1루에서 세이프되면, 1루를 지나고 나서 아웃되더라도 안타가 기록된다. 예외도 있다.

안타로 기록되는 경우

1 타자가 친 페어 볼이 야수에게 닿기 전에 땅이나 펜스에 맞거나, 타구가 페어 지역의 펜스를 넘어가서, 타자가 1루나 다른 베이스에 무사히 도달했다.

2 타자가 야수가 수비해낼 수 없는 타구를 친 후에 1루나 다른 베이스에 무사히 도달했다. 야수가 수비 상황을 잘못 판단했거나, 수비를 하려던 다른 야수를 방해했더라도 안타가 인정된다.

3 타구가 불규칙하게 바운드되는 바람에 타자가 1루나 다른 베이스에 도달했다. 예를 들어 타구가 돌에 부딪쳐 야수가 제때 공을 잡지 못하기도 한다. 그런가 하면 투수판이나 홈플레이트, 베이스 등에 맞고 엉뚱한 방향으로 바운드될 수도 있다.

4 타구가 야수에게 닿지 않고 외야로 굴러가거나 날아가서, 타자가 1루나 다른 베이스에 도달했다.
예외: 기록원이 보기에 야수가 '평범한 노력'으로 공을 수비해낼 수 있었다면, 안타는 인정되지 않는다.

5 야수에게 닿지 않은 페어 볼이 주자나 심판에게 닿았다.
예외: 인필드 플라이가 베이스를 터치하지 않고 있는 주자에게 맞으면, 그 주자에게 아웃이 선언된다. 안타는 주지 않는다.

6 야수가 실책 없이 타구를 처리하여 타자 앞의 주자를 아웃시키려고 했는데(야수선택), 주자를 아웃시키지 못했고, 공식기록원이 판단하기에 야수가 타자를 아웃시키려고 했더라도 타자는 1루에서 세이프됐을 것이다.
참고: 타자가 베이스에 도달하고 '빼어난 수비'로도 풋아웃이 이루어지지 않은 경우, 공식기록원은 타자에게 유리하게끔 안타로 기록한다.

타자가 베이스에 무사히 도달했더라도, 가령 앞주자가 포스 아웃되거나 해서 안타 기록을 얻지 못하기도 한다. 타자가 1루에 도달했으나 안타 기록을 얻지 못하는 이유는 다음과 같다.

안타로 기록되지 않는 경우

1 주자가 포스 아웃되었다. 또는 수비 실책이 없었다면 주자가 포스 아웃될 만한 상황이었다.

2 타자가 1루에 무사히 도달했으나, 포스 상태에서 진루하던 주자가 가고자 하던 다음 베이스를 터치하지 못했고, 수비팀의 어필로 아웃이 선언되었다. 기록원은 타자의 타수는 인정하지만, 안타는 주지 않는다.

3 투수, 포수 또는 내야수가 (외야수의 도움 없이) 타자 앞의 주자가 진루하거나 원래의 베이스로 돌아오려 하던 중 그 주자를 아웃시켰다. 또한 야수가 주자를 아웃시킬 수 있었으나 실책을 저지른 경우에도 안타는 기록되지 않는다.

4 야수선택. 공식기록원이 판단하기에, 야수가 1루에서 타자를 아웃시킬 수 있었으나 다른 주자를 아웃시키려다가 실패한 경우에는 야수선택이 된다. 안타는 주지 않는다.

참고 : 야수가 그 주자 쪽을 쳐다보거나 그 방향으로 공을 던지려는 시늉을 한 것이 아니라, 공을 실제로 던져서 주자를 아웃시키려고 했어야 한다.

5 심판이 타자 앞의 주자에게 수비방해를 선언하여 주자가 아웃되었다.
예외 : 기록원은 이 상황에서 설령 수비방해가 일어나지 않았더라도 타자가 1루에 도달했을 것이라고 생각한다면, 안타 기록을 준다.

안타 | 단타, 2루타, 3루타, 홈런

단타, 2루타, 3루타, 홈런에 대한 규칙은 단순하다. 안타가 나왔을 때, 공식기록원은 타자가 1루까지 도달했으면 1루타를, 2루에 도달했으면 2루타를, 3루에 도달했으면 3루타를 주며, 홈까지 들어왔으면 홈런을 준다.

안타 | 타자 앞의 주자가 아웃된 경우

2루타 : 타자가 2루까지 갔는데 앞주자가 3루에서 아웃되었다면(또는 수비 실책이 아니었다면 그 주자가 3루에서 아웃되었을 것이라면), 2루타가 아니라 1루타를 친 것으로 기록된다.

3루타 : 타자가 3루까지 갔는데 앞주자가 홈 플레이트에서 아웃되었다면(또는 수비 실책이 아니었다면 그 주자가 홈에서 아웃되었을 것이라면), 3루타가 아니라 2루타를 친 것으로 기록된다.

참고 : 두 경우를 제외하면, 타자에게 주어지는 루타 수는 앞주자가 도달한 베이스 수와 관계없다.

보기 : 타자가 2루타를 쳤다.

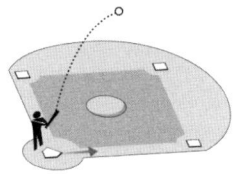

1 주자가 1명도 없는 상황에서 타자가 친 공이 레프트 필드로 날아가 외야수를 지나간다.

2 타자가 2루에 무사히 도달한다.
2루타가 기록된다.

보기: 타자가 2루타를 쳤는데, 앞주자가 아웃되었거나, 아웃될 상황이었다.

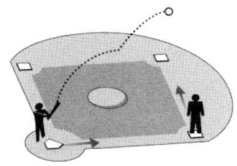 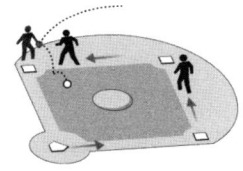 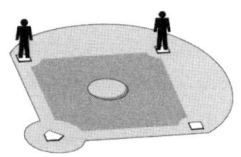

1 주자가 1루에 있는 상태에서 타자가 때린 땅볼이 외야로 빠진다.

2 1루에 있던 주자가 3루에 무사히 도달하는데, 사실은 외야수가 3루에 악송구를 해서 세이프된 것이다. 타자는 2루까지 간다.

3 1타자가 2루에 도달했지만, 이 상황에서는 **1루타만 기록된다.**

안타 | 루타 계산

어떤 베이스를 넘어서 계속 달리다가 태그 아웃되어도 루타 수에 포함한다

타자가 어떤 베이스를 터치하고 나서 다음 베이스로 계속 달려가다가 태그 아웃되면, 마지막으로 터치한 베이스까지 안타 기록이 인정된다.

보기: 타자가 친 공이 외야에 떨어졌다. 1루에 무사히 도달하고 나서 2루로 계속 달렸으나 아웃되고 말았다. 그는 1루타를 친 것으로 인정된다. 2루를 넘어서 달리다가 아웃되면 2루타가, 3루를 넘어서 달리다가 아웃되면 3루타가 기록된다.

안전진루권으로 얻은 베이스만큼 루타 수를 기록한다

타자가 두 베이스, 세 베이스 또는 홈런을 부여받으면, 베이스 수만큼 루타가 인정된다. 야수가 1루로 가던 타자를 방해하거나 수비가 펼쳐지던 대상인 주자를 방해하여 심판이 안전진루권을 준 경우에도 마찬가지다.

야수선택인 경우에는 진루한 베이스만큼 루타 수를 기록하지 않는다

야수선택이란 야수가 타자보다는 타자 앞의 주자를 아웃시키는 편을 택하는 것이다. 1명 이상의 주자가 베이스에 있는 상태에서 타자가 안타를 치고 2루 이상의 베이스에 무사히 도달했다면, 공식기록원은 자신의 판단에 따라 그 플레이를 기록

해야 한다. 기록원은 타자의 안타가 2루타의 요건에 들어맞는지 3루타에 들어맞는지, 또는 야수가 선행주자를 아웃시키는 데 더 관심을 두었기 때문에 타자가 그만큼 진루하게 된 것인지 가늠하여 결정해야 한다.

오버슬라이딩은 베이스에 도달한 것으로 인정하지 않는다

타자가 베이스를 오버슬라이딩해서 태그 아웃되면, 그 베이스에 도달한 것으로 기록되지 않는다.

보기: 타자가 1루에 도달한 다음 계속 달려가서 2루에 슬라이딩을 했지만 베이스를 지나가버리는 바람에 태그 아웃되었다. 그는 1루타 기록만 얻게 된다.

베이스를 빠뜨리고 지나가면 베이스에 도달한 것으로 인정하지 않는다

타자가 공을 쳤으나 주루하는 도중 베이스 터치를 빠뜨린 바람에 아웃이 선언되면, 실제로 터치했던 마지막 베이스까지만 안타 기록을 얻는다.

보기: 타자가 안타를 치고 3루까지 갔는데, 그 과정에서 2루를 빠뜨려 수비팀의 어필로 아웃이 선언되었다면, 그는 1루타만 친 것으로 기록된다. 만약 1루 터치를 빠뜨렸다면, 타수만 인정될 뿐 안타는 전혀 기록되지 않는다.

타자가 끝내기안타를 때린 경우

끝내기안타를 때린 타자는 홈에서 결승점을 올린 주자가 진루한 베이스 수만큼의 루타를 기록하게 되며, 이를 넘지는 못한다. 이 기록을 얻으려면, 타자 자신 또한 적어도 결승 주자가 진루한 수만큼의 베이스까지 도달해야 한다.

보기: 9회말, 스코어는 5 대 4이고 2루와 3루에 주자가 있는 상황에서 타자가 외야 깊숙한 쪽으로 공을 쳐냈다. 2루와 3루에 있던 주자들이 득점하면서 승리를 거두었다. 타자가 1루만 터치했다면, 1루타를 기록하게 된다. 2루타 기록을 얻으려면 2루를 터치해야 한다. 더 나아가서 3루에 도달했다고 해도, 결승 주자가 진루하여 승리를 거두게 된 베이스의 수와 같은 2루타만을 인정받는다.

끝내기홈런을 때린 경우

타자가 승리를 결정짓는 홈런을 구장 밖으로 쳐내면, 타자와 베이스에 있던 모든 주자들이 득점한다. 이때는 홈런이 기록된다.

보기: 9회말, 5 대 5 동점이고 2루와 3루에 주자가 나가 있는 상황에서 타자가 외야 담장을 넘어가는 홈런을 쳐냈다. 두 주자와 타자가 득점한다. 타자는 홈런 기록을 얻는다. 경기의 최종 스코어는 8 대 5가 된다.

타점

개요: 타점은 타자의 능력을 재는 척도로서, 타자가 타석에 있는 동안 일어난 일의 결과로 나온 모든 득점을 타자의 공로로 인정하는 것이다.

타점 | 타점의 획득

타자가 다음과 같이 한 결과 나온 모든 득점은 타자의 타점으로 인정된다.

- 안타(타자가 무사히 출루함)
- 희생플라이
- 희생번트
- 타구로 인해 내야에서 아웃이 이루어졌거나, '야수선택'(야수가 타자 앞의 주자 쪽으로 공을 던져 아웃시키는 편을 선택)으로 아웃이 이루어졌다.
- 만루 상황에서 안전진루권을 얻어 다른 주자가 포스 상태에서 득점하게 했다. 안전진루권은 다음과 같은 이유로 주어진다.
  – 볼넷
  – 히트 바이 피치
  – 타격방해나 주루방해 선언

홈런을 친 경우

홈런으로 얻은 모든 득점은 그 홈런을 친 타자의 타점이 된다. 가령 만루 상황에서 홈런을 친 타자는 4타점을 얻는다.

노 아웃이나 원 아웃 상황

노 아웃이나 원 아웃 상황에서 다음과 같은 결과가 나오면 타자에게 타점이 돌아간다.

- 3루에 있던 주자가 득점했다.
- 그 플레이에서 실책이 발생했다.
- 그 실책이 나오지 않았더라도 3루주자는 득점했을 것이다.

타점 | 타점의 인정과 불인정

타점으로 인정하지 않는 경우
- 타자가 땅볼을 쳐서 포스 더블 플레이나 리버스 포스 더블 플레이를 당했다.
- 포스 더블 플레이를 당할 만한 상황이었는데, 야수가 1루에서 실책을 저질렀다.

'포스 더블 플레이'와 '리버스 포스 더블 플레이'에 대한 설명은 240쪽을 참조하라.

타점 인정 여부를 공식기록원이 결정하는 경우

기록원은 야수가 멈칫거리거나 실책을 저질렀을 때, 가령 그대로 공을 쥐고 있거나 베이스에 정확히 송구하지 못했을 때 타점을 인정할지 결정해야 한다. 이 경우에 기록원은 다음과 같은 규칙을 기준으로 삼는다.

- 타점 인정 : 주자가 멈칫거리지 않고 계속 뛰었다.
- 타점 불인정 : 주자가 멈칫하고 나서 야수의 망설임이나 실수를 알아채고 달렸다. 이 경우 타점을 인정하지 않고 야수선택에 따른 득점으로 기록한다.

희생타

개요 : 희생타는, 타자가 다른 주자를 진루시키고자 자신은 아웃될 가능성이 높은 방식으로 공을 때리거나 번트를 대는 것이다. 이것은 공격팀의 의도적인 전략적 조치이다. 그러므로 타자는 타수 하나가 아웃으로 처리되는 불이익을 받지 않는다.

희생타 | 희생 플라이

공식기록원은 다음과 같은 조건에 모두 맞으면 희생플라이를 기록한다.

- 노 아웃이나 원 아웃 상황이었다.
- 공이 (페어 지역이든 파울 지역이든) 외야로 날아갔다.
- 야수가 날아오는 공을 외야에서 잡아 타자를 아웃시켰다.
- 3루주자가 태그 업을 하여 득점을 올렸다.

참고 : 야수가 포구를 놓치고 주자가 득점한 경우, 포구가 이루어졌더라도 주자가 득점을 올렸으리라고 공식기록원이 판단하면 희생플라이가 기록된다. 이런 경우에, 타자의 행위로 또 다른 주자가 포스 아웃되더라도 희생플라이는 인정된다.

희생타 | 희생번트

공식기록원은 다음 둘 중 하나의 조건에 맞으면 희생번트를 기록한다.

- 노 아웃이나 원 아웃 상황에서 타자가 번트를 대고 1루에서 아웃되었으나, 적어도 1명의 다른 주자를 진루시켰다.(수비 실책으로 타자가 1루에서 세이프되었으나, 실책이 없었다면 아웃되었을 만한 상황인 경우에도 희생번트로 기록된다.)
- 노 아웃이나 원 아웃 상황에서 타자가 번트를 대고, 야수가 실책을 저지르지 않은 채 타자 앞의 주자를 아웃시키려고 했지만 실패했다. 타자가 1루에서 세이프되었어도 무방하다.

예외 : 다음과 같은 경우에 번트를 댄 타자는 희생타가 아니라 안타 기록을 얻는다.

- 야수가 타자 앞의 주자를 아웃시키려고 했으나 실패했다.
- 그리고 공식기록원이 판단하기에, 야수가 설령 타자를 1루에서 아웃시키려고 했더라도 타자는 1루에서 세이프되었을 것이다.

희생번트로 기록되지 않는 경우

- 번트로 진루시키려던 주자가 아웃되었다. 타자는 희생번트를 인정받지 못하고 타수 하나만 기록된다.
- 공식기록원이 판단하기에, 타자가 주자를 진루시키기 위해 자신을 희생하려 한 것이 아니라 출루를 하려고 번트를 댔다.

참고 : 이러한 판단을 내리면서 타자의 의도를 분명히 알 수 없다면, 기록원은 타자에게 '무죄추정의 원칙'을 적용하여 희생번트를 기록한다.

> **희생플라이와 희생번트**
>
> 희생플라이와 희생번트의 한 가지 차이점은, 희생플라이로 기록되려면 주자가 득점을 올려야 하지만, 희생번트는 주자가 진루하기만 하면 된다는 점이다.

도루

개요 : 주자는 순전히 주루 플레이만을 통해서도 진루할 수 있다.

도루 | 도루의 성공

도루는, 주자가 다음과 같은 행위에 기대지 않고 진루에 성공한 것이다.

도루 기록의 인정 조건

- 안타
- 풋아웃

- 수비 실책
- 포스 아웃
- 야수선택(주자가 도루하는 동안 송구하여 어쩌면 아웃시킬 수도 있었지만 그러지 않은 야수의 결정)
- 패스트 볼
- 폭투
- 보크

폭투와 악송구

주자가 도루를 하는데 투수가 폭투를 던지거나 포수가 악송구를 한 경우에는 다음의 규칙에 따라 기록한다.

- 투수가 투구를 던지기 전에 도루 시도가 시작되었고, 투구가 폭투가 되거나 포수가 공을 놓쳤다면, 주자에게 도루 기록을 준다.
- 폭투나 패스트 볼로 주자가 도루를 통해 가려던 베이스를 넘어 더 진루했다면, 기록원은 도루와 함께 폭투나 패스트 볼도 기록한다.
- 포수가 도루하던 주자를 아웃시키려고 던진 공이 악송구가 되었다면, 주자에게 도루 기록을 준다.
- 포수의 악송구로 주자가 도루를 통해 가려던 베이스를 넘어 더 진루했거나, 다른 주자가 그 악송구로 진루했다면, 기록원은 도루를 기록하는 한편 포수에게 실책 기록을 준다.

런다운 플레이

주자가 도루를 시작하거나 베이스에서 리드를 잡고 있다가 런다운 플레이(야수들이 주자를 사이에 두고 아웃시키려 하는 플레이)에 걸린 경우, 다음과 같은 규칙에 따라 기록한다. 주자가 아웃되지 않은 채 (야수의 실책에 기대지 않고) 어떻게든 다음 베이스까지 진루했다면, 주자는 도루 기록을 인정받는다. 그리고 다른 주자가 이 기회를 이용하여 역시 도루를 했다면, 두 주자 모두 도루 기록을 얻는다. 한 주자가 도루를 했으나 다른 주자는 원래의 베이스로 무사히 돌아왔다면, 진루한 주자에게 도루 기록이 돌아간다.

도루 | 도루자

주자에게 도루자 기록을 주는 경우

주자가 도루하려 하다가 아웃되거나, 공식기록원이 보기에 야수의 실책이 아니었으면 주자가 아웃되었을 것이라면, 주자에게 도루자(盜壘刺) 기록을 준다. 주자가 다음과 같이 한 경우에 도루자가 기록된다.

- 도루를 시도하다가 태그 아웃되었다.
- 도루를 하다가 베이스를 오버슬라이딩하여 태그 아웃되었다.
- 베이스에서 리드를 잡고 있다가 견제사(주자가 다음 베이스로 움직이려 하다가 태그 아웃되는 것)를 당했다.

주자에게 도루자를 기록하지 않는 경우

- 포수가 투구를 놓친 다음에 도루를 시도하다가 아웃되었다.
- 주루방해를 당하여 한 베이스 진루를 허가받았다.

도루 | 주자가 도루 기록을 얻지 못하는 상황

주자가 도루를 인정받지 못하는 경우

1 2명 이상의 주자가 동시에 도루를 시도하다가 그중 1명이라도 베이스에 도달하기 전에 아웃되면, 아무 주자도 도루 기록을 얻지 못한다.

2 어떤 베이스를 목표로 도루를 하고 있던 주자가, 그 베이스로 진루하던 중이든 귀루하던 중이든 오버슬라이딩하여 태그 아웃되면, 그 베이스로 도루했다는 기록을 인정받지 못한다.

3 도루를 하던 주자가 오로지 야수가 송구를 놓치거나 제대로 처리하지 못하는 바람에 세이프된 경우에는 다음과 같이 기록한다.
- 주자가 베이스에서 세이프되었어도 도루는커녕 도루자 기록을 받는다.
- 송구를 한 야수에게 어시스트 기록이 돌아간다.
- 송구를 놓치거나 제대로 처리하지 못한 야수에게 실책을 기록한다.

4 오로지 야수가 도루를 허용하고 수비를 하지 않기로 선택하는 바람에 주자가 도루하던 베이스에 도달했다면, 주자는 도루 기록을 얻지 못한다. 기록원은 야수선택으로 진루가 이루어졌다고 기록한다.

공식기록원은 전체적인 상황을 고려한다

주자에게 도루 기록을 줄지 결정하는 과정에서, 기록원은 주자가 그 도루를 정말 스스로 얻어냈는지, 아니면 야수들이 그 주자가 진루하도록 내버려둔 것뿐인지 가려내야 한다. 다음과 같은 요소들을 감안하여 내리는 까다로운 결정이다.

- 이닝과 스코어
- 야수들이 주자를 베이스에 묶어두고 있었는가.
- 주자가 진루하기 전에 투수가 견제 시도를 했는가.
- 주자가 도루하는 베이스를 야수가 커버하려고 했는가.
- 주자의 도루를 허용할 합리적이고 전략적인 이유가 수비팀에게 있었는가.
- 수비팀에서 주자가 도루 기록을 못 챙기게 하려고 자유롭게 진루하도록 내버려둔 것인가.

보기 1 : 어떤 주자가 도루 신기록(통산 기록이나 시즌 기록)에 근접해 있다. 수비팀에서는 자기네 선수 1명도 기록에 접근하고 있기 때문에 그 주자가 성공하기를 바라지 않는다. 도루 하나를 추가하지 못하도록 수비팀은 주자가 자유롭게 진루하게끔 내버려둔다. 공식기록원은 야수들이 진루를 허용했다는 사실에도 불구하고 도루 기록을 줄 수 있다. 그럼으로써 구장에서 이런 행동을 하지 못하게 하고 야구선수로서 마땅히 해야 할 플레이를 펼치도록 한다.

보기 2 : 마지막 이닝에 수비팀이 많은 점수차로 앞서 있다. 주자가 도루를 시도한다. 야수가 정말 잡으려고는 하지만 반응이 늦는 것인가, 아니면 주자가 진루하더라도 어쨌든 팀이 이기리라고 짐작하기 때문에 무관심한 것인가? 기록원은 결정을 해야 한다.

● **도루는 공식기록원에게 가장 어려운 판정일 것이다** ●

기록원은 도루 기록을 줄지 말지 판단하면서 많은 요소를 가늠해야 한다. 아마도 기록원에게 가장 어려운 판정일 것이다. 문제는 '야수의 무관심'이다. 분명하게 판가름하기가 불가능할 수도 있는 요인인 것이다. 스코어, 팀 전략, 상대팀 주자가 도루 기록을 세우는 것이 달갑지 않은 상황 등을 모두 고려해야 한다.

풋아웃과 어시스트

개요 : 풋아웃과 어시스트는 야수의 수비력을 가늠하는 척도이다.

풋아웃과 어시스트 | 야수가 풋아웃 기록을 얻는 경우

다음과 같은 플레이를 펼친 야수는 풋아웃 기록을 얻는다.
- 타구가 땅에 떨어지기 전에 페어 지역이나 파울 지역에서 잡았다.
- 송구를 받아서 베이스로 달려오는 타자나 주자를 아웃시켰다.
- 베이스를 터치하지 않고 있는 주자를 태그했다.
- 어필 플레이(예를 들어 주자가 베이스를 터치하지 않고 지나간 경우)에서 베이스를 태그하여 주자를 아웃시켰다.

풋아웃과 어시스트 | 자동 풋아웃

다음과 같은 경우 포수가 자동으로 풋아웃 기록을 얻는다.
- 타자가 삼진을 당했다.
- 타자가 반칙 타구 판정을 받아 아웃되었다.(예컨대 타자가 한 발이나 양발을 타자석 바깥에 둔 채 공을 쳤다.)
- 볼넷, 히트 바이 피치를 얻거나 포수의 방해를 당한 타자가 1루로 출루하기를 거부했다.
- 3루에서 홈으로 진루하는 것을 거부한 주자에게 아웃이 선언되었다.
- 포수를 방해한 타자에게 아웃이 선언되었다.
- 타자가 자신이 방금 전 친 타구에 맞아서 아웃되었다.
- 자기 타순을 놓친 타자에게 아웃이 선언되었다.
- 타자가 투 스트라이크 상황에서 댄 번트가 파울이 되었다.

예외: 파울 지역으로 간 번트가 땅에 떨어지기 전에 잡혔다면, 공을 잡은 야수가 풋아웃 기록을 얻는다.

그 밖의 자동 풋아웃

그 밖의 자동 풋아웃 상황은 다음과 같다.

- 인필드 플라이가 선언되어 타자가 아웃되었으나, 어느 야수도 이것을 잡지 않았다. 공식기록원이 판단하기에 그 플라이를 잡았을 만한 야수에게 풋아웃 기록이 돌아간다.
- 인필드 플라이를 비롯하여 페어 지역으로 가는 타구에 주자가 맞아서 아웃되었다. 공이 주자에게 맞았을 때 공에 가장 가까이 있던 야수에게 풋아웃 기록이 돌아간다.
- 주자가 태그를 피하려고 베이스라인에서 3피트 이상 벗어나 달리는 바람에 아웃이 선언되었다. 그 주자를 태그하려고 했던 야수가 풋아웃 기록을 챙긴다.
- 자기 앞의 주자를 앞지른 주자에게 아웃이 선언되었다. 추월이 일어난 지점에서 가장 가까이 있던 야수가 풋아웃 기록을 얻는다.
- (상대팀을 혼란스럽게 하려고) 거꾸로 주루를 한 주자에게 아웃이 선언되었다. 주자가 거꾸로 뛰기 시작한 베이스를 커버했던 야수가 풋아웃 기록을 얻는다.
- 야수를 방해한 주자에게 아웃이 선언되었다. 해당 야수가 풋아웃 기록을 챙긴다. 하지만 주자가 다른 야수에게 공을 던지고 있던 야수를 방해했다면, 송구를 받으려던 야수가 풋아웃 기록을 얻으며, 송구하던 야수는 어시스트 기록을 챙긴다.
- 이미 베이스에 올라간 주자의 수비방해로 타자에게 아웃이 선언되었다. 1루수가 풋아웃 기록을 얻는다. 주자의 방해를 받은 야수가 송구를 하고 있었다면, 그 야수는 어시스트 기록을 챙긴다.

참고: 마지막 두 가지 상황에서는 그 플레이에서 단 하나의 어시스트만 기록된다.

풋아웃과 어시스트 | 어시스트

어시스트는 풋아웃 기록을 얻은 야수를 도와준 야수에게 돌아가는 기록이다. 어시스트는 타구나 송구를 수비하여, 아웃을 시킨 다른 야수에게 공을 던지거나 굴절시켜준 경우에 주어진다. 다른 야수가 공을 제대로 다루지 못하여 주자를 아웃시키지 못했을지라도 어시스트는 기록된다.

런다운 플레이에서는 주자를 아웃시키는 것을 돕기 위해 공을 던지거나 굴설시킨 각 야수에게 하나의 어시스트만이 기록된다. 어시스트는 그 플레이에서 뒤이어 일어난 실책 때문에 주자를 아웃시키지 못했더라도 주어진다.

공을 굴절시킨 야수가 어시스트 기록을 얻을 수 있기는 하지만, 가령 공의 진로가 바뀌거나 움직임이 느려짐으로써 다른 야수가 아웃을 잡아내게 되었다는 등 어떤 효과를 미쳤어야만 인정된다.

다음과 같은 경우에 어시스트가 기록된다.
- 야수가 송구나 타구를 던지거나 굴절시켰고, 그 결과 아웃이 이루어졌다.
- 야수가 송구나 타구를 던지거나 굴절시켰고, 그 결과 수비를 방해하거나 베이스 주로에서 벗어나 달리게 된 주자에게 아웃이 선언되었다.
- 포수가 세 번째 스트라이크를 놓친 상황에서 공을 수비한 투수가 다른 야수에게 송구하여 아웃을 시켰다.(가령 포수가 놓친 공을 투수가 포수보다 먼저 잡은 경우 이렇게 될 수 있다.)

다음과 같은 경우에는 어시스트가 기록되지 않는다.
- 투수가 타자를 삼진으로 아웃시킨 경우, 투수에게 어시스트를 주지 않는다.
- 포수가 투구를 받고 나서 주자를 아웃시킨 경우, 가령 홈으로 달려오는 주자를 태그했거나 도루를 하려던 주자를 송구로 아웃시켰을 때, 투수에게 어시스트를 주지 않는다.
- 악송구가 나왔음에도 그 플레이에서 나중에 주자가 송구로 아웃된 경우, 악송구를 한 야수에게는 어시스트를 주지 않는다.

● **어필 플레이에서 어시스트가 기록될 수 있다** ●

수비팀의 어필로 주자에게 아웃이 선언되면, 공을 수비하거나 송구하거나 굴절시켜 아웃에 도움을 준 모든 야수에게 어시스트가 돌아간다. 플레이가 끝난 후 투수가 야수에게 공을 던지는 것으로 어필을 한 경우에는, 투수만이 어시스트 기록을 챙긴다.

풋아웃과 어시스트 | 더블 플레이와 트리플 플레이

2명이나 3명의 주자(타자주자 포함)를 아웃시킨 플레이가 펼쳐진 경우, (실책이나 실수가 일어나지 않았으면) 그 플레이에서 풋아웃이나 어시스트 기록을 얻은 모든 야수에게 더블 플레이나 트리플 플레이 기록을 준다. 이때 풋아웃들이 투구가 이루어진 시간에서 플레이가 끝난 시간(볼 데드가 되거나 투수가 다시 공을 쥐고 투구 자세에 들어간 때) 사이에 나왔어야 한다.

하지만 그중 하나 이상의 풋아웃이 수비팀의 어필로 이루어진 경우, 설령 투수가 공을 가져간 후에 어필이 받아들여졌더라도 더블 플레이나 트리플 플레이 기록을 부여한다.

● **폭투와 패스트 볼** ●

폭투나 패스트 볼이 기록된 플레이에서는 어떤 야수에게도 실책을 부과하지 않는다. 폭투와 패스트 볼에 대한 자세한 내용은 245쪽을 참조하라.

수비 실책

개요 : 야수가 공을 잘못 다루는 바람에 아웃되었을 주자가 살거나, 주자가 진루하거나, '평범한 수비'로 아웃되었을 타자의 타격 시간이 연장된 경우 실책이 부과된다.

예외 : 실책은 공을 물리적으로 제대로 다루지 못한 경우에만 적용된다. 야수가 공을 느리게 처리했어도 공을 제어하고 있었다면 실책이 부과되지 않는다. 또한 공을 건드리지 않은 야수가 수비 상황을 잘못 판단했을 때도 실책은 적용되지 않는다. 3루에 주자가 있고 노 아웃이나 원 아웃인 상황에서는 야수가 3루주자의 득점을 막고자 파울 플라이 볼을 잡지 않는 편을 택할 수도 있다. 이때는 실책이 기록되지 않는다.

수비 실책 | 실책을 저지르는 아홉 가지 방법

다음과 같은 경우 실책이 부과된다.

1 야수가 공을 제대로 다루지 못하는 바람에, 아웃되었을 주자가 살거나, 주자가 진루하거나, 타자의 타격 시간이 연장되었다.

2 야수가 파울 플라이 볼을 제대로 처리하지 못하여 타자의 타격 시간이 연장되었다.

3 야수가 1루에서 타구나 송구를 수비했으나 타자나 베이스를 태그하지 못했다. (기록원이 판단하기에 타자를 아웃시킬 수 있었을 경우)

4 포스 플레이 상황에서 야수가 타구나 송구를 수비했으나 주자나 베이스를 태그하지 못했다. (기록원이 판단하기에 주자를 아웃시킬 수 있었을 경우)

5 야수가 악송구를 하는 바람에 주자나 타자를 아웃시킬 기회를 놓쳤다.
예외 : 도루하는 주자를 아웃시키려고 던진 공이 악송구가 되었을 때는 실책으로 간주하지 않는다.

6 야수가 주자를 아웃시키려고 던진 공이 악송구가 되는 바람에, 그 주자나 다른 주자가 진루했다.
참고 1 : 부당해 보일지는 몰라도, 야수의 송구 자체는 정확했지만 땅에 맞고 엉뚱하게 바운드되거나 투수판이나 베이스에 맞고 튀어 나가거나 심판이나 주자에게 맞는 바람에 주자가 진루한 경우에는 공을 던진 야수에게 실책이 부과된다. 모든 진루에는 반드시 이유가 있어야 한다. 이런 상황에서의 진루는 야수의 실책 탓이 된다.
참고 2 : 몇 명의 주자가 진루했든 몇 개의 베이스를 갔든 상관없이, 한 번의 악송구에 1개의 실책만 부과한다.

7 정확하게 송구된 공을 야수가 잡거나 막지 못하여 주자가 진루했다. 이 상황이 2루로 송구했을 때 벌어진 경우, 공식기록원은 그 송구를 수비했어야 하는 야수가 2루수인지 유격수인지 판정한다. 공식기록원이 생각하기에 야수가 합당한 이유 없이 공을 던졌다면, 송구한 야수에게 실책을 부과한다.

8 야수가 주루방해나 타격방해를 저질러, 심판이 한 베이스 이상 가도록 안전진루권을 주었다. 해당 야수에게 실책이 부과된다.
참고 : 악송구 상황과 마찬가지로, 결과적으로 몇 명의 주자가 진루했든 몇 개의 베이스를 갔든 상관없이, 주루방해나 타격방해 1건에 1개의 실책만 부과한다. 공식기록원이 보기에 위반 행위가 플레이의 결과에 영향을 미치지 않았다면, 실책을 부과하지 않는다.

9 야수가 다른 야수로 하여금 공을 제대로 다루지 못하도록 만들었다. 예를 들어 다른 야수에게 달려드는 바람에 공을 떨어뜨리게 했다면, 공을 떨어뜨린 야수가 아니라 달려든 야수에게 실책을 부과한다.

수비 실책 | 어시스트와 수비 실책

야수의 실수 이후에 펼쳐진 플레이는 새로운 플레이로 간주한다.

야수가 실책을 하거나 공을 잘못 처리하는 등 실수를 저지른 경우, 뒤이은 행위는 전혀 새로운 플레이인 것처럼 취급된다. 다시 말해, 실수가 일어나기 전이나 도중에 공을 다룬 야수는, 그 후에 다시 공을 다루지 않는 이상 주자가 그 플레이에서 결국 아웃되더라도 어시스트 기록을 얻지 못한다.

● **공이 야수의 다리 사이로 빠져나간 경우**

공을 건드린 야수에게만 실책이 기록되는 것은 아니다. 야수가 '처리할 수 있었던 공'이지만 그러지 못한 경우에도 실책으로 간주된다. 예를 들어 공이 야수의 다리 사이로 빠져나갔거나, 내야수 옆으로 지나가버렸거나, 외야수가 평범한 플라이를 놓친 경우, 공식기록원이 생각하기에 야수가 '평범한 노력'으로 공을 수비하여 그 플레이에서 아웃을 확실히 시킬 수 있었다면, 해당 야수에게 실책을 부과한다.

수비 실책 | 실책을 부과하지 않는 경우

다음과 같은 경우에는 실책이 부과되지 않는다.

1 야수가 엉뚱한 베이스에 공을 송구했다.

2 야수가 악송구를 저질렀으나, 송구가 정확했더라도 주자(들)가 가려던 베이스에 무사히 도달했을 것이라고 공식기록원이 판단하면 실책을 부과하지 않는다.

3 야수가 더블 플레이나 트리플 플레이 상황에서 마지막 아웃을 잡으려고 던진 공이 악송구가 되었다.
참고 1 : 2번과 3번 상황에서, 악송구가 나오는 바람에 주자가 원래 도달하려던 베이스를 넘어 진루했거나 다른 주자들이 진루했다면, 실책이 부과된다.
참고 2 : 송구를 받는 야수가 포구를 제대로 하지 못해서 주자(들)가 베이스에 무사히 도달했다면, 그 야수에게 실책을 부과한다. 이때 송구는 정확했다면, 공을 던진 야수는 받는 야수의 실책이 일어나지 않았다는 듯 어시스트 기록을 챙긴다.

4 야수가 공을 잘못 다루었지만, 그 실수에도 불구하고 타자주자 또는 포스 상태에서 진루해야 했던 주자가 가려던 베이스에서 아웃되었다.

5 노 아웃이나 원 아웃이고 주자가 3루에 있는 상황에서 파울 플라이 볼이 떴는데, 야수가 이 공을 잡아 아웃을 시키지 않고 고의로 공이 땅에 떨어지도록 내버려두었다.
참고 : 이 경우에는 야수가 전략적인 행동을 한 것이므로 실책이라는 불이익을 받으면 안 된다. 만약 공을 잡으면, 공이 계속 인 플레이 상태에 있게 되어 3루주자가 홈에서 득점할 공산이 크다. 공이 그냥 땅에 떨어지게 놔두면, 공은 데드 볼이 되어 주자가 움직이지 못한다.

● **'심리적 실수'**

'심리적 실수'에는 실책이 부과되지 않는다. 엉뚱한 베이스에 송구를 하는 등 판단 착오를 저지르는 경우가 여기에 해당한다. 심리적 실수가 다른 물리적 실수로 이어지면, 예를 들어 야수가 스리 아웃이라고 착각하여 공을 관중석에 던지면, 실책이 부과된다.

Note '평범한 노력'이란 특정 선수가 과거에 보여준 경기력이 아니라 모든 야수들의 평균적인 실력을 일컫는다. 이것에 더하여 구장과 날씨 상태도 참작한다.

어떤 경우에는 투수나 포수에게 실책이 부과되지 않는다.

투수와 포수는 다른 야수들보다 공을 훨씬 빈번하게 다룬다. 그러므로 투수와 포수의 실수를 무조건 실책으로 처리하지는 않도록 특별한 규칙을 마련해두었다.

다음과 같은 경우 실책이 부과되지 않는다.

- 투수가…
  - 볼넷을 내줬다.
  - 히트 바이 피치를 내줬다.
  - 폭투를 저질렀다.
  - 투구를 했으나 포수가 공을 놓쳤다.

  그 결과 타자가 안전진루권을 얻는 등의 방법으로 1루에 나가더라도 실책은 부과되지 않는다.

- 폭투, 보크 또는 패스트 볼로 주자(들)가 진루했다.
- 폭투가 네 번째 볼이 되어 볼넷을 내주었으나, 폭투 때문에 다음과 같은 결과도 벌어졌다.
  - 타자가 2루 이상의 베이스에 진루했다.
  - 포스 상태에서 진루하게 된 주자(들)가 포스 상태에서 가야 하는 베이스를 넘어 더 진루했다.
  - 포스 상태에 놓이지 않은 주자가 한 베이스 이상 진루했다.
- 세 번째 스트라이크가 폭투가 되는 바람에 타자가 1루에 나갔다. 실책은 부과되지 않지만, 투수에게 삼진과 폭투가 함께 기록된다.
- 투구를 받은 포수가 도루하는 주자를 잡으려고 베이스에 던진 공이 악송구가 되었다.
- 포수가 세 번째 스트라이크를 놓치는 바람에 타자가 1루에 나갔다. 실책은 부과되지 않지만, 투수에게 삼진이, 포수에게 패스트 볼이 각각 기록된다.
- 세 번째 스트라이크가 폭투나 패스트 볼이 되었음에도 포수의 수비로 태그하거나 1루로 공을 던져 타자를 아웃시켰지만 다른 주자들은 진루했다. 공식기록원은 다음과 같이 기록한다.
  - 투수에게 삼진 기록을 준다.
  - 포수에게 풋아웃 기록을 주거나, 1루수에게 풋아웃, 포수에게 어시스트 기록을 준다.
  - 주자들의 진루는 야수선택으로 기록한다.

연속 기록

공식기록원이 매기는 연속 기록에는 세 가지가 있다.

연속안타 기록

타자의 연속안타 기록이란, 타석에 나와서 연속으로 안타를 친 횟수를 말한다. 연속안타 기록은 타자가 볼넷이나 히트 바이 피치를 얻거나, 심판이 수비팀의 타격방해나 주루방해를 선언하거나, 또는 희생번트를 댄 경우에도 중단되지 않는다. 하지만 희생플라이를 치면 연속 기록이 끝난다.

연속경기안타 기록

타자의 연속경기안타 기록이란, 경기 중 한 번이라도 안타를 친 연속경기의 수를 말한다. 연속경기안타 기록은 한 경기에서 한 번 이상 타석에 들어서서 볼넷이나 히트 바이 피치를 얻거나, 심판이 수비팀의 타격방해나 주루방해를 선언하거나, 또는 희생번트를 댄 경우에도 중단되지 않는다. 하지만 어떤 경기에서 희생플라이만 치면 연속 기록이 끝난다.

연속경기출장 기록

선수의 연속경기출장 기록이란, 연속으로 출장하여 뛴 경기의 수를 말한다. 연속경기출장 기록은 다음과 같은 경우 지속된다.

- 적어도 한 이닝은 수비에서 뛰었다.
- 또는, 타석에 한 번 들어서서 출루하거나 아웃되었다.
- 또는, 위의 요건을 채우기 전에 퇴장당했다.

다른 선수의 대주자로만 경기에 출장하는 것은 연속 기록이 지속되는 요건에 해당되지 않는다.

> **● 연속 기록과 일시정지경기 ●**
> 연속 기록을 계산할 때, 일정을 변경하여 다른 날 재개한 일시정지경기의 출장 기록은 그 경기를 원래 예정된 날에 끝마친 것처럼 처리한다.

기록 보고

공식기록원은 경기 기록에 관한 모든 결정을 경기가 끝나거나 일시정지된 지 24시간 안에 마무리해야 한다. 그 후에 결정을 변경하려면 리그 회장에게 그 사유와 함께 변경을 신청하여 승인을 받아야 한다. 기록원의 결정에 이의를 제기하려는 선수나 팀은 기록원의 판정이나 판정 정정이 나온 지 24시간 안에 서면(또는 이메일) 청원서를 제출할 수 있다. 이 경우 두 번째 업무일이 끝나기 전까지는 문제의 판정에 대한 설명이나 비디오를 리그 회장에게 제출해야 한다. 리그 회장은 이를 검토하여 다음과 같은 조치를 취한다.

- 기록원에게 판정을 변경해달라고 요청한다.
- 판정이 변경되어야 한다고 명령한다.
- 공식기록원의 원래 판정을 지지하면, 선수나 팀에게 비용을 부과한다.(잘못된 판정에 대한 고발을 남발하지 못하게 하는 조치)

기록 보고 | 경기 결과

콜드 게임, 몰수경기, 일시정지경기

콜드 게임, 몰수경기, 일시정지경기인 경우에도 보고 시간제한을 지켜야 한다. 날씨 등의 이유로 일정을 변경한 일시정지경기의 경우, 공식기록원은 경기가 완료된 후 가능한 한 빨리 보고서를 제출해야 한다. 콜드 게임이 되면, 경기가 종료된 후 최대한 빨리 보고서를 제출한다.

일시정지경기와 제소경기의 재구성

일시정지경기는 중단된 시점과 똑같은 플레이 상황에서 재개해야 한다. 다시 말해, 마치 시간이 지연되지 않았다는 듯 같은 타순, 같은 야수, 같은 투수 등으로 경기를 속행한다. 제소가 받아들여진 경우(심판의 결정이 잘못되었으며, 그것이 경기 결과에 영향을 미쳤다고 판명되는 경우)에도 마찬가지다. 제소경기는 일정을 다시 잡고 나서 제소의 원인이 된 바로 그 플레이부터 속행한다. 주자가 있었다면 같은 위치에 가 있게 되고, 같은 타자가 같은 볼 카운트에서 타석에 들어선다. 공식기록원의 정보는 경기를 재구성하는 데 이용하는 공식 기록이 된다.

일관성

공식기록원은 경기마다 남기는 기록의 일관성을 확보하기 위해서 공식 규칙서를 엄격히 따라야 한다. 만약 규칙서에서 다루지 않는 상황이 발생하면, (심판이 규칙서에서 다루지 않는 상황에 대한 결정을 재량에 따라 내리듯) 공식기록원에게는 규칙을 정할 권한이 있다.

공식기록원과 심판

공식기록원은 다음의 사항을 준수한다.

- 타순에 어긋난 타자가 타석에 들어선 것을 알아채더라도, 심판이나 양 팀에게 이 사실을 알려주어서는 안 된다.(마찬가지로, 심판 또한 타순에 어긋난 타자가 나왔다는 것을 알아채도 이 사실을 알리면 안 된다. 양 팀 중 한 팀이 조치를 취할 때까지 기다려야 한다.)
- 심판의 결정을 번복하거나 무시할 권한이 없다.
- 공식 야구 규칙을 준수해야 한다.

> **공수 교체를 너무 성급하게 한 경우**
>
> 세 번째 아웃이 이루어지기 전에 양 팀이 공수 교체를 하는 경우, 공식기록원은 이를 주심에게 알린다.

기록원의 보고서에 들어가는 내용

공식기록원의 최종 보고서에는 다음의 내용이 들어간다.

- 경기를 치른 날짜
- 경기를 치른 장소
- 경기에 참여한 두 팀의 이름

- 경기를 관할한 심판들의 이름
- 스코어
- 경기 중 각 선수들이 펼친 플레이의 기록(이 장에서 살펴보는 내용)

> **● '정식경기'가 되어야 기록한다 ●**
> 어떤 경기가 공식 기록에 포함되기 위해서는 '정식경기'가 되어야 한다. 다시 말해, 적어도 경기의 절반은 마쳐야 한다.(정식경기가 되는 시점에 대한 자세한 내용은 228쪽 참조)

보고서 제출

공식기록원은 가능한 한 빨리(24시간 내) 보고서를 리그 사무국에 제출하거나, 리그의 요청에 따라 통계원에게 곧장 제출한다.

개인 타이틀

개요: 시즌을 치르면서 선수 개개인이 보여준 능력에 따라 수여하는 상이 몇 가지 있다. 어떻게 수상자를 고르는지 살펴본다.

개인 타이틀 | 타격 부문

각각 가장 높은 타율, 장타율, 출루율을 올린 선수에게 돌아간다. 하지만 그러려면 시즌 중에 다음과 같은 규정타석 수를 채워야 한다.

$$\text{정규 시즌 경기 수} \times 3.1 = \text{규정타석 수}$$

보기: 메이저리그에서는 정규 시즌(플레이오프 제외)에 팀당 162경기를 치르므로, 타자가 타격 부문 개인 타이틀을 획득할 자격을 갖추려면 적어도 502번 타석에 들어서야 한다.

$$162 \times 3.1 = 502.2$$

마이너리그에서는 3.1이 아니라 2.7을 곱한다. 만약 마이너리그 팀이 정규 시즌에 140경기를 치른다면 다음과 같이 계산한다.

$$140 \times 2.7 = 378.0$$

참고 : 결과의 끝자리가 소수일 때는 반올림한다.

타석 수는 다음 항목들의 횟수를 모두 더하여 구한다.
- 타수
- 볼넷
- 히트 바이 피치
- 희생번트
- 희생플라이
- 타격방해나 주루방해 판정에 따른 1루 출루

참고 : 타자가 규정타석 수를 채우지 못한 경우—가령 502번이 아니라 499번밖에 타석에 들어서지 않았다면—다른 계산법을 이용한다. 타율, 장타율, 출루율을 계산할 때 499 대신 최소 규정타석 수인 502를 사용했는데도 결과가 가장 높으면, 그 타자가 타이틀을 얻게 된다. 자세한 내용은 279~281쪽을 참조하라.

개인 타이틀 | 투수 부문

가장 낮은 방어율을 기록한 투수에게 돌아간다. 그러려면 최소한 정규 시즌 경기 수와 같은 이닝을 투구해야 한다. 마이너리그에서는 정규 시즌 경기 수의 80%에 해당하는 이닝을 던지면 된다. 방어율 계산 방법은 282쪽을 참조하라.

메이저리그

정규 시즌에 162경기를 치르므로, 자격을 갖추려면 적어도 162이닝은 투구해야 한다.

$$\text{최소 이닝 수} = \text{정규 시즌 경기 수}$$

마이너리그

예를 들어 한 시즌에 142경기를 치른다면, 마이너리그 투수는 자격을 갖추기 위해 적어도 114이닝은 투구해야 한다. 142×80%=113.6(반올림하여 114). 마이너리그의 정규 시즌 경기 수는 유동적이다.

$$\text{최소 이닝 수} = \text{정규 시즌 경기 수} \times 80\%$$

개인 타이틀 | 수비 부문

수비 부문 개인 타이틀은 가장 높은 수비율을 올린 선수에게 돌아간다. 그 요건은 포지션에 따라 다음과 같다.

- **포수**: 정규 시즌 경기의 절반 이상 출장해야 한다.
- **내야수와 외야수**: 정규 시즌 경기의 3분의 2 이상 출장해야 한다.
- **투수**: 정규 시즌 경기 수와 같은 이닝 수를 투구해야 한다.

투수가 투수 부문 타이틀에 필요한 최소 요건을 갖추지 못했더라도, 다음과 같은 경우에는 수비 부문 타이틀을 얻을 수 있다.

- 수비율이 다른 투수들과 비교하여 같거나 더 높다.
- 그리고 시즌 동안 (더 적은 이닝을 소화했더라도) 공을 수비할 기회가 더 많았다.

공식통계원

양 리그의 회장은 심판과 공식기록원 외에 공식통계원도 배치한다. 모든 선수와 모든 경기에 대하여 통계원은 개인과 팀의 기록을 보여주는 표를 작성한다. 정규시즌 경기, 포스트시즌 경기, 한 디비전 안에서 동률 팀이 나올 경우 우승팀을 가리기 위하여 시즌 마지막에 벌이는 단판 플레이오프 경기가 전부 통계원의 기록에 포함된다. 통계원은 보고서에 다음과 같은 사항을 기재해야 한다.

- 모든 선수의 성명
- 타자의 경우 우타, 좌타, 스위치타자의 구별
- 투수를 비롯한 야수의 경우 우투, 좌투의 구별

팀의 선발 라인업에 들어간 모든 선수들이 경기 중 펼친 타격의 통계가 기록된다. 하지만 1회 공격에 나왔다가 야수로서 뛰기 전에 교체된 선발선수의 성적은 타격 통계에는 기록되나 수비 통계에는 기록되지 않는다. 왜냐하면 적어도 하나의 투구나 플레이에서 수비를 해야 야수로서의 수비 기록이 남기 때문이다.

마찬가지로, 교체투수가 발표되었으나 그가 투구를 던지기 전이나 플레이가 이루어지기 전에 (가령 비 때문에) 콜드 게임이 되면, 그는 그 경기의 타격 통계에 올라가지만 수비 통계에는 올라가지 않는다. 계산되는 통계 항목은 다음과 같다.

- 타율 AVG
- 장타율 SLG
- 출루율 OBP
- 투수의 방어율 ERA
- 승률 W-L
- 수비율 FP

● **기록원과 통계원의 기록 사이의 불일치** ●
기록원과 통계원의 기록 사이에 일치하지 않는 부분이 있는 경우 기록원의 기록이 우선한다.

통계

개요 : 여기에서는 선수의 능력을 가늠하는 데 흔히 쓰이는 몇 가지 척도의 의미와 계산법을 설명한다.

통계 | 타격

타격 능력은 세 가지 통계로 측정한다.

- 타율 AVG
- 장타율 SLG
- 출루율 OB

타율

타율은 선수가 안타를 치는 빈도를 측정한 것이다. 안타, 2루타, 3루타, 홈런으로 출루한 횟수를 총 타수로 나눈다.

$$\text{타율} = \frac{\text{안타 수}}{\text{타수}}$$

예를 들어 200타수에서 66안타를 친 선수의 타율은 다음과 같다.

$$\text{타율} = \frac{66\text{안타}}{200\text{타수}} = 0.330$$

타율이 높을수록 타격 능력이 더 뛰어난 셈이다.

장타율

타율과 달리 장타율은 각 안타 때마다 타자가 도달한 베이스의 수를 계산에 넣는다.

$$\text{장타율} = \frac{\text{루타 수}}{\text{타수}}$$

루타 수는 단타에 1, 2루타에 2, 3루타에 3, 홈런에 4를 매긴다. 어떤 선수가 200타수에서 66안타를 쳤다고 하자. 66안타는 1루타 50개, 2루타 10개, 3루타 2개, 홈런 4개로 구성되어 있다. 그러므로 총 루타 수는 92가 된다.

단타 50개 × 1 = 50루타
2루타 10개 × 2 = 20루타
3루타 2개 × 3 = 6루타
홈런 4개 × 4 = 16루타
───────────────────────
66안타 = 92루타

이것을 총 타수로 나누면, 이 선수의 장타율은 0.460이 된다.

$$\text{장타율} = \frac{92\text{루타}}{200\text{타수}} = \text{타수당 } 0.460\text{루타}$$

Note 안타는 타자를 1루까지 무사히 올려놓는 타구를 말한다.

출루율

출루율은 타자가 베이스에 올라가는 빈도를 측정한 것이다. 여기에는 안타, 볼넷, 히트 바이 피치가 포함된다. 출루율을 구하려면, 타자가 출루한 횟수를 다음 항목들의 횟수를 더한 값으로 나눈다.

- 타수

- 볼넷
- 히트 바이 피치
- 희생플라이

출루율을 계산할 때 타격방해나 주루방해에 따른 1루 출루는 무시한다.

$$출루율 = \frac{안타 + 볼넷 + 히트 바이 피치}{타수 + 볼넷 + 히트 바이 피치 + 희생플라이}$$

예를 들어, 타석에 490번 들어선 선수가 안타를 131개 때리고 볼넷을 42번 얻었으며 투구에 8번 맞고 희생플라이 6개를 쳤다. 타석 중에서 타수의 요건을 갖춘 경우는 434번이다.

$$출루율 = \frac{131 + 42 + 8}{434 + 42 + 8 + 6} = \frac{181}{490} = 0.369$$

(안타, 볼넷, 히트 바이 피치 / 타수, 볼넷, 히트 바이 피치, 희생플라이)

이 타자의 출루율은 0.369이다. 출루율이 높을수록 타격 능력이 더 뛰어난 셈이다.

> **모든 타석을 '타수'로 인정하지는 않는다**
>
> **타석**: 타격을 하러 들어설 때마다 타석 하나가 추가되며, 결과(아웃, 안타, 볼넷, 희생플라이 등)와는 상관없다.
>
> **타수**: 타자가 안타를 치거나 아웃을 유발하거나 수비실책에 기대어 출루한 경우에만 타수로 인정한다. 타석에 들어서서 희생플라이, 희생번트, 볼넷, 히트 바이 피치를 기록하거나, 타격방해나 주루방해로 1루로 출루한 경우에는 타수로 계산하지 않는다.

통계 | 투구

투구 능력은 다음과 같은 통계로 측정한다.

- 방어율 ERA
- 승률 W-L

방어율

방어율은 투수가 실점을 막는 능력을 측정한 것이다. 방어율 수치는 투수가 9이닝 동안 내준 평균 점수를 나타낸다. 수비 실책이나 패스트볼 등의 결과로 내준 점수는 투수의 잘못으로 여겨지지 않으므로 자책점으로 치지 않는다. 방어율은 다음과 같이 계산한다.

$$\text{방어율} = \frac{\text{자책점}}{\text{투구 이닝}} \times 9$$

예를 들어, 어떤 투수가 60이닝을 투구하면서 18자책점을 내주었다.

$$\text{방어율} = \frac{18}{60} \times 9 = 9\text{이닝당 } 2.70\text{실점}$$

(자책점 / 투구 이닝, 일반적인 경기의 이닝 수)

투구 이닝은 소수점 이하까지 계산에 포함한다. (가령 60과 1/3이닝이면 60.333이 된다.)

> **● 낮을수록 좋다!**
> 방어율은 투수가 9이닝을 던지는 동안 몇 점을 허용할 가능성이 있는지 보여주는 척도이다. 적을수록 좋다. 수치가 낮을수록 투구 능력이 더 뛰어난 셈이다.

투수의 승률

이것은 투수가 중요한 역할을 한 경기에서 팀이 얻은 성과를 측정한 것이다. 승수를 승수와 패수의 합으로 나누어 구한다.

$$승률 = \frac{투수의\ 승수}{투수의\ 승수 + 투수의\ 패수}$$

12승 7패를 거둔 투수의 승률은 다음과 같다.

$$승률 = \frac{12승}{12승 + 7패} = 0.632$$

이 투수가 등판하여 이길 확률은 63.2%이다.

통계 | 수비

야수의 능력은 수비율로 측정한다.

수비율

수비율은 성공한 수비 시도 횟수를 총 수비 시도 횟수로 나누어 구한다. 이것은 미래의 플레이에서 야수가 공을 수비하는 데 성공할 가능성을 측정하는 수단이다. 수비율은 다음과 같이 계산한다.

$$수비율 = \frac{풋아웃 + 어시스트}{풋아웃 + 어시스트 + 실책} = 수비\ 성공률$$

예를 들어 어떤 야수가 198개의 풋아웃과 214개의 어시스트를 기록했으나 5개의 실책을 범했다면, 수비율은 다음과 같다.

$$수비율 = \frac{198풋아웃 + 214어시스트}{198풋아웃 + 214어시스트 + 5실책} + \frac{412번의 수비 시도 성공}{417번의 총 수비 시도} = 0.988$$

통계 | 팀 순위

시즌 막바지에 이르면, 어느 팀이 선두를 달리는지뿐만 아니라 우승을 거머쥐려면 몇 승이 필요한지 알아보는 것도 꽤 흥미롭다.

매직 넘버

야구에서 매직 넘버란 한 팀이 정규 시즌 우승을 차지하기 위해 앞으로 이겨야 할 최소 경기 수를 말한다. 이 수치는 정규 시즌 경기 수에 1을 더한 다음, 1위 팀의 현재 승수를 빼고, 다시 2위 팀의 현재 패수를 빼서 구한다.

$$매직 넘버 = 시즌 경기 수 + 1 - 1위 팀의 승수 - 2위 팀의 패수$$

예를 들어, 현재 1위 팀이 90승 58패, 2위 팀이 87승 62패를 기록하고 있다. 매직 넘버를 계산하면 다음과 같다.

$$매직 넘버 = 162경기 + 1 - 90승 - 62패 = 11경기$$

1위 팀이 한 번 이길 때마다, 또는 2위 팀이 한 번 질 때마다, 매직 넘버는 1씩 줄어든다. 매직 넘버가 0이 되었다는 것은 우승을 따냈다는 뜻이다.

팀의 승률

팀의 승률은 투수의 승률과 같은 방식으로 계산한다.

$$\text{승률} = \frac{\text{팀의 승수}}{\text{팀의 승수} + \text{팀의 패수}}$$

이것은 팀이 승리할 가능성이 얼마나 되는지 보여준다.

15
메이저리그

메이저리그에는 아메리칸리그와 내셔널리그라는 2개의 리그가 있다. 이 장에서는 각 구단들이 정규 시즌 동안 수많은 경기를 어떤 방식으로 치르고, 또 어떤 과정을 거쳐 디비전 시리즈, 리그 챔피언십 시리즈 그리고 월드 시리즈까지 나아가게 되는지 살펴본다.

두 리그는 메이저리그 규약이라는 메이저리그와의 협약을 준수한다. 그 협약 가운데 몇 가지 중요한 항목을 이 장에서 다룬다.

메이저리그의 구성
메이저리그는 아메리칸리그와 내셔널리그 등 2개의 리그로 이루어져 있다. 두 리그는 메이저리그 규약에 따라 경기를 치른다.

page 288

정규시즌
정규 시즌은 3월 말이나 4월 초에 시작되어 6개월간 진행되다가 10월 초에 끝난다.

page 289

올스타 게임
시즌 도중 아메리칸리그와 내셔널리그 사이에 올스타 게임이 열린다. 메이저리그의 각 팀에서 선발된 선수들이 출전한다.

page 291

포스트시즌
승리를 가장 많이 거둔 팀들이 플레이오프에 진출한다. 플레이오프는 디비전 시리즈로 시작되고, 그다음에 리그 챔피언십 시리즈로 넘어가며, 마지막으로 월드 시리즈로 이어진다.

page 292

마이너리그와 메이저리그 규칙의 차이점
마이너리그에서는 몇 가지 다른 규칙이 적용된다.

page 297

메이저리그의 구성

개요: 메이저리그 베이스볼MLB은 아메리칸리그와 내셔널리그라는 두 프로야구 리그를 관할하는 기구이다. 두 리그에는 모두 30개 팀이 있다. 아메리칸리그에 14팀, 내셔널리그에 16팀이 속해 있다. 양대 리그는 각각 동부, 중부, 서부 등 세 디비전으로 나뉜다.

내셔널리그는 1876년에, 그러니까 아메리칸리그보다 24년 먼저 창설되었다. 창설될 당시에는 8팀이 있었다. 아메리칸리그도 1900년에 창립될 당시 8팀으로 구성되었다. 두 리그는 1920년에 메이저리그로 한데 묶였다.

아메리칸리그의 14팀

동부	중부	서부
볼티모어 오리올스	시카고 화이트삭스	로스앤젤레스 에인절스 오브 애너하임
보스턴 레드삭스	클리블랜드 인디언스	오클랜드 애슬레틱스
뉴욕 양키스	디트로이트 타이거스	시애틀 매리너스
탬파베이 레이스	캔자스시티 로열스	텍사스 레인저스
토론토 블루제이스	미네소타 트윈스	

내셔널리그의 16팀

동부	중부	서부
애틀랜타 브레이브스	시카고 컵스	애리조나 다이아몬드백스
플로리다 말린스	신시내티 레즈	콜로라도 로키스
뉴욕 메츠	휴스턴 애스트로스	로스앤젤레스 다저스
필라델피아 필리스	밀워키 브루어스	샌디에이고 파드리스
워싱턴 내셔널스	피츠버그 파이리츠	샌프란시스코 자이언츠
	세인트루이스 카디널스	

메이저리그의 기초 | 메이저리그 규약

두 리그와 메이저리그 베이스볼 사이의 협약을 메이저리그 규약이라고 한다. 이 협약은 경기 수에서부터 선수들의 최저 연봉, 부상 치료 프로그램, 스테로이드 같은 약물 복용에 대한 처벌에 이르기까지 여러 사안을 다루고 있다.

이 장에서 다루는 내용은 대부분 메이저리그의 공식 규칙이 아니라 메이저리그 규약에 있는 것이다.

> **● 팀 로스터 ●**
>
> 메이저리그의 각 팀은 개막전부터 8월 31일까지 최소 24명에서 최대 25명의 선수를 로스터에 보유하고 있어야 한다. 예기치 못한 상황으로 말미암아 선수 수가 24명 미만으로 줄어든 팀은 48시간 이내에 24명으로 복구해놓아야 한다. 9월 1일부터 정규 시즌이 끝날 때까지는 로스터가 40명으로 확장된다.

정규 시즌

개요: 메이저리그는 스프링 트레이닝과 프리시즌 시범경기로 한 해의 일정을 시작한다. 정규 시즌은 3월 말이나 4월 초부터 치른다. 10월에는 디비전 시리즈, 리그 챔피언십 시리즈, 월드 시리즈 등 포스트시즌 경기가 열린다. 여기에서는 정규 시즌을 다룬다.

162경기

'정규 시즌' 동안 각 팀은 162경기씩을 치른다. 날수로는 178~183일, 즉 1년의 절반가량이 걸린다. 개막전은 대개 4월 초에 열린다. 정규 시즌의 마지막 경기는 10월 초에 열리며, 그러고 나서 포스트시즌의 플레이오프 경기가 시작된다.

전 세계에서 야구에 대한 관심을 불러일으키고자, 1996년부터 정규 시즌의 일부 경기를 다른 나라에서 치르기도 한다. 그동안 푸에르토리코, 멕시코, 일본 등에서 이런 경기가 열렸다. 개막전을 일본 같은 먼 곳에서 치르는 경우에는 여느 때보다 일정을 약간 앞당기기도 한다. 그러면 3월 말에 열릴 가능성이 높으며, 183일이라는 기간이 늘어날 수도 있다.

2430경기

정규 시즌에 이토록 엄청난 수의 경기를 치른다. 메이저리그의 30개 팀이 각각 162경기를 벌이기 때문이다. 여기에 프리시즌 시범경기, 포스트시즌 경기, 올스타 게임은 포함되지 않는다.

30개 팀이 162경기씩 치른다 = 정규 시즌에 모두 2430경기가 열린다

아메리칸리그와 내셔널리그 팀들 간의 경기

과거에는 아메리칸리그와 내셔널리그의 팀들이 월드 시리즈가 열리기 전에는 서로 마주칠 일이 없었다. 두 리그의 우승팀이 월드 시리즈 타이틀을 따내기 위해 서로 맞붙을 때에야 비로소 만날 수 있었던 것이다. 그랬던 제도가 1997년에 바뀌어서 정규 시즌에도 두 리그 팀들 사이의 경기를 치르게 되었다. 정규 시즌에 각 팀이 치르는 162경기 가운데 많게는 18경기가 이런 인터리그 경기이다. 인터리그 경기에서는 홈팀이 속한 리그의 규칙을 따르게 된다.

> **● 스프링 트레이닝과 프리시즌 시범경기 ●**
> 야구선수들은 2~3월에 스프링 트레이닝의 시작과 함께 기지개를 켠다. 프리시즌 시범경기는 3월 내내 열리고, 곧바로 정규 시즌 개막전이 이어진다.

올스타 게임

개요 : 올스타 게임은 정규 시즌이 한창 진행되는 중간에 열리는 시범경기이다. 각 팀에서 선수들을 선발하여 아메리칸리그와 내셔널리그가 대결을 펼친다.

아메리칸리그 대 내셔널리그

정규 시즌 중반, 그러니까 7월 중순경에 메이저리그에서는 올스타 게임을 마련한다. 이 경기는 팬들이 고른 선수들로 구성된 아메리칸리그 팀과 내셔널리그 팀 사이에 열리는 시범경기이다. 선발 출전 선수는 팬들이 투표로 뽑는다. 그리고 각 팀에서 적어도 1명의 선수가 올스타 게임에 참가한다.

물론 '팬 투표'라는 절차 때문에, 선발된 선수들이 최고의 선수인지 아니면 그저 가장 인기 있는 선수일 뿐인지를 놓고 논란이 벌어지곤 한다.

월드 시리즈 홈필드 어드밴티지

2003년 초, 올스타 게임을 좀더 흥미진진하게 만들기 위해서, 메이저리그에서는 승리하는 리그 쪽이 월드 시리즈에서 홈필드 어드밴티지를 얻게 될 것이라고 발표했다. 그러면 월드 시리즈에 참가하는 두 팀 중에서, 자신이 속한 리그가 올스타 게임에서 승리한 팀이 월드 시리즈 7경기 가운데 4경기를 홈 구장에서 치르게 된다.

포스트시즌

개요 : 월드 시리즈에 앞서서 디비전 시리즈와 리그 챔피언십 시리즈 등 두 번의 포스트시즌 플레이오프가 열린다.

포스트시즌 | 디비전 시리즈

**3개의 우승팀과
1장의 '와일드 카드'**   각 디비전 시리즈는 5전 3선승제로 치른다. 그 이름에서 알 수 있듯, 각 디비전에서 최고 성적을 올린 팀들이 참가한다. 다시 말해 각 리그 내에서 동부, 중부, 서부 디비전으로부터 1팀씩 참가하여 서로 겨룬다는 뜻이다. 그리고 네 번째 팀, 이른바 와일드 카드 팀도 뽑게 되는데, 그 방법은 다음과 같다.

1 각 디비전에서 승률 2위를 기록한 팀들을 가려낸다.
2 이 세 팀 가운데 가장 좋은 승률을 거둔 팀이 뽑힌다.

> **Note** 승률은 이긴 경기 수를 총 경기 수(정규 시즌이 끝나면 총 162경기가 된다)로 나누어 구한다.

**4팀이 디비전
시리즈에 진출한다**   각 리그 내에서, 4개의 팀이 2개의 디비전 시리즈로 나뉘어 두 팀씩 짝을 짓게 된다. 네 팀은 다음의 규칙에 따라 짝을 이룬다.

- 가장 높은 승률을 거둔 팀이 가장 낮은 승률을 거둔 팀과 경기한다.
- 그러나 위의 규정으로 짝지은 결과 같은 디비전에 있는 두 팀이 서로 맞붙게 되면, 다른 규칙을 적용한다. 즉 가장 높은 승률을 올린 팀이 두 번째로 낮은 승률을 기록한 팀과 경기하는 것이다.

디비전 시리즈의 승리팀이 다음 플레이오프에 진출 각 리그 내에서, 디비전 시리즈에서 승리한 두 팀이 리그 챔피언십 시리즈에 진출해서 맞붙게 된다.

디비전 시리즈: 팀 선발 과정은 아메리칸리그와 내셔널리그가 똑같다. 내셔널리그를 예로 삼아, 정규 시즌이 끝날 당시 각 디비전 1, 2위 팀이 기록한 승률을 살펴보자.

동부	승	패	승률
1 애틀랜타 브레이브스	96	66	0.593
2 필라델피아 필리스	86	76	0.531
중부	승	패	승률
1 세인트루이스 카디널스	105	57	0.648
2 휴스턴 애스트로스	92	70	0.568
서부	승	패	승률
1 로스앤젤레스 다저스	93	69	0.574
2 샌프란시스코 자이언츠	91	71	0.562

애틀랜타 브레이브스, 세인트루이스 카디널스, 로스앤젤레스 다저스가 각 디비전에서 최고 성적으로 정규 시즌을 마쳤다. 그리하여 이 팀들은 디비전 시리즈에 진출하게 된다. 그리고 세 디비전의 2위 팀들 가운데 가장 좋은 성적을 올린 휴스턴 애스트로스가 와일드 카드를 거머쥐어 디비전 시리즈에 참가할 네 번째 팀이 된다.

이 네 팀 가운데 세인트루이스 카디널스가 최고 승률(0.648)을 기록했고, 휴스턴 애스트로스의 승률(0.568)이 가장 낮다. 하지만 두 팀은 같은 디비전에 속해 있기 때문에 둘이서 경기를 벌일 수는 없다. 카디널스는 네 팀 가운데 두 번째로 낮은 성적을 기록한 다저스와 맞붙게 된다. 그리고 브레이브스가 애스트로스와 승부를 가린다.

**홈필드
어드밴티지**   디비전 시리즈는 5전 3선승제이므로, 한 팀이 세 경기를 먼저 이기면 그 자리에서 시리즈가 끝난다. 다섯 경기 중 세 경기는 정규 시즌에 더 높은 승률을 기록한 팀, 다시 말해 홈필드 어드밴티지를 얻은 팀의 홈구장에서 치른다. 1, 2, 5차전이 해당 팀의 구장에서 열린다. 시리즈가 5차전까지 가면, 그 팀은 홈구장에서 세 경기를 벌이는 어드밴티지를 누린다.

포스트시즌 | 리그 챔피언십 시리즈

다음으로 각 리그에서는 리그 챔피언십 시리즈가 열린다. 디비전 시리즈에서 올라온 두 팀이 여기서 맞붙는다. 이 시리즈는 7전 4선승제이며, 홈필드 어드밴티지는 정규 시즌에 더 높은 승률을 거둔 팀이 가져간다. 해당 팀은 1, 2, 6, 7차전을 안방에서 치른다. 각 리그 챔피언십 시리즈에서는 네 경기를 먼저 이긴 팀이 우승하게 된다.

포스트시즌 | 월드 시리즈

월드 시리즈에서는 아메리칸리그 챔피언십 시리즈의 승자와 내셔널리그 챔피언십 시리즈의 승자가 만나 시합을 벌인다.

 월드 시리즈도 7전 4선승제이다. 월드 시리즈의 홈필드 어드밴티지는 소속 리그가 올스타 게임에서 승리를 거둔 팀에 돌아간다. 그 팀은 1, 2, 6, 7차전을 홈구장에서 치른다. 포스트시즌의 종착역인 월드 시리즈의 챔피언이 된 팀은 월드 시리즈 트로피를 받고, 선수들은 월드 시리즈 반지를 끼게 된다.

포스트시즌 | 월드 시리즈로 가는 길

정규 시즌 : 162경기의 승률로 순위를 결정

정규 시즌에 각 팀은 162경기씩을 치르면서 디비전 시리즈의 한 자리를 차지하려고 겨룬다.

디비전 시리즈 : 5전 3선승제

각 리그의 각 디비전에서 가장 높은 승률을 올린 팀들은 디비전 시리즈로 직행한다. 그리고 나머지 팀들 가운데 가장 좋은 성적을 올린 팀이 '와일드 카드'를 얻어 네 번째 진출 팀이 된다.

각 리그 안에서 네 팀이 두 짝으로 나뉘어 2개의 디비전 시리즈를 치르게 된다. 다섯 경기 중 세 경기를 이긴 팀이 다음 단계에 진출한다.

리그 챔피언십 시리즈 : 7전 4선승제

리그 챔피언십 시리즈에서는 디비전 시리즈에서 올라온 두 팀이 맞붙게 된다. 일곱 경기 중 네 경기를 이긴 팀이 월드 시리즈에 진출한다.

월드 시리즈 : 7전 4선승제

내셔널리그 우승팀과 아메리칸리그 우승팀이 월드 시리즈에서 맞붙는다. 월드 시리즈 챔피언이 되려면 일곱 경기 중 네 경기를 이겨야 한다.

내셔널리그

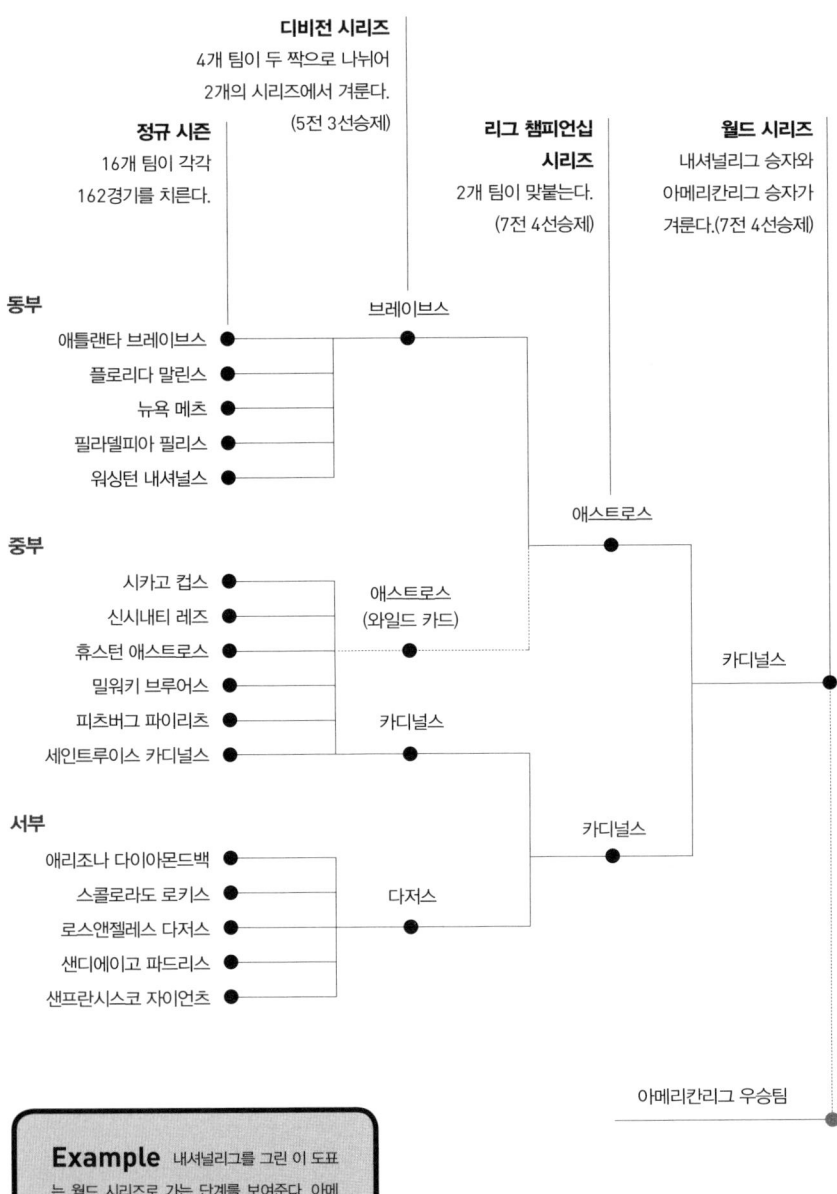

Example 내셔널리그를 그린 이 도표는 월드 시리즈로 가는 단계를 보여준다. 아메리칸 리그의 과정도 동일하다.

마이너리그와 메이저리그 규칙의 차이점

개요 : 마이너리그 규칙에는 메이저리그 규칙과 다른 점이 몇 가지 있다.

1 헬멧에는 양쪽 귀덮개가 있어야 한다 : 마이너리그 선수는 양쪽 귀를 다 보호하는 헬멧을 착용해야 한다. 메이저리그 선수는 투수를 향한 쪽의 귀만 보호하도록 귀덮개가 하나만 달린 헬멧을 착용해도 된다.

2 더블헤더 게임은 7이닝으로 치를 수 있다 : 마이너리그에서는 더블헤더의 각 경기를 7이닝으로 제한할 수도 있다. 보통 9회에 적용되는 규칙이 이 경우에는 7회에 적용된다. 이를테면 7회가 경기의 마지막 이닝이 되기 때문에, 홈팀(항상 원정팀보다 나중에 공격한다.)이 7회초가 끝났을 때 앞서고 있거나, 7회말에 리드를 잡는 순간 경기가 끝난다.

3 일시정지경기에 관한 규칙 : 마이너리그에서 날씨 등의 이유로 일시정지되었던 경기(서스펜디드 게임)가 다른 날 다른 경기에 앞서서 재개된다면, 그날 정규 스케줄로 잡힌 경기는 7이닝으로 치른다.(더 자세한 내용은 229쪽 참조)

4 공 조작에 대한 벌칙 : 마이너리그 투수가 조작된 공으로 투구하거나 이물질을 지니고 있으면 퇴장당하고 10경기 출장정지 처분을 받는다. 메이저리그에서도 퇴장당하는 것은 같지만, 출장정지기간은 커미셔너가 결정한다.

5 타자석을 이탈했을 때 : 마이너리그 타자는 타격에 나서고 있는 동안 한 발을 타자석 안에 두고 있어야 한다. 타자는 다음과 같은 경우에만 타자석을 벗어날 수 있다.
투구에 스윙을 했다.
- 투구 때문에 바깥으로 나갈 수밖에 없게 되었다.
- 상대팀에서 '타임'을 불렀다.
- 주자에 대하여 어떤 플레이가 일어났다.
- 번트 대는 시늉을 했다.
- 폭투나 패스트 볼이 일어났다.
- 공을 가진 투수가 마운드에서 벗어났다.
- 포수가 사인을 주기 위해 포수석에서 나갔다.

6 투수 부문 타이틀을 얻기 위한 요건 : 시즌이 끝나면 마이너리그와 메이저리그에서는 최고의 방어율^{ERA}을 기록한 투수를 가린다. 메이저리그에서는 이런 기록 순위에 오르려면 투수가 시즌 총 경기 수 이상에 해당하는 수의 이닝을 던져야 한다.(162이닝 이상) 마이너리그 투수는 전체 경기 수의 80%에 이르는 수의 이닝만 던지면 자격을 갖추게 된다.(144경기 × 0.80 = 115이닝 이상)

7 타율, 장타율, 출루율 타이틀을 얻기 위한 요건 : 이런 부문의 타이틀을 얻으려면 규정 타석 수를 채워야 한다. 메이저리그에서는 정규 시즌 경기 수에 3.1을 곱한 수이다. 마이너리그에서는 정규 시즌 경기 수에 2.7을 곱한다.

> **Note** 마이너리그는 내셔널 어소시에이션National Association이라고도 부른다. 이것은 메이저리그 공식 규칙에서 마이너리그를 부르는 용어이다. 내셔널 어소시에이션과 내셔널리그라는 단어 사이에 빚어질지도 모를 혼동을 피하기 위해서, 이 책에서는 규칙을 설명하면서 마이너리그라는 용어를 사용한다.

용어 모음

ㄱ

감독 팀을 지휘하고 심판과 소통하라고 팀에서 지명한 사람.
공격팀 타격을 하는 팀.
공격팀의 방해 공격팀원이 인플레이 상태의 공이나 수비하는 야수를 방해하는 것.
공식기록원 경기에서 일어나는 일들을 기록하도록 메이저리그에서 임명한 사람.
공식통계원 경기의 통계를 관리하도록 리그 회장이 임명한 사람.
관중의 방해 관중이 구장 안으로 들어오거나 몸을 뻗어 플레이에 영향을 미치는 것.
구심 주심의 또 다른 명칭. 구심은 홈 플레이트에 위치하며, 심판으로서 여러 가지 일을 하면서 특히 투구가 스트라이크인지 볼인지 판정한다.
그라운드 룰 특정 구장의 독특한 상황을 감안하여 적용하는 특별 규칙. 구장마다 나름의 그라운드 룰이 있다.
그라운드 룰 더블 타구가 바운드되거나 굴절되면서 플레이할 수 없는 지역으로 나가 두 베이스를 자동으로 진루하는 것.

ㄴ

내야수 1루수, 2루수, 3루수, 유격수 등 네 수비 포지션 중 하나를 맡는 야수.

ㄷ

대타자 교체되어 경기에 들어온 타자.
더블헤더 같은 날에 열리는 두 경기.
데드볼 경기가 일시적으로 중단되어 더 이상 인플레이 상태에 있지 않게 된 공.
도루 안타나 안전진루에 기대지 않고 한 베이스를 진루하는 것.
땅볼 지면을 따라 바운드되거나 구르면서 가는 타구. '라인드라이브'와 '플라이 볼' 참조.

ㄹ

라인 드라이브 지면에 수평으로 날카롭게 날아가는 타구. '땅볼'과 '플라이 볼' 참조.
런다운 두 야수가 루와 루 사이에 있는 주자를 포위하고는 아웃시키기 위해 공을 주거니 받거니 하는 것.
루심 베이스에 자리 잡은 심판.
리그 야구팀들이 모인 그룹. 메이저리그는 아메리칸리그와 내셔널리그로 구성되어 있다.
리버스 포스 더블 플레이 타자가 공을 쳐서 1명 이상의 주자가 어쩔 수 없이 진루해야 하는 상황에서, 야수들이 타자를 먼저 아웃시키고 나서(포스 상태의 해제) 그 앞에 있는 주자를 태그 아웃시키는 플레이.
리터치 주자가 되돌아와서 베이스를 다시 터치하는 것.

ㅁ

만루홈런 모든 베이스에 주자가 차 있는 상태에서 친 홈런.
메이저리그 미국과 캐나다의 프로야구를 관리하는 조직.
몰수경기 심각한 규칙 위반이 발생해 주심이 한 팀에 자동으로 9대 0 스코어를 안겨주며 승자로 선언하는 경기.

ㅂ

반칙투구 어떤 규칙을 위반한 투구.
방어율 9이닝당 투수가 허용하는 평균 점수.
베이스라인 태그가 최초로 시도된 순간에 주자의 위치와 베이스 사이를 연결한 직선.
보크 1명 이상의 주자가 베이스에 있을 때 대개는 주자를 속이려고 한 투수에게 부과되는 벌칙. 투수가 보크를 저지르면 모든 주자가 한 베이스씩 진루한다.
볼 스트라이크 존을 통과하지 않은 투구.
볼넷 투수가 4개의 볼(스트라이크 존에서 벗어나는 4개의 투구)을 던진 후 타자가 안전진루권을 얻어 1루로 출루하는 것.

ㅅ

세트 포지션 두 가지 투구 자세 중 하나.(다른 하나는 '와인드 업포지션')
수비방해 수비 플레이를 방해하는 반칙 행위. 수비방해의 종류에는 공격팀의 방해, 심판의 방해, 관중의 방해 등이 있다.
수비팀 투구와 수비를 하는 팀.
스퀴즈 플레이 3루주자가 득점하도록 타자가 번트를 대는 플레이.
스트라이크 타자가 투구에 스윙을 했는데 헛쳤거나, 스트라이크 존을 통과한 투구에 스윙하지 못한 것.
스트라이크 존 홈 플레이트 위에 떠 있는 구역으로, 홈 플레이트의 너비와 타자의 신체 사이즈에 따라 범위가 정해진다. 스트라이크 존은 투구가 볼로 판정될지, 스트라이크로 판정될지를 규정한다.
실책 공격팀에게 이득을 가져다주는 수비 실수.
심판 경기를 주관하라고 메이저리그에서 임명한 사람.
심판의 방해 타구가 심판에게 닿거나, 심판이 포수 또는 포수가 던진 송구의 길목에 거치적거리는 것.

ㅇ

아웃 타자나 주자가 진루할 자격을 잃는 것. 3개의 아웃으로 한 팀의 한 이닝 공격이 끝난다.
악송구 야수가 잡기에 너무 높거나 낮거나 옆으로 빠져 날아오는 송구.
안전진루 타자나 주자에게 아웃될 위험 없이 진루를 하도록 베이스가 주어지는 것.
안타 1루까지 타자를 무사히 올려놓는 타구.
야수 수비팀의 선수. 9명으로 구성된다.

야수선택 야수가 1루로 달리는 타자를 아웃시키기보다 다른 선수에게 수비를 펼치겠다고 결정하는 상황.

어시스트 풋아웃이 기록되기에 앞서 의도적이든 의도적이지 않든 간에 공을 수비하거나 접촉한 야수에게 부여하는 기록.

어필 선수나 감독이 심판에게 규칙 위반이 발생했다고 주장하는 행위.

와인드업 포지션 두 가지 투구 자세 중 하나.(다른 하나는 '세트 포지션')

완봉 한 팀이 1점도 득점하지 못한 경기. 즉 어떤 팀이 상대팀을 0점으로 틀어막은 경기를 말한다.

외야수 외야의 세 포지션 중 하나를 맡는 야수.

우천교환권 일정이 변경된 경기에 입장할 수 있도록 관중에게 제공하는 티켓.

이닝 각 팀이 타격하는 기회를 한 번씩 가지는 야구경기의 한 분절. 일반적으로 한 경기는 9이닝으로 치른다.

인필드 플라이 내야에 높게 떠올라 야수가 쉽게 잡을 수 있는 타구.

인필드 플라이 규칙 인필드 플라이가 아직 공중에 있는 상태에서 타자가 자동으로 아웃되었다는 심판의 판정.

일시정지경기 (궂은 날씨 등으로) 중단되지만, 그날 중이나 다른 날에 재개되는 경기.

ㅈ

자동 아웃 규칙 위반에 따른 아웃.

자책점 투수에게 책임이 있는 상대팀의 득점.

정규 시즌 플레이오프가 시작되기 전에 각 팀들이 일정에 따라 162경기를 치르는 기간.

정식경기 공식적인 것이 되고 기록집에 수록할 수 있을 만큼 충분히 진행된 경기. 뒤지는 팀이 5회 공격을 마치면 정식경기가 된다.

제소 규칙을 준수하지 않았으며 경기 결과에 영향을 미친 심판의 판정을 번복해달라고 팀이 리그 회장에게 하는 어필. 이것이 받아들여지면 경기는 문제가 됐던 플레이부터 재개된다.

주로 베이스라인 양쪽으로 3피트씩 총 6피트 너비로 된 길.

주루방해 야수가 주자의 진루를 부당하게 가로막거나 훼방 놓는 것.

주루코치 1루와 3루 부근에서 타자와 주자에게 주루에 대한 지침을 내리는 코치.

주심 우두머리 심판. 대개 홈 플레이트에 위치하며, 구심이라고도 불린다.

중심발 투수판에 접촉하는 투수의 발. 우완투수에게는 오른발, 좌완투수에게는 왼발이 된다.

지명타자 투수 대신 타격하도록 지명된 선수.

ㅋ

코치 팀의 경기력이 향상되도록 특정한 임무를 맡아 도와주는 팀원.

콜드 게임 9회까지 마치지 못한 채 심판이 종료하는 경기.

ㅌ

타격방해 어떤 야수(대개는 포수)가 타자의 플레이를 방해하는 것.

타수 안타 또는 아웃(히트 바이 피치, 볼넷, 희생플라이는 제외)의 결과를 얻은 타자의 타석.

타순 선수들이 타격을 하러 나오는 순서. 라인업이라고도 한다.
타자석 홈 플레이트 양편에 있는 구역으로, 타자가 타격하는 동안 서 있는 곳.
타자주자 방금 전 타격을 마치고 주자가 된 타자를 일컫는 명칭.
타점 타자의 행위 덕분에 얻은 득점. 타격 능력을 가늠하는 한 가지 척도가 된다.
태그 야수가 공을 확실히 쥐고 몸의 어느 부분으로든지 베이스를 건드리거나, 공이나 공을 쥔 글러브로 주자를 건드리는 것.
태그 업 주자가 원래 있던 베이스를 터치하거나, 또는 터치하려고 돌아오는 행위. 야수가 플라이 볼을 잡은 경우 주자는 태그 업을 하고 나서 진루해야 한다.
퇴장 심판이 심각한 규칙 위반 행위를 저지른 팀원을 클럽하우스로 쫓아내며 더 이상 경기에 참여하지 못하도록 하는 벌칙.
투수 마운드 내야 안에 있는 지름 18피트(5.486m)의 불룩 솟은 지역으로, 투수가 서는 자리.
투수판 투수 마운드에 있는 6인치×24인치(15.2cm×61.0cm)의 직사각형 판. 투수는 투구를 할 때 투수판에 발을 대야 한다.

ㅍ

파울 볼 파울라인 바깥에 떨어진 타구, 또는 페어 지역에 떨어졌으나 1루나 3루를 통과하기 전에 파울라인을 넘어가버린 타구.
파울 지역 파울라인과 파울 폴 바깥쪽의 지역.
파울 팁 타자가 스윙한 배트에 살짝 스치고는 포수의 미트 속으로 직행한 공.
패스트 볼 포수가 놓친 투구.
페어 볼 파울라인 안쪽에 떨어진 타구.
페어 지역 파울라인 안쪽의 지역. 파울라인과 파울 폴 자체는 페어 지역에 포함된다.
포스 플레이 타자가 주자가 되는 바람에 진루할 수밖에 없게 된 주자나 타자가 아웃될 위험을 안고 달리는 플레이 상황.
폭투 포수가 잡기에 너무 높거나 낮거나 옆으로 빠진 투구.
풋아웃 주자 또는 타자주자가 아웃되게끔 한 야수의 플레이.
플라이 볼 타자가 쳐서 허공으로 날아가 아직 땅에 떨어지지 않은 타구. '땅볼'과 '라인 드라이브' 참조.

ㅎ

희생번트 노 아웃이나 원 아웃 상황에서, 타자가 번트를 대어 자신은 아웃되는 와중에 1명 이상의 주자를 진루시키는 것. 그 플레이에서 어떤 주자라도 아웃되었다면 그 번트는 희생번트로 기록되지 않는다.
희생플라이 노 아웃이나 원 아웃 상황에서, 타자가 친 플라이 볼이나 라인 드라이브가 잡혀 아웃되지만, 그 덕분에 1명 이상의 주자가 득점하는 것. 그 플레이에서 설령 다른 주자가 아웃되더라도 희생플라이는 인정된다.

야구 룰 교과서
도해와 사례로 보는 야구 규칙 완벽 가이드

1판 1쇄 펴낸 날 2018년 5월 10일
1판 4쇄 펴낸 날 2021년 10월 25일

지은이 | 댄 포모사, 폴 햄버거
옮긴이 | 문은실

펴낸이 | 박윤태
펴낸곳 | 보누스
등　록 | 2001년 8월 17일 제313-2002-179호
주　소 | 서울시 마포구 동교로12안길 31 보누스 4층
전　화 | 02-333-3114
팩　스 | 02-3143-3254
E-mail | bonus@bonusbook.co.kr

ISBN 978-89-6494-314-4　13690

* 이 책은 《야구 룰 교과서》의 개정판입니다.

• 책값은 뒤표지에 있습니다.